KB236718

주근옥의 문학세계

-환원적 다원성의 생동감-

저 자

국학자료원

머 리 말

주근옥 시인이 이순(耳順)을 넘겼다. 어떤 쓴 소리도 단 소리로 다 들어 넘길 수 있다는 이순을 그는 마치 '불혹(不惑)'을 넘기듯 그렇게 덤덤하게 보내고 있는 것이다. 이후 우리는 무언가 놓치고 있다는 느낌을 감출 수 없었다. 일생 동안 멈추지 않는 문학적 열정을 보여준 주근옥 시인의, 결코 녹록치 않은 문학세계를 한번쯤 정리해야 되지 않을까 하는 그런 느낌이 든 것도 바로 이런 이유 때문이다. 이를 계기로, 평소 주근옥 시인과 친분이 있는 20여 분들이 뜻을 모아 그의 시세계를 연구한 『주근옥의 문학세계』를 펴내게 되었다.

주근옥 시인은 고교시절부터 당시 학생이라면 누구나 선망하던 잡지『학원』에 시를 발표하고, 서라벌 문예콩쿨대회에서 당선하는 등 일찍이 시적 재능을 보여주었다. 이후 1987년 『시문학』지에 추천되어 문단에 얼굴을 내민 뒤 다섯 권의 시집을 발간했다. 시인으로서의 험난하고 힘든 길을 걸어오는 동안 그는 단시형태의 소절, 그리고 소극시, 서사적 운문시 등 시형식의 다양한 변모과정을 보여주었다. 이러한 시의 형식 및 구조적 측면에서의 변화를 통해 선생은 내용미학적 측면에서도 새롭고 다양한 의미를 생성하게 되는데, 이러한 면이 시인만의 독특한 시세계를 형성하도록 만들어 주었다.

주근옥 시인의 시는 어느 하나로 규정짓기 어려운 다양한 형식과 의미망을 지니고 있다. 그동안 나온 시인의 시에 대한 연구들이 그것을 말해주는 징표이기도 한데, 이 책은 지금까지 쌓아온 연구를 바탕으로 시인이 걸어온 시적 여정과 형식미학, 그리고 내용미학에 대해 집중적으로 검토하고 있다. 이 책을 통해 주근옥의 시세계에 대한 논의가 좀더 활성화되고 그의 시적 사유의 폭과 넓이가 심도있게 조망되었으면 하는 바람이다.

주근옥 시인은 시인이면서 학자이다. 학문의 길이 무엇인지, 학자의 태도는 어떠해야 하는지를 논문을 통해 보여주었다. 박사학위논문을 준비하는 과정에서 그는 개화기의 자료를 꼼꼼히 수집하고 정밀하게 분석하고 종합하는 능력을 유감없이 발휘하였다. 그리하여 박사과정 3년만에 학위를 취득하게 된다. 그리고 석송 김형원의 시자료를 발굴하여 모으고 연구하여 책을 펴내기도 하였다.

주근옥 시인은 이순을 넘긴 나이이지만, 시와 문학에 대한 열정은 아직도 뜨겁다. 시인의 이러한 문학적 열정은 분명 지금까지 이루어 놓은 문학세계를 좀 더 확장시키고 깊이 있게 만드는 큰 동인으로 작용하리라 본다. 시인의 멈추지 않는 삶의 통찰과 유목민적 시적 사유를 바탕으로 생성되는 또 다른 시세계가 기대된다. 그리고 시인의 학문적 열정도 이성과 감성을 겸비한 선비정신을 올곧게 이어받아 새로운 학문적 성과를 이루는 데 많은 도움이 될 것이다. 고정되지 않고 무언가를 생성해 나간다는 것은 '희망'을 찾아가는 일일 터인데, 주근옥 시인의 삶과 문학, 그리고 학문의 미덕은 바로 여기에 있다. 그렇기에 우리는 아직도 그를 주목하고 바라보고 있는 것이다.

지금까지 보여주었던 예술과 학문에 대한 열정을 더욱 지속적으로 보여주어, 부디 이 부분에서 일가를 이루시라.

2006년 1월

저 자

목 차

Ⅲ. 내용미학분석

Ⅳ. 시집론

Ⅴ. 학문세계분석

I. 총론

‘자연’의 성격과 자아 의식

최 예 열

1. 향토적 서정성의 추구

주근옥(朱根玉·1944~)은 1965년 서울신문 신춘문예의 입선을 통하여 등단하였으며, 1980년 중반에 《詩文學》誌를 통하여 薦了되어 40년 동안 지금까지 성실하고 왕성하게 창작활동을 펼치고 있는 현장의 문학청년이며, 지역사회의 원로 시인이다. 또한 그는 그동안 양적으로는 과작이라 할 정도의 시집[1]을 상재하였지만 질적으로는 그의 시세계가 결코 쉽거나 녹녹하게 접근할 수 없는 그만의 독특한 시적 세계를 형성하고 있으며, 또한 이론과 실제를 겸비한 2권의 연구서를 펴낸 열정 뜨거운 학자이기도 하다.

이 글은 주근옥 시인이 평생을 추구한 시적 형상화를 통하여 지향해온 문학성은 무엇이며, 다양한 시적 형상화의 방법이 지니는 의미는 어떠한 것인가를 탐구하는데 있다. 시인은 일찍이 시작활동을 하였으나 본격적인 창작활동은 80년대 중반부터 활동한 것으로 보인다. 그가 본격적인 창작활동을 한 1980년대의 시문학적 특징은 크게 민중의식을 실천적 참여로 포섭하고자 했던 민중시와 같은 맥락에서의 저항정신을 시의 형식 파괴로 나타

---

1) 주근옥 시인은 그동안 5권의 시집을 상재하였으며 시집은 다음과 같다. 제1시집 『산노을 등에 지고』(시문학사·1987), 제2시집 『감을 우리며』(시문학사·1988), 제3시집 『번개와 장미꽃』(새미·1998), 제4시집 『바퀴위에서…』(시문학사·2001), 제5시집 『갈대 속의 비비새』(현대시·2002)

냈던 실험시로 집약될 수 있다. 특히 김준오[2]는 다양한 시적 의식의 변주를 통하여 수준 높은 시적 성취를 이루었으며, 그러면서 다분히 정치적이거나 정치의식과 관련되어 있는 시가 많다고 지적하고 있다. 그것은 80년대의 정치현실에 대응하여 나타난 새로운 매체 무크(MOOK)가 벌인 문화운동은 사실인즉 정치운동이었으며, 이것은 곧 문학을 문학으로서보다 일종의 운동개념으로서 보는 문학관을 첨예하게 의식화시켰다. 그런 반면 주근옥은 1980년대 중반부터 활동하였음에도 불구하고 이 당시에 활동한 시인들이나 또한 이때에 발표되었던 시들과는 내용이나 형식적인 면에서 뚜렷하게 차이를 보여주고 있다. 그것은 그렇게 '의식적'이지도 않았으며, 시대상황에 민감하게 대응했던 '정치적'이지도 않은 것이었다. 오히려 시인은 일상적이고 소시민적인 삶의 궤적을 생활주변에서 쉽게 접할 수 있는 자연풍광에 빗대어 시대적 자아의식을 형상화하고 있다.

그가 시적 언어로 변환시키거나 서정적 화자의 중심생각을 의탁하여 드러내고 있는 주된 소재는 세련된 도시적인 삶의 형태가 아닌 투박하지만 향토적이고 농경적인 생활 소재에서 쉽게 경험하거나 접할 수 있는 정감어린 소재들로 이루어져 있다. 그것은 그의 시집 제호에서나 시집 속에 드러나고 있는 시제목에서도 알 수 있다. 이 가운데 몇 가지만 소개하면 다음과 같다. 제 1시집인 『산노을 등에 지고』에는 81수의 작품을 수록하고 있는데 이 가운데서 정서적으로 시인이 뿌리 내리고 있는 지역적 세계성과 향토성[3]을 강하게 드러내주는 시어는 '수수꽃다리', '탱자꽃', '장작을 패며',

---

2) 김준오, 『도시시와 해체시』, 문학과비평사, 1992, p.79.
3) 본고에서 '향토성'이라는 말은 향토적인 소재와 정서, 그리고 미학을 아우르는 말로 사용한다. 본고에서는 구체적으로 향토적 삶의 구체적 세목과 시인의 생활 주된 근거지인 충청도 방언으로 표상된다. 이는 그의 정감어린 향토적 시어 사용과도 밀접한 관계를 맺고 있다. 아울러 '세계성'이라는 말은 타자의 정신과 세계관이 우리의 토속 정서와 정신인 향토성에 들어와 육화되는 새로운 경지, 즉 서구의 정신이 우리 전통정신과 만나 승화되는 정신의 단계라는 말로 사용하고자 한다.

'쑥뿌리', '무우를 깎으며', '밭두렁에서', '보리꺼럭', '川獵', '보리개떡', '솔방울', '식물표본', '박태기꽃을 보며' 등을 비롯하여 이와 유사한 소재이거나 내용상 비슷한 것까지 포함하면 50여수가 넘는다. 이와 같이 내용상 비슷한 유사성을 지니는 것들을 시인은 다른 시집[4]에서도 한결같이 드러내 보이고 있다. 그는 자연의 본성을 통하여 인간적 염원과 가치를 성취시키는 시 창조의 태도를 견지하고 있기도 하다.

서정시란 인간의 감정과 정서를 직관적으로 파악하여 짧은 진술을 통해 표현된 단형의 시를 지칭한다. 그 특징으로는 음악성의 구현, 단형, 개인적 감정 표출, 비논리성, 직관성, 순수성이 있다.[5] 전통적인 서정시는 서정성에 대한 강조와 언어에 대한 심도있는 미적 자각에서 출발하고 있다. 이 같은 특징의 연장선상에서 볼 때 주근옥의 여러 작품들도 한국시의 전통을 창조

---

4) 특별히 소극시집이라며 장시집의 형식을 지닌 제4시집 『바퀴 위에서…』를 제외한 제2시집(110수), 제3시집(90수), 제5시집(56수)에서 제1시집과 비슷한 비율인 60%이상 사용된 것으로 드러나고 있다.
5) 김영철,『현대시론』, 건국대학교 출판부, 2004, pp.270~276.
   슈타이거(E. Steiger)는 『시학(詩學)의 근본개념』에서 서정시의 특질을 다섯 가지로 구분하여 제시하고 있다.
   ①서정시의 세계는 무엇보다도 작가 자신에게만 고요하게 내재하는 개성적인 세계를 탐구한다. 진정한 서정시는 그와 동일한 세계가 되풀이 될 수 없는 특수한 것으로 시 그 이전에는 한번도 존재한 적이 없는 새로운 정조의 세계를 독자들에게 제시하는 것을 특징으로 한다.
   ②서정시는 원칙적으로 무목적인 시라고 할 수 있는데, 서정시의 작가들은 대체로 자기 자신을 위하여 창작한 까닭에 독자들의 반응에 크게 사로잡히지 않는다.
   ③서정시의 세계는 대체로 고독의 공간을 다룬다. 서정시인은 개성적인 정조를 표출하기 때문에 외로운 생활 속에서 느끼는 삶의 고독과 근원적인 외로움을 다루게 된다.
   ④서정시는 정감을 주로 표출한다. 영혼 깊숙이 속에 자리잡은 슬픔과 기쁨 등을 미묘한 가락으로 잡아내는 것이다.
   ⑤서정시는 음악성을 바탕으로 한다. 이것은 서정시의 기원이 악기 lyre에서 유래되었다는 점, 즉 노래하는 정신에서 비롯된다는 말과 통한다.

적으로 계승하고 향토적 정서를 기반으로 언어의 미감을 최대한 살리는 가운데서 창작된 것으로 볼 수 있다. 그 언어적 미감은 시인의 마음속에 보석같이 박혀있는 순수한 자연에 대한 따뜻한 정감으로 드러나고 있으며, 해질녘의 고향마을 굴뚝에서 피어오르는 연기처럼 정겨운 향수를 드러내 주는 느낌을 자아내고 있다.

주근옥 시에 나타난 향토적 세계와 '자연'을 대상으로 탐색하는 일은 그의 시에 나타나는 서정적 근원을 탐색하는 일이기도 한 것이다. 곧 서정적 근원은 시인에게 있어서 고향에 대한 원형적 뿌리를 드러내주거나, 생활 속에서 부딪치게 되는 온갖 삶의 질곡을 극복해나갈 수 있는 활력소의 역할을 해주기도 하는 것이다. 시인은 그것을 향토성 강한 시적 이미지로 변환시켜 드러내는데, 주로 자연[6], 가족, 자연적 신비(경외감), 향토, 친구(이웃) 등의 근원개념으로 연결시켜 다양한 모습으로 변주하고 형상화시키고 있다. 이들의 특징을 아우르고 있는 대표적인 작품은 다음과 같다.

[1]
바람이 분다/물잠자리가 되어
바다를 건너야 하리/귓속엔 햇살을 빻는 소리
소복소복 쇳가루 쌓이는 소리/종일 하늘을 접었다 폈다
이 땅 앙당그려 물고/이네 나는 바다를 건너야 하리
(제1시집-「해질녘」의 전문)

허리를 펴고/산노을 바라보면//
마음은 주발 속에서/고물거리는 배추벌렌가
(제2시집-「배추벌레」의 전문)

---

6) '자연'이라는 의미는 철학적 내지는 문화적 배경 등의 이유로 그 해석상 약간의 차이를 드러내보이기도 하는데, 여기서는 기본적으로 '나아서, 자라고, 쇠약해지고, 사멸하며 그 안에서 생명력을 가지고 스스로의 힘으로 생성, 발전하는' 일체의 것을 의미하는 포괄적 개념으로 쓰인다.

시장의 쓰레기통/배추이파리에도/서리가 내려

(제3시집–「서리」의 전문)

금강하구 공장 굴뚝/연기 아래 갈매기가 날고/그 아래 해가 집니다

(제5시집–「낙조」의 전문)

[2]
설움도 약일레라/저린 가슴 안고 산에 가면//
미처 끊어 버리지 못한 인연처럼/되돌아와 이마에 부딪치는 산울림//
흙바닥에 머리 박고 조아리는/백일홍 한 가락을 휘어 잡겠네//
울컥 눈물 넘쳐/꽃이 피겠네

(제1시집–「百日紅」의 전문)

간장을 달이며/짭짜롬 맛이 드느니/아내의 새끼손가락

(제2시집–「간장」의 전문)

두렁길 달려와/소댕을 열면 맹물/얼굴만 떠오르네

(제3시집–「소댕」의 전문)

이불을 덮어 주며/육실헐 놈의 새깽이/배곯고 돈 잃고

(제5시집–「이불」의 전문)

[3]
눈보라/살 비집고 들어와 후려치네//
순순히 결박당한 채/두 손 비비다가//
닳아 없어지는 목숨/보일 듯 말 듯//
웅크렸다가 활짝 허리 젖혀/피워내는 철쭉꽃

(제1시집–「철쭉꽃」의 전문)

오솔길이여/왼쪽엔 소나기/오른쪽엔 햇빛

(제2시집–「오솔길」의 전문)

가을비 그치니까/파리가 앉아 흘레하는/오징어 위에도 햇살

(제3시집-「오징어」의 전문)

장구벌레가 꿈틀거리는/염색공장 그늘 웅덩이/별도 뜨고 달도 뜨네

(제5시집-「장구벌레」의 전문)

[4]
광천 장날 시장 바닥에/벌렁 누워 있는 상어//
비린내 절은 몸으로/벌렁 누워 있는 사내//
그 바다 한 덩이씩 들고/사람들 사라지네

(제1시집-「廣川」의 전문)

전주 시민 공원/여울물은 놀러 나가고/물레방아 혼자 돌지라

(제2시집-「물레방아」의 전문)

미내다리 밑에서/주워왔다는 말이/진실로 들리는 가을밤

(제3시집-「가을밤」의 전문)

위에서 보듯이 [1]은 자연이 지니고 있는 그대로의 속성, [2]은 가족의 의미, [3]은 자연적 신비나 경외심, [4]는 향토적 정서를 형상화하고 있다. 그가 시의 제재로 주로 선택하는 지역적 토속어와 향토적 언어의 사용은 예로부터 안식과 평화가 함께 하는 이상향으로 표현된 것으로 볼 수 있다. 시인은 이런 느낌이 풍기는 아늑한 정서를 첫시집에서부터 제5시집까지 줄기차게 드러내주고 형상화하였다. 그러는 가운데 시인은 이러한 지역적 토속성과 향토적 심상을 단순히 그려내는 데 그치지 않고, 대상 가까이에 늘 다가서고 싶은 심정을 표현하고 있다.

그것은 또한 시인 자신이 동양적인 자연관, 즉 인간이 중심이 아닌, 그렇다고 자연이 중심이지도 않은 전일적(全一的) 우주관이라 할 수 있다. 이는

인간과 동물, 동물과 생물, 생물과 물질, 물질과 정신 사이에는 존재학적으로 근원적 차이가 없고 서로 연결되어 하나를 이룬다. 곧 동양에서는 자연과 인간을 상호 분리할 수 없는 관계로 인식하는 것이다. 자연 속에서 인간을 보고, 인간 속에서 자연을 보고, 언제든지 상호조화 관계에서 바라볼 뿐, 결코 대립적 관점에서 바라보는 것이 아니다.

　주근옥이 사용하고 있는 향토적인 시어의 사용은 향토적인 서정성을 강하게 표출하고 있으면서도, 한편으로 일정한 지역의 고유한 언어를 끌어들임으로써 낯설게 하기, 곧 참신성을 부여하려는 일종의 미학적 장치로서 사용되고 있다. 이러한 미학적 특성을 통하여 시인은 그 자신만으로 존재하는 총체적인 세계의 우주화를 구현하고 있는데, 엄밀히 말하면 시란 독자의 것도 시인의 것도 아닌, 양자의 상상력의 결합에 의하여 지각되는 새로운 창조적 경험을 만들어 낸다는 가장 기초적인 이론에 근거를 두고 있다고 본다. 이렇게 볼 때 그의 시집 전반에서 사상과 내용적 요소를 가시적 가치 세계로 형상화시키려면 상상력의 개입이 있어야 하며 이 상상력은 언어 표현의 심미적 가치를 조성하는 데에 매우 유용하게 드러나고 있다.

　주근옥은 비인간화의 특징을 띤 객관적이고 향토적 서정의 자연 친화적인 언어를 그 대상의 범주로 하여 대립적 심상으로 탐색하고 있다. 특히 그는 '꽃'을 통한 시적 형상화를 중심으로 생명의 탄생과 주락의 양면성, 의미의 형성과 해체의 이중성, 미래의 예감과 조응의 지향성, 유년의 기억과 회귀의 통합성 등 자연에 대한 체험의 모순적 존재와 이원 대립적 심상을 시인의 개별성에 역점을 두고 언어의 이면에 담겨진 상징성을 해석하고 있다.

　눈보라/ 살 비집고 들어와 후려치네//순순히 결박당한 채/ 두 손 비비
다가

닳아 없어지는 목숨/ 보일 듯 말 듯//웅크렸다가 활짝 허리 젖혀/피워
내는 철쭉꽃

(제1시집-「철쭉꽃」의 전문)

기도원에 끼었네/ 해바라기 꽃대궁/ 점점 비틀어져

(제2시집-「해바라기」의 전문)

　인용시 「철쭉꽃」에서는 계절의 냉엄한 변화 속에서도, 즉 살을 에는 듯한 '눈보라'속에서도 언땅 밑에서 '웅크렸다가' 새봄을 맞이하여 새 생명을 피워 올리는 형국을 노래함으로써 탄생의 의미를 자아내고 있다. 「해바라기」에서는 하나의 생물이 탄생하여 일생을 마치는, '비틀어져' 가는 것으로 형상화시키고 있다. 이는 꽃의 개화와 조락을 생활의 한 패턴과 같이 인식하고 밀도 있게 제시한 작품으로 곧 자연의 소멸과 생성의 심리 현상을 실감나게 하는 생멸(生滅)의식을 드러내고 있는 것이다. 다시 말해서 이러한 생멸 의식은 꽃의 만개와 낙화라는 삶의 양극으로부터 생명의 하강과 상승 작용을 반복하고 있는 순리적 자연 질서의 정연한 패턴인 것이다.

　또한 시 속에서 나타나는 꽃들은 인간 세상 속에 투영되어지는 것들이 대부분이다. 그같이 꽃들이 인간사와 비교되어지는 가장 큰 까닭은 꽃이 피기까지의 과정과 꽃들의 떨어지는 모습들이 인간사와 흡사한 점을 들 수 있다. 또한 우리의 삶 속에서 너무나도 쉽게 접할 수 있고, 자신의 필요에 의해서 자신의 감각 앞으로 옮겨 놓을 수 있는 사물이라는 것이 다른 이유일 것이다. 이에 따라서 그의 작품 속에 나타나는 '꽃'들은 인간 세상에서 사랑, 이별, 그리움, 외로움, 완숙함, 찬양과 동경의 대상, 인간의 삶과 같은 모습으로 표현되어지는 경우가 많다.

　그것은 봄, 여름, 가을, 겨울이라는 계절의 순환원리로 생노병사(生老病死)라고 하는 인생의 법칙과도 관련된다. 왜냐하면 그것은 떠남과 만남으로

이루어지는 탄생과 소멸이라는 인간 실존의 양면적 진리를 제시하고 있기 때문이다. 원형은 원초적 심상으로 선재적이며 원래부터 존재해왔던 것으로 그것은 의식을 초월하고 또 본질적으로는 영원한 실체인 것이다. 프라이(N·Frye)는 자연 신화에서 다음과 같은 네 가지 장르의 원형(archetype)이 발생한다고 말하고 있다.[7]

(1) 봄 → 아침 → 탄생 → 창조 → 희극의 원형
(2) 여름 → 오전 → 결혼 → 승리 → 로만스의 원형
(3) 가을 → 오후 → 노쇠 → 희생 → 비극의 원형
(4) 겨울 → 밤 → 혼돈 → 아이러니와 풍자의 원형

이러한 순환적 상징은 태양의 순환 운동, 네 계절의 순환, 물의 하강과 상승 작용, 유년에서 노년에 이르는 인간적 상태의 원형적 단계 속에 변화를 가지며, '탄생─죽음─재생'이라는 반복으로 계속되고 있다.

마을 어귀/ 연자방아// 거의 흙에 묻혀/ 사람들이 밟고 다닙니다//
방아를 돌리던/ 황소는 울에 갇혀/ 디룩디룩 살만 쪄가고//
아낙들은/ 난관수술 받으러 병원에 가고/ 사내들은 농약에 취해 돌아
오는/ 노을속에//
연자방아처럼/ 민들레꽃 피었습니다
(제1시집─「민들레꽃」의 전문)

머리채 잡고/ 뒹굴던 윤가 내외// 날 새자 관촉사로/ 꽃놀이 가네
(제2시집─「꽃놀이」의 전문)

「민들레꽃」에서는 시인이 겪었을 유년시절의 모습을 '민들레꽃'을 통하

---

7) N. 프라이, 『비평의 해부』(임철규 옮김), 한길사, 1989, p.157.

여 회상하고, 「꽃놀이」에서는 옛날을 회고하고 지내면서 다시 현실로 귀환하는 삶의 여정을 어느 봄날 '꽃'나들이 가는 모습을 형상화하고 있다. 유년 시절에 대한 회상과 회고는 뿌리뽑힌 현재적 시인 자신에 대한 반성과 그리움의 표현이기도 한 것이다. 이는 향토적 자연물인 꽃이나 나무, 동물 등으로 구체화되고 있다. 유년 시절이 가지는 시적 몽상의 원형성은 바슐라르의 『몽상의 시학』에서 구체적으로 밝혀지고 있는데, 이 몽상의 시학을 한 마디로 요약한다면, 역자가 <후기>에서 설명하고 있는 바와 같이 그것은 '고통과 행복의 연금술' 8)이라고 할 수 있다.

이처럼 한 시인의 시적 체험 가운데서 유년 시절의 상상력이 차지하는 비중은 크다. 특히 주근옥의 시작품에서의 유년의 기억과 회귀는 어느 시인 못지 않게 간절하다. 지나간 과거를 회고하는 회귀의 의식은 일종의 동일시로 '외부에 있는 대상들의 성질을 우리의 퍼스낼리티 속으로 끌어들이는 것'9) 으로서 주로 어린이 시절에 이루어지는 인격 현상이다.

시에 있어서 유년 시절을 향한 몽상은 현상학의 원칙에 따라 시적 이미지에 감동한 주체자의 의식을 명확히 드러냄으로써 시적 이미지는 세계의 씨, 시인의 몽상이 상상한 우주의 씨가 될 수 있다는 것이다. 그러므로 시인에 있어서의 삶은 전부가 시적 몽상, 고독의 값을 아는 몽상 때문에 예민해지는 것으로 유년의 기억은 사람을 통한 불행을 겪게 되며, 고독에다 유년 시절은 자기의 고통을 달랠 수 있는 것으로, 인간 세계가 자기를 평화롭게 놔둘 때 어린애는 자신이 우주의 아들임을 느낄 수 있다는 것이다.

한국 현대시에서 자연은 곧 중요한 시적 토대를 이루는 소재가 되어왔고 그 중에서도 심상어인 꽃은 우리 시의 비중 높은 시적 존재물로 중심 소재의 역할을 충분히 수행하고 있으며, 또한 객관적 상관물로 각광을 받을 만큼

---

8) G. 바슐라르, 『몽상의 시학』(곽광수 역), 홍성사, 1982, p.236.
9) C. S. 홀, 『칼 융의 심리학 입문』(최현 역), 범우사, 1999, p.89.

아름다운 이미지를 내포하고 있기도 하다. 시적 알레고리로서의 자연 심상어가 갖는 특성은 바로 주근옥의 작품 세계를 이해하는 관건이 되기도 하고 작품의 특성을 설명해 주는 단서가 된다는 점에서 이미 그 의미성을 확보하고 있다.

시인은 무릇 사물의 본질이 되는 언어를 찾는 행위를 통해서 비로소 이미지의 변용이 성립되며 이로써 시의 현상학이 이루어진다는 결론을 얻는다. 궁극적으로 시에 있어서 심상어는 바로 시인 자신의 이름이자 영혼이라 해도 결코 지나친 말이 아니다. 그러므로 시적 이미지에 대한 현상학적 요구는 원초적 질감에 역점을 두고 그것의 독창성의 존재 자체를 파악하며 상상력의 생산이라는 놀라운 심리적 생산성을 드러내놓게 하고 있다. 즉 이미지의 현상학은 우리들이 창조적 상상력에 참여하는 것을 활성화시키길 요구함으로써 존재의 휴식을 깨닫게 해준다.

그의 시집에서 자주 등장하는 자연물은 끊임없이 자연을 넘어 인간의 그 무엇으로 향하고 있다. 그 무엇은 인간의 자연에 대한 분노와 기쁨, 환호 등 보편적 정서인 희로애락애오욕을 견지하고 있다. 이를 통해 그가 탐구하는 인생과 인간의 문제에서 드러나는 자연은 단순한 시적 배경의 차원을 너머 철학적 의미를 획득하고 있는 것이다.

예로부터 많은 시인들이 자연과 시인과의 관계는 불가분의 관계에 놓여져 있는 것으로 드러내주고 있다. 주근옥 시인은 자연을 묘사할 때 사실적인 측면보다 내부에 깃든 의미를 추적하는데 관심을 두었다. 그의 독특한 자연관은 그가 성장하면서 자연에 대한 체험에서 비롯되었다는 점과 자기 자신의 체험을 소재로 다루었다는 점이다. 결과적으로 그에게 있어서 자연은 시의 대상이 되고 주제가 되었으며, 나아가 자연과 인간과의 신비스러운 유대관계로 나타나고 있다. 또한 시인에게 비친 자연은 자연 그대로의 모습을 넘어서 도덕적 교훈을 주는 자연, 심미적 기쁨을 주는 자연 그리고

어려서 영향을 받은 물활론의 사상은 범신론으로 융화되고 심화 발전되고
있다.

2. 자아실현의 자연과 주관적 객체로서 자연

시인은 잃어버린 근원에 대한 근대인의 동경과 그리움의 중심 대상을
자연을 통해 형상화 시켰다. 자연은, 특히 고전의 자연이나 중세의 자연은
숭배의 대상으로 혹은 이데올로기의 전범으로, 또한 향토적 터전으로의
친화적 자연이었다. 그것은 주객일치의 자연이었으며, 동시에 인간을 지배
하는 자연이었다. 때문에 자연의 일부이며 자연의 지배를 받는 인간이라는
동양의 인간관은 '인간이란 우주를 구성하는 일부분이지만, 인간과 우주의
관계는 자유'[10]라는 서양의 인간관과 변별성을 지니면서, 우주로부터의 자
유 및 분리라는 근대성이 출발한다. 자연계는 인간을 비롯한 지구 위의
생물체가 존재하는 근본의 공동체이다. 이와 같은 공동체로서 자연 혹은
지구라는 생태학적 개념의 지구[11]에 대한 근대적 인식이전의 자연은 원초
적 두려움의 세계로서 인간에게 적대적 세계이기도 했다. 그럼에도 근대이
전의 인간은 우주와 분리된 주체가 아니라, 우주의 부분이며 지배를 받는
전일적 존재였기 때문에 자연지배의 근대의 도그마적 주체와는 다르다.
이는 세계로부터 분리된 근대의 자율적이며 상실된 자아가 상실극복을 위
한 동경의 세계로서 귀의한 자연이다. 근대에 와서 자연은 인위적 규칙의
피안에 있는 절대적 자유의 영역[12]으로써 자신으로부터 소외되지 않은,
자신과의 일체감을 이룰 수 있는 공간이며 대상이다.

---

10) 옥타비오 파스, 『활과 리라』(김홍근 · 김은중 공역), 솔출판사, 2001, p.257.
11) 남경희, 「생태주의 인문학 서설」, 『생태주의와 기호학』, 문학과지성사, 2001, p.18.
12) 김수용, 『예술의 자율성과 부정의 미학』, 연세대출판부, 1998, p.113.

　이러한 자연에 대한 주근옥의 접근은 우선 주관주의적 자연으로서 '나의 자연', 즉 감정이입의 자연이 중심을 이룬다. 다음으로는 향토적 자연에 대한 주관적 이입으로써 민중의 생활상에 대한 시인 자신의 사고가 이입된 자연이다. 이때 주근옥은 개인적 정서나 느낌에 접맥된 주관적 자연의 건강성과는 달리 민중적 생활상이 이입되어 비극적 정서를 내포한다.

> 겨우내 추위를 견뎌 온/ 꽝꽝나무가/ 눈뜰 줄 모릅니다//
> 한쪽 어깨는 이미 허물어지고/ 외발로 서서/ 안으로 숨을 몰아쉽니다//
> 동그랗게 구덩이 파고/ 아침 저녁으로/ 뿌리에 물 흠뻑 적셔 주어도//
> 허리까지 굳어지는/ 가지 끝에/ 나비 한 마리 앉았습니다
>
> (제1시집-「꽝꽝나무」의 전문)

> 텃밭에/ 눈오면//
> 컹컹 소리/ 효험 없어//
> 강아지도/ 뿔이 돋는지
>
> (제2시집-「개뿔」의 전문)

　이외에도 '나 혹은 우리'의 자연으로 의인화된 자연이 아닌, 즉자적 존재로서 자연에 대한 그의 자연관을 찾을 수 있다. 그러나 즉자적 존재로서 자연에 대한 그의 시적 태도일지라도 그것은 외형일 뿐, 상실의 정서 및 비극적 세계관이 시의 분위기를 지배한다.

　주관주의적 자연이란 객체로서 존재하는 자연이 아니라, 시인의 내면세계에 따라서 주관화되는, 즉 자아중심의 자연이다. 그래서 자연은 '나'에게 종속되어 있으며, 외적인 자연이 시인의 감정의 산물처럼 내면화된 세계를 이룬다. 이때 자연은 대상으로 존재하는 고유 권리를 상실한 채 하나의 '주관적 객체'가 되어버린 근대적 자연표상이며 자아표현의 도구[13]인 것이

---

13) 김수용, 앞의 책, p.165.

다. 그럼으로써 상실의 시인은 인위적 규칙없는 자연 속에서 자아실현의
조건을 마련한다. 주근옥의 자아실현의 조건은 자연뿐만 아니라, 자연의
순수성 지향에 대한 동경 혹은 그리움의 정서와 함께 한다. 시인에게 자아실
현의 조건은 자연이 부차적 매개라면, 지역성과 향토성을 드러냄으로써
고향을 그리워하는 동경은 오히려 시인의 내면을 활력으로 이끄는 중심조
건이 되기도 한다.

> 진달래꽃 피면/ 말끔히 닦아놓고/ 물러서서 바라보는/ 장독이어라
> (제2시집-「장독」의 전문)

> 햇살 받으며/ 서울행 철로 위를/ 까치가 걷는구나
> (제3시집-「鐵路」의 전문

　상실의 상태에서 추구하고 동경하며 그리워하는 자연이기 때문에 언표
로서의 대상이며 의식의 대상이라는 차이가 있다. 근원으로부터 '멀어짐'으
로써 시작되는 시인의 불안은 역설적이게도 탈출한 세계로 다시 환원하려
는 내면화의 작용에 의해서 극복의 대안을 찾는다. 그 한 방법이 시인의
주관주의적 수사학적 장치에 의해서, 즉 언어에 의해서 자연을 소유하며
그것을 소유하는 방법을 제시하고 있다.
　근대이후 인간은 언어에 의해서만 세계를 소유할 수 있게 되었다. 소외가
사라지면 언어도 사라질 것[14]이라는 옥타비오 파스의 말처럼, 언어로서 시는
근대를 넘어서 근원적인 것을 만나러 가기 위한 근대극복의 한 방법이다. 근대
인의 뿌리로부터의 해방은 자연에서 분리되고 자신의 내부에서 타자가 된 대가
이듯이, 분리와 타자라는 거리를 극복하기 위한 방법으로써, 시인은 자아실현의
한 방편으로 자연에 대한 주관주의적 감정이입을 선택하고 있는 것이다.

---

14) 옥타비오 파스, 앞의 책, p.45.

무우장아찌를 꺼내며/ 손바닥에 묻은 된장만큼이나/ 진한 냄새로 살지
도 못하는/
　안타까움도 시간이 지나면/숨죽어 맛이 밸런지/그 상상 속을/ 가시가
질러가네

(제1시집-「가시」의 전문)

　눈는 밥내/ 아랫집인가//저녁 안개/ 헤치며 살피니// 대문 열고/ 들어서
는 누렁이

(제2시집-「밥내」의 전문)

　발목에 감긴 줄 풀려고/ 쪼다가 닳아버린 주둥부리/ 이제 몸뚱어리만
남았습니다

(제3시집-「까투리」의 전문)

　위의 인용시에서 처럼 주관주의적 감정이 이입되어 나타나는 자아실현
의 자연물은 따뜻하거나 부드러우며 빛이 있는 대상들이다. 상실의 정서일
지라도 살아있는 자연에 투여된 그리움의 마음은 시인의 상실의 정서를
치유하는 자아실현의 치유책으로 기능한다. 그러나 시인의 자아실현을 위
한 주관화된 객체로서의 자연이 아니라, 향토적 자연에 투여된 정서는 비극
적 세계관으로 발현되어 있다. 상실의 현실은 직접적으로는 공동체적 삶의
상실이며, 공동체와 함께 하는 향토적 자연 역시 상실의 세계를 반영하는
대상인 것이다. 이때의 자연은, 비록 자아실현을 위한 회복의 매개물은 아닐
지라도, 시인의 주관적, 그리고 시인이 처한 상황에서 비롯된 상실의식이
투여된 주관화된 자연이다.

　비극적 현실이 내재된 향토적 자연이 근대의 분리된 자연인 것은 근대이
전의 향토적 자연과의 차이에서 나타난다. 근대이전의 향토적 자연은 민중
적 삶의 애환을 위무해 주는 살아있는 타자로서의 자연이었기 때문에 비극

적 현실 투여의 주관적 자연이 아니었다. 근대이전의 향토적 자연은 민중의 애환을 포용하여 치유하며 승화시키는 열린 터전이고 열린 공간이었다.

친구들이 돼지를 잡는/ 가마솥에 배꽃이 지네

(제2시집-「가마솥」의 전문)

싸락눈 내리면/ 소쿠리에 담아 둔 감/ 물렀을까 궁금하여라

(제2시집-「소쿠리」의 전문)

불빛도 꺼지고/ 시루 속에 눈 쌓여/ 태 긋는 소리

(제2시집-「시루」의 전문)

그러나 주근옥의 시에서 민중의 삶과 어우러진 향토적 자연은 상실의 삶, 상실의 근대를 극복하고 주관화된 자연으로써 회고적이며 과거지향적인 정서가 지배적이다. 특히 삶의 질곡을 상징하는 생활도구인 '가마솥', '소쿠리', '접시', '시루' 등의 시적 언표가 많이 등장한다.

향토의 자연이 삶의 애환을 위한 치유책으로 작용하는 것이 아니라, 삶의 애환에 의하여 오히려 자연이 지배되고 변형되는 주관화된 자연이다. 이 지점에서 주근옥의 주관적 시선이 투영된 수사학적 장치가 자연을 변형시키고 있다.

그 중에서도 주근옥 시의 즉자적 자연은 생태계의 공동체내에서도 자연은 자연으로, 인간은 인간으로써 각각의 개체성을 지닌다는 시인 특유의 유기체적 사고를 대변한다. 이는 자연에 대한 시인의 다양한 접근방식이며 인식의 다양성을 나타내주고 있다. 예찬의 대상으로서 자연은 자아실현의 주관화된 자연에서 지배적이고, 즉자적 대상으로서 자연은 객체적이면서도 역설적이게도 분열의 양상을 반증해주고 있다.

3. 시형의 변화를 통한 자아의식

주근옥은 끊임없는 낯선 시 형식의 변화를 추구하면서 문학성을 드높이고 있다. 그 낯선 시 형식의 명명에 대하여 시인 자신은 자신의 홈페이지에서 소절(素節)이라 말하고 이에 대한 설명을 다음과 같이 제시하고 있다.

> 소절(素節)이 소절(小節) 아니고 소절(素節)인 것은 시조(時調)가 시조(詩調) 아닌 것과 같다. 국어사전에 의하면, 소절(素節)의 소(素)는 백(白)으로 가을이란 뜻으로서의 가을철, 즉 소추(素秋)를 의미하며, 깨끗한 절개와 평소의 행실을 의미한다. 다시 말해서 한국시에 있어서 새로운 장르라고 할 수 있는 이 시 형태에 명명하게 된 이 명칭은 이러한 사전적 의미 이상을 의미하지 않는다. 이 시니피앙(signifier)과 결합(ensemble)하고 있는 시니피에(signified)가 표출하고 있는 것처럼 내포 화자가 흥분하여 직접적으로 감정을 노출하지 않고 랑그 차원의 보편적·사전적 의미를 발설하고자 하지만, 그렇다고 그냥 평범하게 보이지 않고 특별하게 느껴지도록 애를 쓴다. 이러한 역설적인 상황은 그레마스(A.J.Greimas)가 언급한 바 있는 〈실제적으로는 아무 것도 일어나지 않은 한 장소에서 이중의 복사(輻射)가 방출되는 것〉과 다르지 않다.[15]

또 한편으로 시인 자신은 제5시집인 『갈대속의 비비새』의 자서에서 하이쿠(排句)와 와카(和歌)에 대해 설명하고 있는데, 이는 그의 시형의 변화가 이것의 영향에서 비롯된 것으로 볼 수 있다. 일반적으로 하이쿠(俳句)는 5.7.5의 음수율을 지닌 17자로 된 일본의 짧은 정형시를 말한다. 일본에는 중세 무렵부터 조렌가(長連歌)라는 장시(長詩)가 있었는데, 15세기 말부터 이 조렌가는 정통(正統) 렌가(連歌)와 서민생활을 주제로 비속적이며 골계적인 하이카이 렌가(俳諧連歌)로 갈리었고, 에도시대에 이르러 (松尾芭蕉)

---

15) 주근옥 시인의 홈페이지: http://www.poemspace.net

같은 명인이 나와 하이카이 렌가는 크게 유행하였다. 이 하이카이 렌가의 형식이 제1구(句)는 홋쿠(發句)라 하여 5 7 5의 17음으로 이루어지고, 제2구는 7 7의 14음, 제3구는 다시 5 7 5의 17음 등, 장단이 교대로 엮어져 많은 것은 100구, 짧은 것은 36구 등이 있다.

그리고 와카(和歌)는 본디 일본 고유의 구두(口頭)문예로 시작해, 일상생활 속에서 발달하였다. 또한 풍족한 자연 조건하에서 생겨난 자연감정·미의식의 표현으로서 일본의 감성과 사유의 표현양식으로 자리잡았다. 마쯔오 바쇼는 이 렌가의 제1구, 즉 홋쿠를 매우 중요시하여 홋쿠만을 감상하기도 하였으며, 에도 중기 이후에는 이 홋쿠의 비중이 더 커졌다. 메이지(明治)시대에 이르러 시인(詩人) 마사오카 시키(正岡子規)는 렝카의 문예적 가치를 부정하고 그 홋쿠만을 독립시켜 하이쿠(俳句)라 이름하였는데 이것이 정착하여 오늘에 이르고 있다. 해학적이고 응축된 어휘로 인정(人情)과 사물의 기미(機微)를 재치 있게 표현하는 이 하이쿠는 일본의 와카(和歌)와 함께 일본 시가문학의 커다란 장르를 이룬다.16)

하이쿠가 주된 시적 형상화의 대상으로 여기는 화조풍영(花鳥諷詠)의 세계가 주근옥의 시집 전반에서 나타나고 있는데 이는 그가 현실을 정적 대상이 아닌 움직이는 것으로 파악하고 있는 것이다.17) 이는 독자의 감정을 깊게 자극하고 진실에 대한 눈을 열어주는 역할을 하기도 한다. 그가 시형 변화를 시도한 '소절'의 시는 개인적인 정서표현을 비롯하여 집단적인 놀이 형태, 내용의 정서를 많이 드러내주고 있다.

주근옥 시집에서 자주 사용되어 있는 것 시어 중에 하나가 계어(季語)이다. 계어(季語)는 말 그대로 계절을 상징하는 말이다.18) 매화와 벚꽃은 봄을

---

16) 유옥희, 『바쇼 하이쿠의 세계』, 보고사, 2002, p.103.
17) 참고로 그의 시집에서 화조(花鳥)가 소재가 된 자료는 제1시집(13수-4수), 제2시집(16수-4수), 제3시집(8수-2수)으로 나타나고 있다.
18) 계어에 대한 자료는 제1시집에서 10-8-7-4, 제2시집에서 15-22-11-2, 제3시집에서

상징하고, 명월과 별은 가을, 훈풍과 청풍은 여름을 뜻한다. 계절을 상징하는 계어는 시대의 변천과 함께 새롭게 만들어져 왔으며 새로운 상징어를 담기 위해 해마다 새로운 세시기(歲時記)를 드러내주고 있다. 이러한 시인의 계어에 대한 빈번한 형상화는 '묘사하지 않음으로써 묘사하는 것 이상의 표현을 하는' 그만이 추구하는 중심 역할을 해내고 있다. 축약되고 절단된 형태로 무엇인가를 표현하려 할 때 느끼게 되는 어려움을 계어가 극복해주고 있는 것이다.

친구들이 돼지를 잡는/ 가마솥에 배꽃이 지네
(제2시집-「가마솥」의 전문)

배추꽃 피니까/ 보증빛 집팔아 갚고/ 박공수는 훨훨 날아가네
(제2시집-「나비」의 전문)

밭고랑에 앉아/ 구워먹는 콩이런가/ 마주보며 웃는 이
(제2시집-「콩서리」의 전문)

새옷으로 갈아 입고/ 사람 속을 거닐면서/ 혼자 웃는 날씨여라
(제2시집-「봄날」의 전문)

덤프 트럭까지/ 끄는 고물 수레 위에/ 싸리꽃도 한 다발
(제3시집-「수레와 싸리꽃」의 전문)

돈 잃고 날 새자/ 목로에 앉아 우리는/ 콩나물국을 마십니다
(제3시집-「콩나물국」)

시인은 짧은 시형의 변화를 통하여 삶을 해학적으로 객관화하는 태도를

8-7-7-3수로 나타나고 있다.

바탕에 깔고 있다. 말하자면 담담하고 자유로우며 해학적이고 서민적인 멋이라고 할 수 있을 것이다.[19] 시인은 해학적인 담담함으로 인해 시인 자신의 애환을 위무하는 시로 그 정체성을 확립하고 있는 것이다.

현재의 우리는 속도감, 풍부함, 논리성을 추구하는데 익숙해 있고, 정보화에 따라 모든 것이 확실히 드러나는 명확한 것, 자세한 것을 선호한다. 그리고 사이버공간이나 바이오테크놀로지 등으로 자연의 순환 사이클을 잊어가고 있다. 무감각해진 정서의 반작용으로 지극히 자극적인 것에서 웃음을 취하려고도 한다. 하지만 이와는 반대로 주근옥이 추구하는 시적 형식은 속도보다는 세월의 연륜을, 풍부함보다는 여백을, 논리보다는 비논리를, 명확한 것보다는 감추어진 것을, 드라마틱한 것보다는 자연에서 느낄 수 있는 일상의 아름다움을 추구하고 있다. 우리가 잊고 있던 삶의 한 여백을 찾아낸 듯한 속도감을 느끼면서 살아가다가 삶의 심호흡을 하듯 여유로움을 느끼게 해주는 것이 바로 그의 시가 가진 큰 매력이라고 할 수 있다.

주근옥은 형식상으로 다소 생소하다고 할 수 있는 제4시집 『바퀴위에서』(2001)를 소극시집(素劇詩集)라는 이름으로 발표하였다. 시인 자신이 자신의 자서에서 소극의 의미를 다음과 같이 밝혀 놓고 있다.

> 三行短行의 "素節" 이라는 시형식과 연극의 상연과는 상관없이 쓰여진
> 운문극을 뜻한 "劇詩" 형식의 장시를 뜻한다.[20]

---

[19] 이러한 성향을 지니는 대표적인 시제목을 제시하면 다음과 같다.
　　제2시집에 속하는 것은 「콩서리」「곱삶이」「목물」「박꽃」「봄날」「종다리」「더덕순」등을 포함해서 30여편을 더 포함시킬 수 있다.
　　제3시집에 속하는 것은 「깜부기」「오징어」「꽁치」「찌러기」「밤비」「구봉산」「황소바람」등을 포함해서 20여편을 들 수 있다.
[20] 주근옥, 『바퀴위에서…』, 시문학사, 2001, p.7. 시인 자신의 생각을 요약한 것이다. 시인은 "소극시"를 통하여 '긴장'을 고조시키는 것에 관심을 가지고 있으며, 이것의 성취를 위해 비극의 구성법칙에 대해서도 관심을 드러내주고 있다.

위의 인용에서 마지막 부분에서 강조되는 장시(長詩)는 이야기를 노래한 것, 곧 이야기 시를 말한다. 우리는 서술시라 하면 우선 서사시를 떠올린다. 서사시 시는 서사민요와 함께 서술시의 대표적 장르이다. 서사는 서사문학의 전유물이 아니다. 서정시도 서사(narrative)의 형태를 취한다. 물론 서정시의 중요한 구성원리는 리듬과 이미지이지만 이야기적 요소도 있을 수 있다. 행위에 의해서 시적 긴장이 창조되고 그 행위의 이야기가 엘리어트의 용어를 빌리면 '시인이 표현하고자 하는 사상이나 정서의 객관적 상관물'이 되는 것이 서술시다. 서술시에는 살아있는 실제의 인간이 포괄한다. 즉, 배제의 원리가 아니라 포괄의 원리가 작용한다. 시인은 인간행위나 생생한 삶의 모습에 의하여 인간적 의미나 감정을 표출하고 있는 것이다. 그는 이러한 시적 양식을 통하여 현실 세계의 부조리와 시인 자신의 자유의지를 구현하고 있다.

> …
> 너야말로 의심할 바가 많아
> 히히 맞아 구가의 주머니엔
> 법학개론 철학개론 하여간 개론만
> 이쪽 저쪽 다 넣고 다녔지
> 난 봤어
> 그런 게 아냐
> 진리는 항상 우리 곁에 있어
> 저 말도 개론에 있지
> 침묵
> 저어… 말씀야…
> …

(1부 「바퀴에서」의 중간부문)

위의 인용부분은 마가와 우가가 적을 잡으려고 구가에 다가가서 이야기 나누고 있는 대목이다. 시인은 작품 내내 이야기가 끊어졌다 이어지는 긴장의 연속을 자아내고 있다. 마가와 우가는 구가와의 대화를 통해서도 별다른 방법을 찾지 못하고 계속 방황을 하면서 자신들의 문제를 해결하려고 하지만 결국에는 어느 것 하나도 해결하지 못한 채 연극의 막은 끝난다. 송기섭은 이에 대해 부조리한 삶을 살아가야 하는 모든 인간이 맞이해야 할 필연의 국면으로 이해하고 있다.21) 한편 카뮈는 『시지프의 신화』22)에서 인간이 태어난 세계는 불합리하여 인간의 희망과는 동떨어진 존재이기 때문에 인간의 조건이나 행동은 부조리할 수밖에 없다고 하였다.

일반적으로 부조리극에서는 등장인물들이 모두 연극에 관련된 인물이라는 것이 때로는 연극성을 확보한다. 시인의 『바퀴위에서…』은 그러한 의미에서 연극의 구성하는 요소들 자체를 극작품의 형상화에 적용시킨 예가 될 수 있다. 이 극작품은 연극공연이라는 재현과정을 대상으로 삼는다.

4. 결론: 자아완성을 위하여

인간은 항상 현실과 자기 자신에 대하여 깊은 관심을 갖기 마련이다. 이것은 자기 인식을 갖기 시작할 무렵부터 어떤 형태로든 지속적으로 드러나는 것으로 자아완성을 위한 노력이기도 하다. 자기 자신의 미래를 염두에 두지 않고 살아가는 사람이 없듯이 적어도 그가 정상적인 정신의 소유자라

---

21) 송기섭, 「부조리의 발견과 서사적 운문」, 『바퀴위에서…』, 2001, p.77.
22) 그는 '시지프스의 신화'를 통해서 인간이 태어나는 것 자체가 그의 선택에서 기인하지 않은 모순된 것이므로 존재와 삶 자체도 부조리하다는 인식, 즉 하나의 개인은 이유 없이 낯선 우주에 던져진 존재이며, 우주는 아무런 내재적인 진리나 가치와 의미를 지니지 않고 인간의 삶은 무(無)에서 왔다가 무(無)로 돌아가는 과정일 수밖에 없다는 인식을 중점적으로 강조했다.

면 항상 오늘에 살면서도 그것을 딛고 좀더 나은 미래로 나아가기 위해 고심하면서 끊임없이 나는 '누구인가' 또는 '어떻게 살아갈 것인가'의 물음을 스스로 제기하고 대답하면서 미래를 지향한다.

시인 역시 한 인간으로서 그와 같은 과정을 시적으로 보여주는 일에 많은 시간과 노력을 바치고 있다. 특히 시란 시인 자신의 꿈을 드러내주는 것이라 볼 수 있듯이 시인은 지금 여기에 서 있는 현실의 자아에 안주하기보다는 그것을 넘어서려는 인식에 투철하다고 할 수 있다. 시인은 항상 나은 현실과 바람직한 자아를 지향하면서 그것을 시로 드러내는 것을 주된 사명으로 삼는다. 이 과정에서 그는 현재 자신의 모습, 즉 자아상에 대하여 깊은 관심을 갖게 마련이다. 새로운 존재나 이상향에 대한 지향성을 발동하기 위해서는 먼저 자아의 현재 위치에 대한 분명한 인식이 선행되어야 한다. 즉 현재 시인 자신이 서 있는 위치를 분명히 할수록 자신이 나아가야 할 방향의 좌표를 구체적으로 설정할 수가 있는 것이기 때문이다.

시는 시적 화자(서정적 자아, 탈, persona)가 말을 하는 형태로 이루어지므로 이른바 자아의식이나 자아 동일성에 대한 문제가 항상 제기될 수 있다. 이러한 시적 화자는 시인의 내적 인식과 불가분의 관계에 놓이기 때문에 시를 '위대한 고백'이라고 일컫는다.[23] 그래서 우리는 시인의 위대한 고백에 투영되어 있는 함축적 의미를 통해서 자아의식의 다양한 모습을 들여다 볼 수가 있다.

인간의 삶은 유동하는 세계에 자신을 주체적으로 세우는 과정이다. 삶의 목표는 자신의 성숙한 완성이요 자신의 온전한 구현이기 때문이다. 나는 남이 결코 아니다. 나는 남의 볼모가 아니다. 다시 말해서 나는 지금 이 자리에서 고유한 가치를 지니고, 동시에 영원한 가치를 지니는 주체이다. 일단 우리는 여기에서 언급하는 인간의 '주체성'이 동시성이라는 우리 시대

---

23) 김준오, 『시론』, 삼지원, 1996, p.356.

의 개념과 깊은 관련을 맺고 있음을 주시해야 할 것이다.

　주근옥은 새로운 세계의 부름에 대응하는 인간상의 창조를 위해, 그리고 시인이 겪은 체험의 가능성을 추구하기 위해 항상 현실과 치열하게 대면하며 대응하고 있다. 그의 시집 속에 드러나고 있는 다양한 세계인식과 자아의식은 결국 이러한 과정에서 성찰하고 인식된 결과의 시적 표현인 것이다.

'고향'이라는 이름의 환상

금 동 철

1. 들어가는 말

서정시인은 본질적으로 인간이 행복하게 거할 수 있는 이상적인 공간을 그리게 마련이다. 이러한 이상향은 유토피아적인 낙원으로 나타나기도 하고, 자연이미지로 형상화되기도 하며, 어떤 경우에는 고향 이미지로 구체화되기도 한다. 이러한 이상적 공간 속에서 서정시인은 현실에서 느끼는 힘겨운 삶을 뛰어넘어 휴식과 평안을 누리게 되는 것이다. 어쩌면 이것은 서정시인뿐만 아니라 현대를 살아가는 모든 인간들의 내면 속에 깊이 잠재되어 있는 욕망일 것이다. 이 욕망을 시의 언어로 표현해 내는 것이 서정 장르가 가진 중요한 요소라면, 이것은 서정 장르의 본질적인 특징 중의 하나인 근원에의 향수와 맞물린다.

그런데 서정시인이 항상 이와 같은 안식의 공간을 꿈꾸지만, 문제는 이러한 이상적인 공간이 현실의 삶 속에서는 도무지 찾을 수가 없다는 데서 발생한다. 근원으로 돌아가고자 하는 인간의 욕망은 지극히 인공적인 현대문명에 의해 항상 가로막히기 때문이다. 더 정확히 말하면 현대문명은 그 서정적 근원을 원천적으로 파괴해버렸기 때문에 더 이상 돌아갈 근원 자체가 존재하지 않게 된 것이다. 결국 현대인은 그 근원으로부터 너무나 멀리 와 버렸기에 더 이상 도달할 수 없어 이제는 그것을 환각으로만 간직하고 있을 뿐인 것이다. 이것이 현대의 서정시가 근원에의 향수를 본질적으로 지니게 되는 이유이다.

서정시인은 그래서 자아가 안식할 수 있는 공간을 상상력을 통해 환각으로 만들어낸다. 서정시가 그리는 낙원이 바로 그것이다. 이러한 낙원은 시인마다 다른 모습으로 나타나기도 하지만, 대부분의 경우 '고향'이나 '자연'으로 그려진다. 고향은 시인이 경험한 가장 아름다운 시절의 상징이며, 자연은 인간 존재의 본질적 근원으로서의 의미를 지니고 있기 때문이다. 다시 말해 고향은 어른이 된 자아가 경험하는 현실의 고통과 아픔을 보상해 줄 수 있는 원체험으로 작용하며, 자연은 현대의 도시 공간에서 부대끼는 삶을 초극할 수 있는 안식이 공간이 되는 것이다. 서정시인은 어린 시절의 경험 속에서 안식을 발견하고, 자연이 주는 풍성한 생명력 속에서 현실을 뛰어넘을 수 있는 본질적인 힘을 얻고자 하는 것이다.

주근옥 시인의 시세계를 지탱하는 중요한 축 또한 여기에 있다. 그의 시는 첫 시집 『산노을 등에 지고』에서부터 최근의 시집 『갈대 속의 비비새』에 이르기까지 이러한 이상향으로서의 '고향'과 '자연'이 매우 중요한 요소로 형상화되어 있다. 초기시에서는 힘겹고 고통스러운 삶의 현실을 뛰어넘을 수 있는 공간으로서의 '자연'이 주로 형상화되어 있는데, 시인은 그러한 자연과 동화되고자 하는 노력을 쉬지 않는다. 이러한 자연에의 동화 노력은 그러나 현실의 힘겨운 삶의 무게에 눌려 끊임없이 방해받는데, 이러한 방해는 시인으로 하여금 '고향'에 대한 추구로 발전해 가게 만든다. 현대적인 삶의 방식 때문에 근원으로서의 자연에 도달할 수 없을 때 시인은 어린 시절의 '고향'으로의 회귀를 감행하는 것이다. 그러나 그러한 회귀가 자아에게 완전한 안식을 허용하는 절대적 공간에 이르도록 만들어 주지는 못한다. 시인이 그리워하고 돌아가고자 하는 '고향'은 이미 현대문명에 의해 파괴되어버렸기 때문이다. 그래서 거기에는 이러한 고향에 대한 추구가 하나의 환상으로 그칠 수밖에 없음을 인식하는 시인의 의식이 자리잡고 있으며, 그 의식이 만들어내는 허무가 강하게 형상화되기도 한다. 그럼에도 불구하고 이 고향 회귀 의식은 시인의 현실 삶을 지탱하는 매우 중요한 기둥이 되어 있다.

2. 자연동화에의 욕망

현대인들의 내면 깊숙한 곳에는 본질적인 그 무엇을 잃어버렸다는 근원 상실 의식이 자리잡고 있다. 이것은 현대인들의 삶이 자연으로부터 멀어지면서 필연적으로 지니게 되는 상실의식이라고 할 수 있는 것이다. 이러한 상실의식은 현대인들의 마음 속에 채워지지 않는 허전함을 만들어 놓는데, 이는 무언가에 대한 진한 그리움이나 간절한 기다림으로 형상화되기도 하는 것을 볼 수 있다. 그래서 이러한 상실의식은 사람들의 마음을 지배하는 막연한 동경을 만들어 내는 이유가 되는 것이다. 서정시인은 이러한 동경이 어디에 근거하며 어떠한 모습으로 나타나는지를 예민한 감각으로 잡아내어 형상화하는 자이다.

주근옥 시인의 초기시에서도 인간의 내면에 감춰진 이러한 동경 혹은 그리움이 기다림이라는 형태로 드러난다. 이것은 시인의 내면에 깊이 침잠해 있는 근원에 대한 동경이면서 동시에 현대인들의 내면 속에 깊이 잠재되어 있는 상실의식과 그것을 보상하고자 하는 이상향에의 동경과 같은 자리에 서는 것이다.

멍덕딸기 흐물어질 무렵
뜬눈으로 밤을 새운다

무너진 돌담으로 서서 바라보는
느티나무의 끝
까치 둥우리 속에 누웠을까

누구의 이름으로도
불려지지 않는 사람아
겨우내 털장갑으로 손톱을 감추고

우리는 서로 바라보고만 있었지
메추리가 물어오는 빛으로
동이 트고

나는 맨발로 집 밖에 서서 기다린다
멍덕딸기 흐물어질 무렵
- 「멍덕딸기」

　'멍덕딸기 흐물어질 무렵'이라는 말로 처음과 끝을 감싸안은 이 시가
보여주는 바는 분명한 듯하면서도 모호한 모습 또한 함께 지니고 있다.
뜬 눈으로 밤을 지새울 정도로 무언가를 간절하게 기다리는 시인의 내면
정서는 이 시에서 분명하게 드러난다. 이 시에서 자아가 보여주는 기다림은
정말 대단하다. '맨발로 집 밖에 서서' 기다릴 정도로 시인의 기다림은 간절
한 것이다.

　그런데 이러한 간절한 기다림을 불러일으킨 그 대상이 이 시에서는 명확
하지 않다. 자아가 간절하게 기다리고 있는 존재가 무엇인지 이 시에서는
알아보기 힘든 것이다. 시인은 기다림의 대상을 '사람'이라는 단어로 표현
하고 있기는 하지만, 그것이 현실 속에서 만나고 경험하는 일상적인 인간이
라고 하기에는 상당히 곤란한 모습을 지니고 있다. '서로 바라보고만' 있었
던 '사람'이라고 표현하는 데서 그 존재를 자아가 이전에 분명히 알고 있었

던 것임을 추측할 수 있지만, 그것이 어떤 존재인지는 이 시에서 명확하게 그려지지 않고 상상할 수 있는 단서만 몇 개 제시될 뿐이다. 그것은 느티나무 끝에 있는 까치 둥우리 속에 누워있을 수도 있는 존재이며, '누구의 이름으로도 / 불려지지 않는 사람'이기도 하기에 단순히 일상적인 만날 수 있는 '사람'이라고 하기에는 어려워지는 것이다.

이러한 존재를 시인은 하필 '멍덕딸기 흐물어질 무렵'이라는 시간을 배경으로 해서 기다린다. 여기서 기다린다는 말 자체를 생각해 볼 필요가 있다. 기다린다는 것은 지금은 그것을 소유하고 있거나 함께 동거하고 있지 않은 상태라는 점을 전제로 하고 있는 바, 쉽게 말해 자아가 그 대상을 상실한 상태라는 말이 된다. 즉 이 표현 속에는 상실의식이 깊게 자리잡고 있는 것이다. 이러한 상실의식이 '멍덕딸기 흐물어질 무렵'이라는 시간을 배경으로 하여 제시된다는 점은 그래서 상당히 의미심장하다. 딸기가 흐물어질 정도로 주렁주렁 매달려 익어 가는 모습은 자연의 생명력과 풍성함을 우리에게 제시해 주는 바, 이것은 시인의 내면에 감춰져 있는 상실 의식과 강한 대조를 이룬다. 생명력 넘치는 풍성한 자연과의 대조 속에서 표현된 이러한 상실의식은 그래서 더욱 선명한 인상으로 우리에게 다가오는 것이다.

이러한 상실의식을 채워줄 수 있는 대상으로 시인이 제시하는 이미지를 여기서 다시 한 번 생각해 보자. 누구의 이름으로도 불려지지 않았지만, 시인에게는 오히려 더욱 명확한 인상을 지닌 존재가 바로 그것이다. 그렇다면 이것은 시인이 간절히 바라는 존재이면서 끊임없이 동화의 대상으로 생각하는 존재일 가능성이 크다. 서정시인은 자아와 세계를 동화시킴으로써 자아의 정서를 표출해 낼 뿐만 아니라 이를 통해 유토피아를 만들어내기도 한다. 그렇다면 이러한 동화의 대상이 되는 사물은 서정시에서 매우 중요한 의미를 지니게 된다고 하겠다. 그렇다면 주근옥 시인의 이 시기의 시에 나타나는 이러한 동화의 대상을 분석해 본다면, 그가 보여주는 기다림의 대상을 보다 명확하게 이해할 수도 있을 것이다.

댕댕이덩굴
휘돌아 감은 상수리나무
상수리 알알 떨어지고
남은 가지 매달려
푸르른 계곡 물속 들여다 보면
나도 해질무렵의 종소리
<u>소르르소르르</u>
쏟아지는 산그늘 밟고서
고라니처럼 맨발로 가시덤불 헤쳐 나가면
저절로 열리인 길섶 한 모랭이 후미진 곳에
옹기종기 약초 내음 풍기며 사는 사람들
나도야
이끼 한 겹 뒤집어 쓰고 끼일 수는 없는가
토끼 사슴 사향노루처럼 코를 벌름거리며
서로 주고 받는 말 알아 들을 수는 없는가
벙어리 냉가슴 쥐어 뜯으며
안으로 안으로만 잦아들다가
불이 붙었네

— 「秋色」

이 시에서 시인은 자신의 동화의 대상이 무엇인지 잘 보여준다. 가을날의 계곡을 걸어가면서 보는 자연 자체를 시인은 간절한 마음으로 자신의 내면에 담기 원하는 것이다. 시인은 여기서 자연과 그 속에서 약초 내음 풍기며 자연스런 삶을 영위하는 사람들을 매우 부러운 눈으로 바라본다. 그가 바라본 자연은 무엇보다 풍성한 생명력이 살아 넘치는 공간이다. 뿐만 아니라 그 속에 사는 존재들 또한 하나하나 따로 살아가는 외로운 존재들이 아니라 함께 어울려 살아가는 어울림의 존재들이다. 잘 익은 상수리 열매가 알알이 떨어지고, 그 나무를 댕댕이덩굴이 휘돌아 감고 있으며, 그러한 나무들과 푸르른 계곡물들이 모여 만들어진 산골짜기 후미진 곳에 옹기종기 모여 앉은 마을에서 약초냄새를 풍기며 사는 사람들이 살고 있는 것이다. 이 사람들은 결코 자연을 그스르지 않는 모습을 보여준다. 그들을 바라보며 시인이 '이끼 한 겹 뒤집어 쓰고 끼일 수 없는가'라고 노래하는 데서 그들의 삶의 자세를 유추할 수 있다. 이끼를 한 겹 뒤집어 써야 그들 속에 들어갈 수 있다는 것, 그것은 바로 현대인의 삶의 방식이 아니라 자연 속에 들어가 자연처럼 살아가는 자연적인 삶의 방식이 되어야만 그들 속에 함께 거할 수 있게 된다는 말인 것이다.

이러한 묘사 속에서 시인의 동경의 대상이 보다 선명하게 드러나는 바, 그것은 바로 '자연'이다. 나무와 숲이 우거지고, 푸른 물이 흐르는 공간, 그리고 풍성한 생명력이 살아 숨쉬는 공간. 그 속에서 시인은 자연과 동화되어 살아가는 삶에 대한 동경을 강하게 표출하는 것이다. 시인이 꿈꾸는 이러한 자연과의 동화에 대한 간절한 염원은 시인의 의식 깊은 곳에 감춰진 근원이 무엇인지를 보다 선명하게 보여준다. 자아가 절대적으로 안식할 수 있는 공간, 그래서 서정적 근원으로 작용하는 공간은 여기에서 바로 '자연'이 되는 것이며, 이 자연이 현실의 삶을 지탱하는 힘이 된다.

그럼에도 불구하고 시인은 결코 이러한 세계 속으로 쉽게 동회되어 들어가지 못하는 자신을 발견한다. 자신의 간절한 바램에도 불구하고, 자연과의 완전한 동화를 가로막는 그 무엇이 자신을 진득하게 감싸고 있음을 느끼기에 자아는 '벙어리 냉가슴 쥐어 뜯으며 안으로 안으로만 잦아들' 수밖에 없는 것이다. 결국 시인은 이 자연과의 완전한 동화를 달성하지 못하는 바, 그 이유는 현대인들이 경험할 수밖에 없는 현대적인 삶의 방식 때문이다.

요 며칠 사이
길이 없어졌다

돌돌 말아 가지고 떠난
그 자리 김이 어린다

불도저가 밀어낸 둔덕
불도저가 밀어낸 뿌리

흙 속에 파묻혀
숨이 가쁜 들국화

요 며칠 사이
내가 없어졌다

- 「失踪」

불도저로 상징되는 현대문명이 들국화로 상징되는 자연을 어떻게 파괴하고 있는지를 묘사하고 있는 이 시에서 시인은 자신의 삶의 '길'이 없어졌다고 말한다. '자연'이 사라질 때, 그 자연 속에서 삶의 의미를 찾던 시인에게는 자신의 삶을 지탱하던 근원으로 갈 수 있는 길을 잃어버리는 것이다. 이러한 근원 상실 의식은 자연스럽게 '내가 없어졌다'고 하는 자아의 상실 의식으로 귀결된다. 이러한 자아 상실감은 현대인들이 지니고 있는 근원 상실의식과 맞물린다. 현대의 개발논리는 자연 파괴로 이어지고, 그것은 시인이 그렇게 간절히게 비리는 자연과의 동화를 불가능하게 만드는 중요한 원인으로 작용한다. 자연 자체가 그 성스러움이 훼손되어 더 이상 생명력을 지니지 못한다면, 그 속에 들어가 자연과 일체감을 이룸으로써 진정한 안식을 경험하고자 하는 시인의 욕망이란 더 이상 존재할 수 없을 것이기 때문이다.

　이러한 현대 문명이 가져온 근원 상실 의식은 「溫室」에서도 마찬가지로 드러난다. 자신에게 온실이 있다고 자랑스럽게 말하는 시인의 내면에는 역으로 자연 상실 의식이 강하게 깔려 있다. 온실은 인공으로 자연을 재현해 놓은 공간일 뿐, 결코 자연 자체가 될 수 없기 때문이다. 그래서 시인은 이 온실을 보면서 "야 / 지구가 싫어졌다 / 너무 비좁다 / 아니 / 아직도 아직도 / 피비린내는 가시지 않아 / 공포 속에서 살아야 하느니 / 지구가 싫어졌다"고 노래하는 것이다. 현대인들의 삶의 방식 속에 내재되어 있는 파괴의 욕망이 시인이 그렇게 간절히 바라는 자연을 훼손해버리고, 그 자연을 단지 인공적인 공간인 '온실' 속에서 재현할 수밖에 없는 자리에 시인은 서 있는 것이다.

3. 가난과 고통스러운 삶의 현실

　이러한 근원으로서의 자연 상실 의식은 삶의 영역으로 들어올 때 힘겹고 고통스러운 삶으로 형상화된다. 주근옥 시인의 시세계에서 이것은 '가난'이나 '힘겨운 삶'이라는 모습으로 형상화되는 것을 볼 수 있다. 그의 시세계 전체를 관류하여 흐르는 주제 중의 하나가 바로 가난이라고 할 수 있는데, 이 가난은 초기시에서부터 최근의 시에 이르기까지 지속적으로 나타나는 주제 중의 하나이다.

　　서울에 와서
　　같이 살자 하지만

　　십년 동안 저축했더니
　　겨우 엽서 값이라네

흙과 물과 햇살과
바람하고만 살라네
-「葉書」

　　잘 살고 싶은 욕심에 십 년 동안 열심히 저축해도 '겨우 엽서 값'을 모으는
데 그칠 수밖에 없는 삶의 신산스러움을 시인은 짧은 시행 속에서 선명하게
묘사한다. 이러한 삶의 힘겨움은 자연에 대한 인식마저도 바꾸어놓는다.
자연은 그의 시에서 동화되고 싶은 근원으로 작용하는 것이며 안식할 수
있던 공간이었지만, 이 시에 오면 자연은 그 의미가 상당히 변질되어 버린
다. 서울에서 같이 살자는 말 때문에 자신의 현실을 인식할 때, 시인의 눈에
비친 자연이 그만 하찮은 것으로 바뀌어버리는 것이다. '흙과 물과 햇살과
/ 바람하고만 살라네'라는 표현의 이면에는, 이 자연 사물들이 '서울의 삶'
과는 대비되는 보잘 것 없는 그 무엇이라는 인식이 깔려 있다.

면서기 출장간다
면장 군서기 고래고래 소리치면
굽실거리고

사람들과 동이술 마시며
왜 못 사나
왜 못 생겼나

비칠비칠 돌아와
쓰러진 하숙집
쇠죽 끓이는 방

한밤중 목이 타서
더듬더듬 솥뚜껑 열고

퍼마신 숭늉

새벽녘 문 밖에서
– 쇠죽 누가 다 퍼마셨네

목매기는 흙벽에
아직 돋지 않는 뿔 부비며
음매음매 울었습니다
– 「목매기」 중에서

　아직 코뚜레도 꿰지 않은 목매기 송아지처럼 쇠죽 퍼먹고 잠든 하숙생의
모습을 통해 시인은 힘겨운 삶의 순간들을 그려낸다. 면장과 군서기에게
굽실거릴 수밖에 없는 삶, 그래서 사람들과 동이술을 마시며 자신의 신세를
한탄할 수밖에 없는 힘겨운 삶 앞에 시인은 고통스러워하는 것이다. 목매기
송아지는 아직 제대로 성장하지 않아 자신의 삶의 영역을 온전히 찾지 못한
자아의 다른 모습이다. 면서기로 출발한 자아의 힘겨운 삶은 그래서 ‘아직
돋지 않은 뿔’을 흙벽에 비비며 내일을 바라보는 것으로 형상화된다.

　이러한 가난과 힘겨운 삶은 서정적 근원으로서의 자연으로부터 자아를
분리시키는 역할을 하기도 한다. 이 고생스러움 속에서 자아는 안식할 공간
을 찾지 못하고 내몰리며, 그것은 안식의 공간으로서의 자연의 상실과 맞물
리는 것이다. "바로 이거다 말하며 / 자기 주장으로 살아가는 / 나뭇가지를
볼 때마다 / 나는 부끄럽다"고 한탄하는 「박태기꽃을 보며」의 한 구절은
이러한 삶의 신산스러움이 불러오는 자연 상실 의식을 잘 드러내 준다.
현실적인 삶에 치인 자신의 모습이 자연(‘나뭇가지’) 앞에서 너무나 부끄러
운 것이다. 이것은 힘겨운 삶의 고통이 시인으로 하여금 자연과의 동일성을
이룰 수 없도록 끊임없이 방해하는 것을 보여준다.

　첫 시집에 나타난 이러한 가난과 힘겨운 삶의 모습은 그 이후의 시집들

속에서도 마찬가지로 나타난다. 시인이 素節이라는 이름으로 시도한 짧은
3행시의 형태가 주류를 이루는 두 번째 시집 『감을 우리며』와 세 번째 시집
『번개와 장미꽃』에서 이러한 현실적 삶의 고통이 다양한 형태로 형상화되
어 있다.

> 성당에서
> 주는 풀떼기
>
> 받아 먹으려고
> 선 줄이
>
> 골목을
> 돌아갑니다
>
> — 「줄」

　가난한 이들이 한 끼 식사를 해결하기 위해 성당 앞에 늘어선 줄이 골목
을 돌아갈 정도로 긴 것을 보는 시인의 마음은 착잡하다. 그 밥이 결코
화려한 진수성찬이 될 수 없음에도 불구하고 그것에 목을 메고 있는 이들의
삶은 보는 것만으로도 힘겹게 느껴지는 것이다. 짧은 시행 속에 압축적으로
제시하는 이 간결한 이미지 속에서 시인은 가난한 이들의 삶의 신산스러움
과 암담함을 선명하게 제시하는 효과를 얻는다. 이 선명한 이미지는 삶의
신고를 길게 설명하는 글보다 훨씬 더 강렬한 인상을 우리에게 던져준다.
　이러한 고통스러운 삶의 현실은 이 시기의 다양한 시편들 속에서 여러
가지 모양으로 형상화된다. "외상을 갚고 / 빈손으로 돌아와 눕는 / 방은
취기로 데워지고"(「醉氣」)에서처럼, 돈이 생기면 그것을 즐길 수 있는 것이
아니라, 외상값 갚느라 다시 빈털터리가 되어버리는 빈곤의 악순환 앞에
다시 좌절할 수밖에 없는 가난한 삶을 그리기도 하고, "시장의 쓰레기통

/ 배추이파리에도 / 서리가 내려"(「서리」)에서처럼 쓰레기통 속의 배추에 눈길을 줄 수밖에 없는 가난한 이의 시선을 형상화하기도 하는 것이다.

그럼에도 불구하고 시인은 이러한 가난과 고통스러운 삶의 현실 속에서도 그것을 초월할 수 있는 그 무엇을 간절히 소망한다. 이것은 서정시인의 본능적인 욕망 중의 하나라고 할 수 있을 것이다.

> 설움도
> 땡감인가
>
> 소금물
> 독에 넣고
>
> 누나는
> 우립니다
>
> — 「감을 우리며」

떫어서 먹을 수 없는 땡감을 소금물 속에 넣어 따뜻한 아랫목에 이불을 싸서 놓아두면 하루 정도 지나서 단감처럼 맛있는 감이 된다. 감이 우려지는 이 과정은 현실적인 삶의 고통스러움을 치열하게 경험하는 시인에게는 상당한 의미가 있다. 시인이 경험하는 고통스럽고 힘겨운 삶의 순간들이 이 시에서 땡감의 떫은 맛으로 비유되며, 시인은 이 땡감의 떫은 맛이 시간이 지나면 단감으로 바뀐다는 것을 알고 있는 것이다. 떫은 땡감이 단감으로 바뀌는 이러한 과정은 삶에서 경험하는 신산스러움이나 설움이 단맛으로 변해가는 과정, 다시 말해 고통스러운 현실을 초극할 수 있는 길이 있음을 의미한다. 이러한 이미지 속에서 시인은 현실을 초월하고자 하는 의지를 은연중에 나타내는 것이다.

여기서 주목을 요하는 또 하나의 요소는 그러한 감을 우리는 이가 '누나'

라는 것이다. '누나'라고 부르는 목소리는 어른 화자의 것이기보다 어린 아이의 목소리에 가깝다. 그렇다면 여기에서 시인은 어른으로서가 아니라 어린 아이로서 누나가 감을 우리고 있는 모습을 그려내고 있음을 알 수 있다. 자아가 감을 우리는 누나의 모습을 이처럼 어린 시절의 경험으로 상정한 것은 상당한 의미가 있다. 지금 어른으로서의 자아가 살아가고 있는 힘겨운 삶의 공간을 초극하여 진정한 안식을 누릴 수 있는 자리로 넘어가기 위한 단서를 이러한 어린 시절의 경험 속에서 찾아내고 있기 때문이다. 생활이 주는 신산스러움과 설움을 극복하여 단맛이 나는 시간으로 바꾼다 는 것은 쉽지 않다. 그 초극을 시인은 어린 시절의 고향의 추억 속으로 회귀함으로써 달성하는 것이다.

이처럼 시인이 초월의 가능성을 어린 시절의 추억 속에서 찾아낸다는 것은 '고향'이라는 서정적 근원으로 회귀하고자 하는 시인의 내면 의식을 내포한다. '고향'은 하나의 원체험으로서 시인이 상상하는 이상향의 하나로 작용한다. 그 속에서 경험했던 삶이 다소 힘겹고 어려웠더라도 그것은 문제 가 되지는 않는다. 오히려 그 속의 모든 것들이 현실적인 삶의 여러 어려움 들을 초극하는 하나의 동기가 될 뿐이다. 고향이 시인의 의식 속에서 이상화 되어버렸기 때문이다. 이러한 이상화된 고향 이미지는 특히 최근의 두 시집 『바퀴 위에서』와 『갈대속의 비비새』에서 잘 드러난다.

4. 고향이라는 이름의 환상

현실적인 삶의 공간이 지닌 고통과 힘겨움으로부터 초월하고자 하는 시 인이 도달하는 자리가 '고향'이다. 그 고향은 그러나 현실적인 생활이 이루 어지는 실제적 공간으로서의 고향 마을이기보다는 시인의 의식 속에서 다분히 이상화된 공간이라고 할 수 있다. 이러한 이상화된 공간은 최근의 그의 두 시집에서 현대 문명 속에서의 신산스러움을 뛰어넘을 수 있는 초극의 공간으로 그려진다. 여기에서 고향은 어린 시절로의 회귀로 나타나기도 하고, 일상적인 삶 너머에 존재하는 이상적인 공간으로 그려지기도 한다.

고향에 도달하고 싶은 시인의 간절한 욕망을 잘 보여주는 것은 시집 『바퀴 위에서』에 실린 「바퀴 위에서」라는 장시이다. 이 시집에는 「바퀴 위에서」와 「다리 위에서」라는 단 두 편의 시로만 이루어져 있을 만큼 이 두 편의 시는 긴 장시이다. 그 중 「바퀴 위에서」는 세 명의 탈옥수가 기차를 몰래 타고 '고향'을 찾아가는 여정을 그려놓고 있다. 이 세 명의 '흉악범'은 '양심 강탈범'이라는 범죄자이면서, '고향'을 간절하게 그리워하는 자이다.

> 아냐, 난 아주 고향에서 살 테야
> 그렇지 그래
> 우린 아주 고향에서 사는 그야
> 이 기계의 나라보단
> 물도 바람도 하늘도 다 맑을 거야
> 거긴 폐하도 없지
> 폐하가 뭐냐?
> 기계가 바로 폐하야
> 우린 그의 백성이었지
> 폐하여, 사약을 받고 죽은
> 내 아비의 일생을 상환하라
> 가발을 쓰고 잠입한 어둠을
> 그 계열을 색출하라
> 마가 우가 구가 셋이서
> 색출하라
>
> — 「바퀴 위에서」 중에서

장시 중의 한 부분인 여기에서 시인은 이들이 부정하는 것을 통해 그들의 죄명인 '양심 강탈범'의 실체를 은연중에 드러낸다. 그들이 부정하는 것은 '기계'들이 지배하는 세계, 즉 현대 문명 자체라고 말하고 있는 것이다. 기계를 '폐하'로 모시고 있는 곳은 기계들의 논리에 의해 기계들이 지배하는 세상, 그래서 인간적인 사람은 살기 어려운 현대문명이 만들어 낸 세상을 말한다. 이러한 세상에서 '양심 강탈범'으로 내몰린다는 것은 기계들의 논리와 존재방식을 부정했다는 것을 말하며, 그래서 그들이 현대문명이 제공하는 삶의 방식을 부정하는 존재들임을 말해준다. 현대문명은 인간에게 편리함을 주기는 하지만, 인간이 자연 속에서 자연과 함께 공존하면서 누리는 그 본질적인 평안함과 같은 안식을 주지는 못한다.

현대문명 속에서 사는 삶은 이러한 안식이 불가능할 뿐만 아니라 오히려 끊임없이 생명의 위협을 느끼게 된다. 시인은 '사약 받고 죽은 / 내 아비의 일생을 상환하라'고 외침으로써 그것을 분명히 보여준다. 기계 문명 때문에 아버지가 죽었고 자신도 그 속에서 범죄자가 되어 감옥에 갇혀 있다가 탈출한 존재라면, 그에게 기계문명은 원수가 될 수밖에 없는 것이다. 결국 시인은 이러한 기계 문명을 거부한 '양심 강탈범'이라는 존재를 내세워 '고향'을 찾아가게 만듦으로써, 현대 문명에 대한 날카로운 비판의 칼날을 세우는 것이다.

그럼에도 불구하고 이들 세 '흉악범'들은 그들이 그렇게 도달하고 싶어하는 '고향'에 이르지 못한다. 자기들끼리 다투다가 고향에 당도하기도 전에 둘은 뛰어내려버리고, 나머지 한 명마저도 고향 역에 도달하지 못하고 기차 안에서 쓰러지고 마는 것이다. 이것은 현대문명이 인간에게 제공하는 삶의 방식이 인간을 얼마나 강력하게 억압하고 있는가를 단적으로 보여주는 시적 장치이다. 시인은 이를 통해 현대인들의 내면 속에 잠겨 있는 기계가 지배하는 현대 문명에 대한 강한 부정의식을 드러냄과 동시에, 역설적으로 서정적 근원으로서의 '고향'이 인간에게 얼마나 뿌리깊게 자리잡고 있는

가를 보여준다.

'고향'에 대한 강렬한 열망은 『갈대 속의 비비새』에 오면 고향으로의 회귀로 나타난다. 시인은 초등학교 시절 은사에 대한 회상을 펼쳐 놓기도 하고(「더하기」, 「다시 일 학년이 되어」 등), 어린 시절 만났던 사람들에 대해 묘사하기도 하며(「수박」, 「튀밥장사 어서방」, 「강을 바라보며」 등), 고향에 남아 있는 사람들의 삶의 자리를 그리기도 한다(「빈마당」, 「솔새의 똥을 받으며」, 「요량」 등). 이러한 자리에서 고향은 사람 사는 냄새가 나는 인간다운 공간으로 그려진다. 거기에는 서정적 근원으로서의 안식의 공간이 있는 것이다.

풀이 물 위로
쭉쭉 자라면서
살이 오른 송사리 떼
소쿠리 가득 건져 올리던
중옥이 쟁길이 생일이
말잠자리 잡으려고
애브렁 애브렁
외치던 그 구강 가
강물 가르며 오르던 잉어 떼
펄펄 뛰어올라 별이 되었는지
이제 콘크리트로 덮여버린
이 강물은 가슴속 어디선가
붕어 메기 뱀장어 고추잠자리떼
아직도 감추고 꿈꾸는지
쟁길이 생일이 중옥아
이 여름에 바라보는 구강
썩은 물에도 달이 뜨는지
　　　　　　　－ 「강을 바라보며」

시인은 어린 시절 친구들인 '중옥이 쟁길이 생일이'와 함께 놀던 구강을 진한 그리움으로 상상한다. 어린 시절 시인이 친구들과 함께 놀았던 그 강은 '풀이 물 위로 / 쭉쭉 자라면서 / 살이 오른 송사리 떼 / 소쿠리 가득 건져 올리던' 강이다. 그 시절의 구강은 이처럼 생명이 살아 숨쉬는 풍성한 공간이었음을 말해 준다. 뿐만 아니라 그 속에서 살았던 자아와 친구들의 삶 또한 그 자연에 동화된 흥겨운 것이었음을 보여주는 것이기도 하다.

그러나 이러한 구강이 이제는 더 이상 현실 속에 존재하지 않는다. '이제는 콘크리트로 덮여'버렸고 '썩은 물'이 흐르는 강이 되어버린 것이다. 현대의 개발논리와 편리함에의 추구가 자연의 생명력을 소진시켜버렸고, 그래서 사람들은 더 이상 자연 속에서 안식을 얻을 수 없게 된 것이다. 결국 시인에게 어린 시절의 그 생명력 넘치는 살아있는 구강은 단지 '가슴속 어디'엔가 존재하는 환상의 공간이 될 뿐이다. 이는 시인이 그려내는 서정적 근원으로서의 자연 혹은 고향이 하나의 환각에 불과한 것임을 단적으로 보여주는 것이다.

5. 맺음말

이러한 환각으로서의 고향은 현대인들의 내면 속에 잠재되어 있는 근원 상실 의식과 깊이 관련된다. 현대 문명 속에서 자연과 고향을 상실해버린 인간에게 더 이상 돌아갈 곳이 사라져버린 것이다. 자신이 돌아가서 편안히 안식할 수 있는 공간으로서의 근원을 상실해버린 현대인들의 삶은 그래서 더욱 각박해지고 힘겨워지는 것인지도 모른다. 사람들은 환각이나마 자신이 안식할 수 있는 공간을 찾아 나서게 되는 것이며, 근원에의 회귀를 본질적인 특징으로 하는 서정시는 그래서 오늘날에도 여전히 의미가 있는 것이

다. 주근옥 시인의 서정시가 지닌 가치는 바로 이러한 근원에 대한 간절한
추구로부터 나온다.

이질적인 '접속'이 빚어낸 인간미와 순수미

김 현 정

1. 이질적인 만남과 생성

마르크스의 저서 속에 나오는 구절이자 마샬 버만의 저서 제목이기도한 "견고한 모든 것은 대기 속에 녹아버린다"는 이 세상에 존재하는 모든 것의 가변성을 말해주고 있다. 우리가 불변하리라 믿었던 것들(지형, 기후 등)이 변하고, 우리에게 고정관념화 된 것들(체제, 이데올로기 등)이 변화하는 데서 이러한 점을 어렵지 않게 발견할 수 있다. '모든 것들은 변한다'라는 이러한 시각은 어느 고정된 틀에 안주하지 않고 지속적으로 틀을 생성해 나가는 역동성과 밀접한 관련을 맺는다. 그러나 새로운 어떤 것을 창출하기 위해서는 이를 반드시 거쳐야 하는 과정이지만, 이 과정은 많은 '모험'이 뒤따르게 때문에 소수만이 선택하게 된다. 시에 있어서도 마찬가지이다. 이렇듯 시의 '아방가르드'를 꿈꾸고 시의 형식적 변모를 지속적으로 시도하는 시인이 있는데, 그가 바로 주근옥 시인이다.

고교시절부터 당시 학생이라면 누구나 선망하던 잡지 『학원』에 시를 발표하고, 서라벌 문예콩쿨대회에 당선하는 등 일찍이 시적 재능을 보여준 그는 『시문학』으로 문단에 데뷔한 뒤 5권의 시집을 상자한 중견시인이다. 그는 첫 시집 『산노을 등에 지고』(1987)에서 박용래의 시처럼 불필요한 군더더기를 뺀 시를 선보인다. 이후 그는 두 번째 시집 『감을 우리며』(1988)에서 시적 의미를 더욱 압축하여 새로운 3행시의 형식인 단시를 시도하는가 하면, 10년 만에 펴낸 세 번째 시집『번개와 장미꽃』(1998)에서도 그와 유사한 아주 짧은 형태의 소절시 형식을 보여주게 된다. 이렇듯 그는 기존의 시형식의 파괴를 통해 새로운 시형식을 창조하는 아방가르드적인 면모를 표출한다. 네번 째 시집『바퀴 위에서』(2001)에서는 이전의 시집과는 달리 장시 형태의 소극시(素劇詩)를 보여준다. 그리고 다섯번 째 시집『갈대 속의 비비새』에서는 다시 단시의 형태가 주를 이룬다. 이처럼 주근옥은 시형식의 다양한 변모양상을 끊임없이 보여주고 있다. 여기에서 우리가 간과하지 말아야 할 것은 그가 단순히 시형식의 변모양태만을 보여주는 것이 아니라 그러한 형식의 변화를 통해 새로운 의미를 끊임없이 생성해 내고 있다는 점이다. 우리가 예상하지 못하는 시어와 시어, 소재와 소재와의 이질적인 만남을 통해서 말이다. 이는 들뢰즈(G. Deleuze)와 가타리(F. Guattari)가 말하는 '접속'이라는 개념과 일정 정도 연관을 맺고 있다. 이접(離接)과 통접(統接)이 관련된 항들을 어떤 하나의 방향으로 나아가는 반면, 접속은 두 항이 등가적으로 만나서 제3의 것, 새로운 무언가를 생성하는 것이기 때문이다.[1]

　독자들이 전혀 예측하지 못하는 대상과 대상을 연결하여 새로운 의미를 만드는 그의 독특한 방식은 기존의 서정시 방식에서 볼 수 없었던 압축미와 간결미를 제공한다. 먼저 그가 주로 취하고 있는 소절시 형식에 대해 알아보는 것이 순서일 것 같다.

> 시집『감을 우리며』(1988)에서 관심을 기울이다가 이번에 깊은 믿음
> 을 갖고 시로서의 형식을 확정하였으며, 소절은 이러한 외형 외에 老莊의
> "谷神의 玄牝"과 "混沌의 七竅" 또는 임제종 黃龍晦堂의 법을 이어받은
> 靑原惟信 선사의 "見山祇是山(진실로 깨치고 난 뒤에 보는 이 산도 다만
> 그 산, 즉 엄연히 현전하는 이 현실적 세계를 부정하지 않고 작위 없이

---

1) 이진경,『노마디즘 1』, 휴머니스트, 2002, 91~92면 참조.

단적으로 직하에 긍정하는 의미에서 그러하다)"의 경지에 도달하려고 몸부림치는 포에지 속에서 형상화되었음을 공개한다. 어원적으로 繪事後素(그림을 그릴 때는 본바탕이 그림을 그리는 것보다 더 중요하다는 의미로 공자가 자하에게 한 말)와 素以爲絢(본바탕의 찬란함), 君子 素其位而行(素는 현재와 같고 군자는 현재 바로 그 위치에 따라서 행함)에 근거하였으며, 素는 글과 질이 고루 어울림(文質彬彬)의 質과 "素 猶見在也"의 보이는 것이 유예된 在, 그리고 "素富貴 行乎富貴(부귀에 처해서는 부귀를 행하고)"의 "어떤 처지에 놓이다"라는 뜻의 素이다. 또 다른 논어의 주역자 鄭司農은 素란 회화의 質 즉 색채의 정신적 표현으로서 後功이라고 하고, 朱熹는 絢과 대비하여 보이지 않는 質이라고 한다. 예를 들면 四君子인 梅蘭菊竹은 絢이며 眞善美貞은 素, 즉 梅=善, 蘭=美, 菊=眞, 竹=貞이다. 화가는 이 後素의 원리를 알아야 하고 이 원리를 이해하기 위해서는 자연의 진의를 알아야 한다.[2]

이를 통해 볼 때 그의 소절시는 심층적이고 다양한 의미가 내포된 것임을 알 수 있다. 노장사상과 불교사상, 그리고 유교사상이 모두 담겨져 있다. 그의 시 「混沌」, 「鏡虛」, 「松風庵」 등도 같은 맥락에서 이해된다. 주근옥은 이러한 유불선의 가르침을 바탕으로 '지금-이곳'의 현실적 모순을 극복하려 하고 있으며, 그 방법의 일환으로 현실 자체를 부정하지 않으면서 현실의 부조리를 들춰내는 방식을 취하고 있다. 그의 시에 현실과의 불협화음과 현실에 대한 불만이 자주 등장하는 것도 이에 다름 아니다. 그리고 그는 '지금-이곳' 현실의 부조리한 면을 표출시키는 동시에 의식적인 '나'가 아닌 무의식적인 '나'를 발견하려 노력한다. 시인은 부조리한 현실에서 벗어나기 위한 방편으로 동화적 상상력을 동원하여 유년시절 훼손되지 않은 '순수'를 찾는 데에도 심혈을 기울이고 있으며, 모순된 현실에서 소외되고 밀려난 '소수자'에 대한 사랑을 유년시절에 더불어 살던 인물들에 대한 기억을

---

2) 주근옥, 『번개와 장미꽃』, 새미, 1998, 110~111면.

통해 보여주기도 한다.

이처럼 그는 다양한 시적 형식을 통해 '낯설음'과 '긴장감'을 보여주는 동시에 이질적인 만남을 통해 인간미와 순수미를 창조하는 독특한 시적 경지를 보여주고 있다.

2. 현실과의 불협화음, 자아 발견의 길

학창시절부터 시적 소질이 다분했던 그는 시인을 꿈꾼다. 시인의 꿈은 시적 재능 뿐만 아니라 시적인 삶이 수반되어야만 한다. 그러할 때 남들에게 귀감이 되고 감동을 주는 시가 발현되는 것이다. 그러나 시인이 학교를 졸업한 후 직면한 사회현실은 자신이 꿈꾸던 순수함과 인간의 정이 듬뿍 담긴 그러한 현실이 아니었다. 불합리하고 모순으로 가득찬, 부조리한 현실이었다.

> 1) 이십이 훌쩍 넘어 제대하고
>   면서기 시험에 어렵게 합격했다
>   먹고 살기 위하여
>   주눅이 들어도 암소리 안하고
>   말술을 퍼먹으면서 비틀거려도
>   고독은 이 땅 위에 없는 것
>   － 「밖을 보며」 부분(『산노을 등에 지고』)

> 2) 면서기 출장간다
>   면장 군서기 고래고래 소리치면
>   굽실거리고
>   － 「목매기」 부분(『산노을 등에 지고』)

3) 지방행정주사가 될 때까지
   잘려나간 뼈마디도 뼈마디지만
   속까지 아예 긁어내어
   지푸라기로 채우고
   정말 나는 부끄럽다
   자기 주장으로 활짝 꽃을 피우거나
   비위가 거슬리면 일제히 지워 버리거나
   알몸으로 눈보라와 맞서는
   오기를 나는 부리지 못한다
                    ― 「박태기꽃을 보며」 부분(『산노을 등에 지고』)

4) 나는 나를 모릅니다
   삼십 넘어 장가 들고
   자식 낳고
   먹고 살기 위하여
   출근을 하면서
   더러는 불만 품고
   더러는 거짓말을 하면서
   문득 만나는 것은 내가 아닙니다
                    ― 「가라지」 부분(『산노을 등에 지고』)

  위의 시들에서 볼 수 있는 것처럼, 시적 화자는 '지금-이곳'에 석응하기
위한 나약한 존재로 그려진다. 1)에서는 군 제대 후 공무원시험에 합격한
화자가 직장에서 무슨 소리를 들어도 아무 소리도 하지 못하는 모습이 묘사
되어 있고, 2)에서는 출장에 가서 상사에게 "굽실거"려야만 하는 안타까운
장면이 나와 있다. 그리고 3)과 4)에서는 직장에서 "비위에 거슬"려도 "알몸
으로 눈보라와 맞서는 / 오기"를 부리지 못하는 현실과 불만이 있어도 그
불만을 터뜨리지 못하고 "더러는 거짓말"까지도 해야 하는 현실이 표출된
다. 이 시들의 공통점은 시인이 이같은 현실을 '청맹과니'처럼 '숙명'으로

받아들이는 것 같지만 그 이면에는 비판적인 시각을 지니고 있다는 점이다. 그렇기에 화자는 상사에게 "암소리" 못하고 "굽실거"리며 "더러는 거짓말"까지도 하는 자신에 대해 부끄러움을 느낀다. 나아가 "더러는 거짓말을 하면서 / 문득 만나는 것은 내가 아"니라고 한다. 거짓말을 하는 '나'는 라깡(J. Lacan)의 이론에 따르면, 자아분열의 단계를 거쳐 상징계적 자아(의식 속의 나) 이고, 이를 부정하는 '나'는 자아분열의 단계 이전의 상상계적 자아(무의식 속의 나)라 할 수 있다. 의식적인 나와 무의식적인 나가 서로 분열된 모습을 보여주고 있는 것이다. 이러한 모습은 "미행하며 사십 년이 넘도록 / 나는 나라는 확증을 잡을 수 없읍니다. // …… // 그러나 미행하며 밟아보는 저녁놀 / 나는 나라는 확증을 잡을 수 없읍니다"(「尾行」, 『산노을 등에 지고』)라는 구절에서도 확인된다. 불혹이 넘도록 시적 화자는 "나라는 확증을 잡을 수 없"다고 한다. 이는 의식적인 나와 무의식적인 나의 불일치를 말해주는 것이며, 두 자아의 욕망이 상이함을 시사하는 것이다. 두 자아의 불일치와 욕망의 상이함을 극복하기 위해서는 끊임없이 무의식적 자아를 확인하고 그 자아의 욕망을 실천해야만 하는데, 거기에는 현실적인 어려움이 많이 뒤따른다. 자아분열 단계를 거쳐 상징계로 진입한 이상 우리가 다시 상상계로 회귀하는 것은 불가능하다. 다만, 가끔 조우하는 실재계를 통해 확인할 수 있을 뿐이다. 이 실재계와의 조우를 통해 우리는 상징계적인 자아를 분열 단계 이전의 순수한 상상계적 자아로 다가설 수 있게 된다. 이러한 상징계적 자아와 실재계적 자아의 만남이 계속 미끄러질 때 시인이 말한 "나"라는 "확증"의 근거는 점점 소실하게 된다.

이처럼 내면 속의 자아를 발견하기 위해 그는 현재의 자신의 처지를 동물원 속에 있는 동물에 비유하기도 한다.

　　1) 곰은 발바닥으로

공을 굴린다

사람들에게 눈짓을 보내며
받아 먹는 먹이 간에 기별도 안 가고
날아갈 듯 철책을 기어올라도 아직 하늘은 높다

우리 안을 맴돌며 떠올린 동굴 속에
도토리 알밤 약뿌리
창자까지 저려오는 그 향기를
서그럭 서그럭 이끝이 시리도록 깨물다가

눈을 뜬다
구름처럼 몰려드는 사람 속에 묻혀
외쳐도 외쳐도 닿을 길 없는 목소리

두 손 치켜들고 흔들다가
쓰러지면 다시 일어서서

나는 발바닥으로
공을 굴린다

- 「공굴리기」 전문(『산노을 등에 지고』)

2) 동물원 고라니처럼
　　날마다 꿈을 꿉니다

　　너와지붕으로 엮은 집
　　숨겨놓은 내땅으로 가야지

　　누더기옷 이끼처럼 걸치고
　　저절로 벌어진 으름도 따먹고
　　풀꽃 속에 스르르 잠 들면

살모사 능구렁이 배꼽 위로 기어가고

사람의 말소리 듣고 싶으면 마을로 내려가
어리숙한 가시내를 사랑하다가

더덕덩굴 덮인 마당으로 가야지
노을빛이 떠나기 전에 가야지

철조망에 코를 부비며
날마다 꿈을 꿉니다
　　　　　－「철조망 속에서」 전문(『산노을 등에 지고』)

　1) 2)의 작품에는 동물원에 있는 '곰'과 '고라니'가 등장한다. 이들은 모두 자신이 살고 있던 곳에서 포획되어 이곳에서 사육되고 있는 대상들이다. '곰'은 공굴리는 재주를, 그리고 '고라니'는 자신의 모습을 보여줌으로써 보는 사람들에게 즐거움을 전해준다. 그러나 '곰'과 '고라니'는 '다람쥐 체바퀴 돌듯' 하는 길들여진, 무기력한 생활에 대한 불만을 느낀다. 그래서 그들은 "날마다" 꿈을 꾼다. 자신이 살던 자유롭고 평화로운 자연을 말이다. 1)의 '곰'은 자신의 동굴 속에 있는 먹던 "도토리 알밤"의 맛과 "약뿌리"의 향기를 잊지 못한다. 2)의 '고라니'는 "너와지붕으로 엮은 집"에서 살면서 "으름"도 따먹고, 풀꽃 속에 잠 들고 싶은 욕망을 표출한다. 그러나 '곰'과 '고라니'의 꿈은 현실 속에서 좌절되고 만다. 이처럼 시인은 동물원에 있는 '곰'과 '고라니'를 통해 자신의 삶이 획일적이고 자유롭지 못한 것에 대해 불만을 갖는다. 그래서 시인도 '곰'과 '고라니'처럼 '지금-이곳'의 현실 속에서 탈주하기 위해 안간힘을 쓰지만, 결국 보이지 않는 '현실'의 장벽 앞에 무기력해지고 만다. 그럼에도 시인은 그곳에서 좌절하지 않고 "숨겨놓은 내땅"과 잃어버린 '나'를 찾기 위해 꿈을 계속 꾼다. 그는 그 일을 결코

서두르지 않는다.

> 창문을 열어놓고
> 생각하는 내 나이
> 버려진 흙 버려진 돌 주워다가
> 마련한 그 자리의 나이테
>
> (……)
>
> 창문을 열어놓고
> 나는 나를 기다리고 있네
>   － 「창문을 열어놓고」 부분(『산노을 등에 지고』)

위 시에서 볼 수 있듯 시적 화자는 "창문을 열어놓고 / 나를 기다리고 있"다. 창은 이쪽과 저쪽을 소통시키는 통로이다. 창문 안에 있는 의식적인 '나'는 창문 밖에 있는 무의식적인 나를 그리워한다. 여기에서 중요한 것은 "창문을 열어놓"고 기다리는 화자의 태도이다. 이전에는 창문이 닫힌 상태에서 창밖의 무의식적인 자아를 그리워하는 수동적인 자세에 머물렀다면, 지금은 창문을 열어놓고 창밖의 무의식적인 자아를 기다리는 능동적인 자세로 바뀐 것이다. 무의식적인 나를 기다리되 그가 오는 데에 방해가 되지 않도록 배려하는 화자의 심정이 담겨져 있다. 이는 무의식적 자아에게 다가서려는 시인의 커다란 태도의 변화라 할 수 있다.

무의식적 자아를 묵묵히 기다리던 그는 이제 그 자아를 찾아 떠나고 싶은 욕망을 드러낸다.

> 어딘가
> 떠나고 싶은 마음은 눈송이 쌓이는 소리

　　　　문득 날고 싶은 씨암닭의 소망
　　　　누군가
　　　　훔쳐보는 그 눈 속으로
　　　　끝없이 떠나고 싶은 마음
　　　　눈 속에 묻힌 민들레 헤쳐 찾는 마음
　　　　어딘가
　　　　떠나고 싶은 마음은 까치소리
　　　　미움처럼 흩어지는 순간의 빛소리
　　　　　　　　　　－「눈을 맞으며」 부분(『산노을 등에 지고』)

　어딘가로 떠나고 싶은 시적 화자의 마음을 엿볼 수 있는 작품이다. 무의
식적 자아를 찾아 떠나는 화자의 마음의 소리는 '눈송이 쌓이는 소리'이고
'까치소리'이다. 거기에는 설레임과 희망이 내포되어 있다. 이처럼 그는
'지금-이곳'의 현실에서 탈주하기 위한 욕망을 듬뿍 담아내고 있다. 그러나
시인이 탈주하여 닿고자 하는 욕망은 욕망일 뿐, 현실에서는 그가 그리워하
고 무의식적 자아가 머무는 곳은 존재하지 않는다. 때문에 그는 기억 속의
유년시절을 상기하게 된다. 자신의 기억 속에 내장되어 있는 유년시절의
순수 공간과 그곳에서 있었던 아름다운 흔적들을 찾아내기 시작한다.

3. 동화적 상상력, 순수한 아이 되기

　시적인 삶을 영위하려는 시인은 시적인 현실과 동떨어진 '지금-이곳'의
현실에 대해 깊은 회의감을 갖게 된다. 그렇다고 그가 이 현실에 대해 "알
몸"으로 맞서거나 "오기"를 부릴만큼 강한 존재는 아니다. 자기 자신을 '목
매기(송아지)'(「목매기」)나 동물원의 '곰'(「공굴리기」)과 '고라니'(「철조망
속에서」)에 비유하는 데서 볼 수 있는 것처럼 그는 나약한 존재이다. 때문에

그는 이러한 현실을 탈출하기 위한 방법으로 '동화적 상상력'을 차용한다. 과거 유년시절의 훼손되지 않은 기억을 되살려 현재의 삶에 희망을 부여하고, '지금-이곳'이라는 현실 속에서 자신의 역할을 찾고자 한 것이다.

> 1951년 4월 / 기찻길 옆 창고 마당에 / 조무래기들이 모였습니다 / 코흘리개 침흘리개 쟁길이 / 선생님의 치마를 들추던 중옥이 / 모두 모두 선생님이 주신 / 반달 그림 이름표를 가슴에 달고 / 바둑아 바둑아 나하고 놀자 / 꼭꼭 숨어라 머리카락 보인다 / 소리 높여 읽던 일 학년 교과서 / 구호물자로 배부된 연필이랑 / 공책이랑 지우개랑 골고루 나눠 주시고 / 마지막으로 남은 꽃구슬 한 개 / 나에게 주시던 선생님의 손길 / 선생님의 손을 붙잡고 우리들은 / 학교종이 땡땡땡 어서 모이자 / 선생님이 우리를 기다리신다 / 노래 부르며 부르며 / 관촉사 벚꽃놀이 원족도 갔습니다 / …… / 선생님 / 지천명도 넘기고 / 이순을 바라보는 나이에 / 나는 아직도 아직도 일 학년 / 가갸 거겨 고교 구규 더듬더듬 세상을 읽고 / 엉금엉금 기면서 길을 헤매고 있습니다 / 선생님이 주신 꽃구슬도 잃어버리고 / 선생님 / 오늘은 낭랑한 목소리로 / 다시 한 번 교과서를 읽어 주셔요
>
> ― 「다시 일 학년이 되어」 부분(『갈대 속의 비비새』)

위 시는 유년시절로 회귀하고 싶은 시적 화자의 욕망을 담아낸 작품이다. 전란 중에 초등학교를 다닌 것을 알 수 있는 이 시에서는 전쟁의 상흔은 없고 초등학교 1학년의 아름다운 추억만이 등장한다. "코흘리개 침흘리개" 인 쟁길이의 모습과 "선생님의 치마를 들추던" 중옥이의 행동은 자연스럽게 독자들을 초등학교 시절로 되돌리게 만든다. 이 시에서 화자는 학용품을 골고루 배분해 주고 "마지막으로 남은 꽃구슬 한 개"를 자신에게 준 선생님 의 손길을 아직도 잊지 못한다. 그 선생님의 손길이 그를 이 자리까지 오게 한 커다란 힘으로 작용한 것으로 그는 믿고 있다. 그러면서도 시적 화자는 선생님의 나이가 되었어도 여전히 "길을 헤매고 있"다고 안타깝게 말하고

있다. 이는 선생님의 가르침대로 살지 못한 시적 화자의 자아반성이기도 하다. 꿈과 소망이 가득 담긴 유년시절의 순수함을 잃어버린 채 살아가는 자신을 채찍질하는 것이다. 그리고 유년시절의 순수를 상징하는 것이기도 한 "꽃구슬"의 분실을 그는 순수함을 잃어버린 것으로 보고 있다. 때문에 시인은 선생님의 낭랑한 목소리로 "다시 한번 교과서를 읽어" 달라고 간청한다. 이는 잃어버린 "꽃구슬", 즉 유년시절의 순수를 되찾고자 하는 것에 다름 아니다. 이처럼 주근옥은 동화적 상상력을 통해 잃어버린 자아를 되찾기 위한 몸짓을 보여준다.

이러한 잃어버린 '순수', 잃어버린 '나'를 찾는 모습은 소절 형식의 시에서도 어렵지 않게 볼 수 있다.

> 1) 는개를 맞으며
> 고무신에 흙묻을까
> 맨발로 밟는 황톳길
>
>   ―「는개」 전문(『감을 우리며』)

> 2) 설움도
> 땡감인가
>
> 소금물
> 독에 넣고
>
> 누나는
> 우립니다
>
>   ―「감을 우리며」(『감을 우리며』)

1)과 2)의 시 모두 유년시절의 순수한 감정을 엿볼 수 있는 작품들이다. 1)의 시에서는 안개와 같은, 이슬비보다 가늘게 내리는 비인 '는개'에 의해

고무신에 흙묻을까 하여 맨발로 걷는 화자의 풍경이 그려진다. 여기에는 '고무신'을 아끼려는 화자의 속깊은 뜻이 담겨져 있다. 이 '고무신'은 지금은 거의 신지 않는 신발이지만, 당시에는 아주 유용한, 그렇기 때문에 그만큼 아껴 신었던 물건이다. 시인은 당시 이러한 화자의 마음을 잘 표출하고 있다. 2)에서는 '땡감'과 (누나의) '설움'을 등치시켜 바라보는 시인의 독특한 시선이 돋보인다. 감의 떫은 맛을 제거하기 위해 소금물에 감을 담가두는 것을 보면서 시인은 누나의 가슴 속에 맺힌 설움, 혹은 더 나아가서 우리들 모두의 가슴에 도사리고 있을 슬픔의 감정을 연상한다. 그것은 곧 감의 떫은 맛을 우려내는 일이 누나의, 혹은 우리들의 슬픔을 거두어내는 일이 아닌가 하는 생각으로 나아가게 한다.3) 이처럼 시인은 유년시절의 보편적인 경험들을 자신만의 독특한 의미를 담아 시로 형상화하고 있다.

다음은 시인의 가난한 유년시절의 풍경과 당시의 상정(常情)의 세계를 보여주는 작품들이다.

> 1) 명태 한 마리
>   올라온 저녁 밥상은
>   숟가락으로 붐빕니다
>
>   - 「숟가락」 전문(『번개와 장미꽃』)
>
> 2) 장바닥에 앉아
>   개평으로 얻어먹는
>   참외랑 개떡이랑
>
>   - 「개평」 전문(『번개와 장미꽃』)
>
> 3) 이 봄에 만나고 싶은 사람은
>   어려서 도시락을 남겨 준 친구다
>   - 「이 봄의 한기」 부분(『갈대 속의 비비새』)

---

3) 이숭원, 「아름다운 인정의 세계」, 주근옥, 『감을 우리며』, 시문학사, 1988, 127면 참조.

시인의 유년시절은 한국전쟁 이후의 시기에 걸쳐 있다. 이 시기는 앞의 시에서도 잠깐 나왔듯이 구호물자에 의존해야만 하는 지독히 가난하던 시절이었다. 시인에게도 예외는 아니었는데, 이러한 모습은 위의 시를 통해 확인된다. 1)에서는 가난하던 시절 "명태"찌개를 한 입이라도 더 먹으려고 수저가 붐비는 풍경이 그려져 있다. 끼니를 채우기 어려운 현실 속에서 "명태"와 같은 생선을 먹는다는 것은 커다란 행운일텐데, 시인은 그 풍경을 진술하면서도 실감나게 묘사하고 있다. 2)에서는 장에서 '참외'와 '개떡'을 개평으로 먹는 광경이 표출되고 있다. 당시 장에서는 개평으로 주는 넉넉한 인심을 흔히 볼 수 있었는데, 위 시에서처럼 시인은 가난했지만, 정이 많았던 '상정(常情)'의 시절을 보여줌과 동시에 그 시절로 회귀하고 싶은 욕망을 드러낸다. 개인주의와 이기주의가 팽배해 있는 '지금-이곳'의 현실에서는 좀처럼 보기 어려운 공동체적인 삶이 보인다. 3)에서도 가난한 유년시절의 풍경이 그려진다. 시인은 그 가난했던 시절 시인에게 "도시락을 남겨 준 친구"를 만나고 싶어한다. 자신도 부족했을 도시락을 준 친구가 너무 고마웠기 때문이다. 어쩌면 시인은 자신을 생각해 준 친구의 마음을 그리워하고, 나아가 이웃을 생각하고 남을 배려하는 마음이 생기기를 희망했는지도 모른다. 동화적 상상력에 바탕을 둔 그의 이러한 면은 그의 내면세계가 근본적으로 평화주의적 지향을 가지고 있음을 보여주고 있다고 하겠다.[4] 이와 같이 주근옥은 유년시절의 아름다운 기억을 통해 근대화에 의해 훼손되기 이전의 순수함을 드러냄과 동시에 '지금-이곳'의 현실을 변화시킬 수 있는 대안을 모색하고 있다.

따라서 그는 자신의 순수한 삶을 빼앗아가고, 삶의 뿌리를 뽑은 근대화에 대해 부정적인 시선을 보낸다.

---

4) 이숭원, 앞의 글, 133면 참조.

1) 요 며칠 사이
   길이 없어졌다

   돌돌 말아가지고 떠난
   그 자리 김이 어린다

   불도저가 밀어낸 둔덕
   불도저가 밀어낸 뿌리

   흙 속에 파묻혀
   숨이 가뿐 들국화

   요 며칠 사이
   내가 없어졌다

                －「失踪」전문(『산노을 등에 지고』)

2) 풀이 물 위로
   쭉쭉 자라면서
   살이 오른 송사리 떼
   소쿠리 가득 건져 올리던
   중옥이 쟁길이 생일이
   맡잔자리 잡으려고
   애브렁 애브렁
   외치던 그 구강 가
   강물 가르며 오르던 잉어 떼
   펄펄 뛰어올라 별이 되었는지
   이젠 콘크리트로 덮여버린
   이 강물은 가슴속 어디선가
   붕어 메기 뱀장어 고추잠자리 떼
   아직도 감추고 꿈꾸는지
   쟁길이 생일이 중옥아

　　　이 여름에 바라보는 구강
　　　썩은 물에도 달이 뜨는지
　　　　　　　　　－「강을 바라보며」 전문(『갈대 속의 비비새』)

　두 작품 모두 근대화에 의해 자신의 터전을 상실한 것에 대한 안타까움을 보여주고 있는 시이다. 1)에서는 '불도저'에 의해 오랫동안 다니던 '길'이 없어진 장면이 표출된다. 그 길의 없어짐은 시인이 살아온 삶의 좌표를 지운 것이기도 하다. 때문에 시인은 그 길의 부재를 "내가 없어졌다"라고 묘사하기에 이른다. 여기에서 우리는 자신을 지탱해 준 삶의 뿌리를 잃어버린 화자의 절박한 심정을 엿볼 수 있다. 그리고 "흙 속에 파묻혀 / 숨이 가쁜 들국화"에서 '들국화'는 상처받은 시적 화자와 동일시되는 대상이라 할 수 있다. 2)에서는 썩은 강물이 되기 전 그 강에서 노닐던 유년시절을 떠올리는 장면이 보인다. 유년시절 '구강'에는 송사리, 붕어, 메기, 잉어, 뱀장어와 말잠자리, 고추잠자리가 많이 서식하였으나 현재에는 콘크리트로 복개되어 유년시절에 보았던 물고기와 잠자리들이 모두 사라지고 썩은 물만이 흐르고 있음을 시인은 안타깝게 여기고 있다. 그 강물이 썩어 유년시절 아름다운 기억마저도 망각될까봐 그는 불안해 하고 있다. 이처럼 주근옥은 '동화적 상상력'을 통해 유년시절의 순수미와 상정의 세계의 인간미를 되살리고자 심혈을 기울인다.

4. '결핍된' 대상에 대한 포용, 인간의 경계 허물기

　동화적 상상력을 통해 '지금-이곳'이라는 현실 속에서의 자신의 길을 찾고, 무의식 속의 '나'를 찾던 시인은 '결핍된' 대상을 다른 시각으로 바라본다. 즉, 유년시절, 즉 농경사회의 미덕인 공동체적인 삶에서는 모자란 것이든 남는 것이든 모든 것이 어우러졌다. 그런데 이성중심주의적 사고방식을 우위에 둔 자본주의의 세례를 받으면서 점차 '결핍된' 대상이 밀려나고 소외된다. 시인은 이러한 시각이 잘못되었음을 유년시절의 기억을 통해 보여준다.

> 대갈장군은 배냇 병신 / 다리는 짧고 게다가 절면서 / 불거져 나온 두 눈을 굴린다 / 고향 신도안을 떠날 줄 모르면서 / 초상 나면 맨먼저 문상을 가 / 부곳장도 돌리고 잔 심부름도 한다 / 일년에 몇 차례 외지에 나가서 / 빌어다가 형에게 맡겨 놓지만 / 깨진 독에 물붓기, 빈 속이다 / 고향에서는 결코 벌리지 않는 손 / 주는 밥만 받아 먹을 뿐이다 / 불쌍히 여긴 사람들이 상의 끝에 / 곱추 처녀와 짝을 지어 줬지만 / 첫날밤을 치루고 여자가 도망쳤다 / 어찌나 실하고 뜨거운지 / 그만 기겁을 했다는 소문이다 / 다리 저는 송아지가 장바닥에 누워 / 음매음매 어미 찾고 있을 때 / 제가 덮고 자던 거적 덮어 주며 / 등긁어 주던 대갈장군 / 이제 신도안이 헐리고 / 사람들도 뿔뿔이 흩어져 나가고 / 자네는 누구네 집 만사 들고 떠났는지 / 궁금해 하는 내 발등에 모과가 떨어진다 / 그 향기로 젖어드는 아픔 / 주어 들고 보니 자네 머리통일세
> — 「木瓜」 전문(『산노을 등에 지고』)

위 시는 소수자에 대한 사랑이 돋보이는 작품이다. 다리가 짧고 다리가 불편한 대갈장군이 등장한다. 근대화되기 이전 농촌의 어느 마을이든 보편적으로 존재하던 그 사람은 초상날 때 가장 먼저 문상 가고 부고장도 돌리는, 죽음의식과 아주 밀접한 사람이다. 그의 특징은 궂은 일은 도맡아 해도 남에게 '해꼬지'를 하지 않는다는 것이다. "다리 저는 송아지가 장바닥에 누워 / 음매음매 어미 찾고 있을 때 / 제가 덮고 자던 거적 덮어 주며 / 등긁어" 주는 '대갈장군'의 행동에서 인간미의 절정을 엿볼 수 있다. 시인은 이렇듯 결핍되어 있는 대상에게 그 나름의 존재가치가 있음을 보여주어

결핍된 것을 외면하고 소외시키는 자본주의 세계에 균열을 내고자 한다.

> 1) 시멘트 바닥 고인 물에 뜬 달을 밟으며
>   우리 집 앞마당 판잣집에 살던 어 서방 얼굴을
>   떠올린다, 연무대 포로 수용소에서 탈출한 그는
>   보름달만한 호떡을 팔아도 돈이 되지 않아
>   목숨보다 귀한노란 결혼 금반지 빼어 팔아
>   대구에 가서 튀밥 기계 사다가
>   읍사무소 뒷마당에서 뻥뻥 튀밥을 튀다가
>   놀란 가슴 쓸어 담으며 허겁지겁 쫓아온
>   읍사무소 직원에게 쫓겨 우리 집 마당에 와서
>   겨우 허락을 받고 뻥뻥 튀밥을 튀기며 웃던 얼굴
>   − 「튀밥 장사 어 서방」 부분(『갈대 속의 비비새』)

> 2) 난장이 석공은
>   돌덩이 달아 올리는 풍선
>   (……)
>   이리저리 뺨 맡기고 서서
>   가슴 저려오는 아픔 이기지 못해
>   놓아 버린 생애
>   (……)
>   차라리 난장이 석공은
>   알몸으로 벗겨져 무너지는 바람
>   서로 등 비비다가 엉크러진 쑥대밭
>   끝에 풀집 짓는 손 마디마디 솟은 물집
>   속의 첩첩 산울림
>   빛 밖을 달리는 사람들
>   등에 파여지는 공덕문이여
>   − 「石工」 부분(『산노을 등에 지고』)

위 시들은 비주류적인 삶을 살아가는 사람들의 애환을 다루고 있는 작품이다. 1)에서는 유년시절에 보았던 그리운 사람들 중 하나인 '튀밥 장사 어 서방'의 삶의 고단함을 담아내고 있다. 시인은 자신의 일을 열심히 한 가난하지만, 성실한 '어 서방'을 그리워한다. 그는 이 시에 나오는 빌딩이 주인인 된 아내나 극장 주인이 된 처남의 삶보다도 자신의 몸 망가지는 줄 모르고 열심히 살다가 사라져 간 '어 서방'을 더 사랑하고 있다. 2)에서는 "마디마디 솟은 물집"투성이인 석공의 애환이 표출되고 있다. 그는 마디마디에 물집이 잡힐 정도로 자신의 일에 정성을 다 하지만, 이것이 "빛 밖을 달리는 사람들"의 "등에 파여지는 공덕문"으로 많이 쓰이는 것에 대해 회의감을 보이고 있다.

그리고 시인은 '숙맥'과 같은 친구에게도 정을 보낸다.

> 얼근한 친구의 얼굴 바라보며
> 손바닥에 굳은 살 박힌 사연
> 듣고 또 들어도 끝없는 밤에
> 버캐처럼 엉겨붙는 바람소리
>
> — 「菽麥」 전문(『감을 우리며』)

'숙맥'은 원래 **콩과 보리**를 뜻하는 단어였는데, 이것이 전이되어 콩과 보리도 구별할 줄 모르는 어리숙한 사람을 가리키는 뜻으로 사용하게 되었다. 위 시의 제목이 '숙맥'인 것은 세상이 변화에 민감하게 대처하지 못하고 영악하게 살지 못하는 친구나 그 말을 듣는 시적 화자을 두고 붙여진 것으로 보인다. 이처럼 시인은 "손바닥에 굳은 살 박힌 사연"이 있는 친구의 삶을 보듬는다. 그리고 그 사연을 "듣고 또 들어도" 귀찮아 하거나 싫어하는 내색을 보이지 않는다. 시인은, 착하고 순박하기만 한 사람은 현실에 적응하지 못하여 비주류가 될 수밖에 없다는 현실인식을 보여주는 동시에 그 사람들도 끌어안아야 한다는 공동체적 의식도 시사하고 있다. 그리고 노숙생활을 하다 집에 온 해고된 근로자와 아내의 부조화의 모습을 다룬 시 「문」(『갈대 속의 비비새』)도 같은 맥락에서 이해할 수 있다.

'지금-이곳'의 변방에서 비주류적인 삶을 영위하는 소수자들의 삶의 모습은 다음 시에서도 엿보인다.

<blockquote>

자기 얘기를 써
사상계에서 이청준의 퇴원이 당선될 때
겨루다가 낙선한 경험이 있는 음영봉 씨
첫날밤은 물론 이튿날 그 이튿날도
신부를 그냥 신부로 놓아두어서
고자로 오해받았다더니
딸 넷 아들 하난가를 낳았다
큰딸이 벌써 여고를 졸업하고 취직하여
돈도 부쳐 오고 결혼 밑천도 번다고 자랑이다
소설에의 미련을 버리지 못해 훌쩍 집을 떠나
강경인가 어딘가 하숙방에서 썼다는 원고지에는
쩡쩡 금강 물이 얼어붙는 소리로 꽉 차 있었다
　　　　　　　　　－「요량」 부분(『갈대 속의 비비새』)

</blockquote>

위 시는 무명에 가까운 소설가에 대한 애환이 담긴 작품이다. 젊은 시절 신춘문예에 낙선한 경험이 있는 시인은 자신과 비슷한 처지에 놓인 '음영봉'씨를 잊지 못한다. 문단권력에 아부하고 작가들보다 자신의 일을 소신껏 하고 작품을 쓰는 '힘없는' 소시민을 시인은 더 선호한다. '음영봉'의 미덕은 자신의 꿈을 포기하지 않고 그 꿈을 끊임없이 펼치고 있는 점에서 찾을 수 있다.

그리고 '결핍된' 대상을 포용하려는 시인의 시선은 인간과 자연의 하나임을 밝히고자 노장사상과 불교사상으로 이어진다. 그는 시 「混沌」(『산노을 등에 지고』)에서 『장자』에 나오는 '혼돈'에 대해 표출한다. 이러한 작업은 혹 자신이 '규율'과 '질서'라는 이름으로 모든 것을 체계화하고 조직화하려는 것은 아닌지를 뒤돌아보기 위한 것으로 보인다. "이 미련한 짐승은 / 흙바닥에 엎드려 울부짖고 있읍니다"라고 한 것처럼 시인은 이성적이고 합리적인 사고에 의해 모든 사물을 질서있게 배치하려는 것에 대해 의문을 가진다. 이는 무질서 속의 질서, 질서 속의 무질서의 의미를 보여주는 것이라 하겠다. 경허 스님에 대해 노래한 시 「鏡虛」(『산노을 등에 지고』)에서는 '지금-이곳'이라는 현실의 고단함과 소외감을 극복할 수 있는 지혜를 '경허' 스님에게서 찾고자 하는 시인의 의도가 내장되어 있다. 시의 끝부분 "목이 타고 허기져 기진한 저에게 / 스님의 칼과 송곳만이라도 주십시오"에서는 '지금-이곳'의 현실에서 올바르게 살아갈 수 있는 지혜를 갈구하는 시적 화자의 간절한 소망이 내장되어 있다. 산사에 피는 아름다운 '연꽃'에 그치지 않고 속세에까지 아름답게 피는 '연꽃'을 지향한 '경허' 스님의 진리를 캐고자 한 것으로 보인다. 이처럼 시인은 끝없이 '지금-이곳'에서 진실되게 살기 위한 진리를 구하고자 한다. 이는 단순히 남에게 피해를 주지 않고 삶의 풍요로움을 가져다주는 식물적 상상력에 머무는 것이 아니라 자연과 인간이 함께 사는 농경사회의 공동체적 상상력에까지 나아가게 한다. 이것이 주근옥 시인의 강점이자 독특한 시적 사유라 할 수 있다.

5. 진실된 인간미와 순수미를 꿈꾸며

주근옥 시인이 꿈꾸는 것은 아주 소박하다. 그는 시 「솔새의 똥을 받으며」(『갈대 속의 비비새』)에서 노래한 것처럼 사람들이 우려먹을 수 있는 '땡감'이나 까치의 밥이 되는 '홍시가 되기를 희망한다. 그리고 그는 "된장만큼이나 / 진한 냄새"(「가시」, 『산노을 등에 지고』)로 살고자 한다. 이처럼 시인은 자신을 위해서가 아니라 누군가에게 도움이 되는 삶을 영위하고자 한다.

그는 이러한 삶을 살기 위해 오랜기간 동안 힘겨운 유배생활 속에서도 선비의 도를 잃지 않고 학문에 정진하여 많은 업적을 남긴 다산 정약용을 정신적 스승으로 삼는다. "그분이 먹을 갈고 / 난을 치다가 쓰러진 곳"(「松風庵에 가고 싶네」, 『갈대 속의 비비새』)이라는 구절에서도 보이듯 유배 중에서도 자신의 본분을 잃지 않았던 선비의 모습을 그는 닮으려 한 것이다. 이러한 시인의 모습은 '지금-이곳'의 현실을 지혜롭게 살아가고자 하는 간절한 몸짓이라 할 수 있다.

그리고 그는 호수와 같이 포용력이 있기를 욕망한다. 모든 것을 다 감싸 안는 호수처럼말이다. 호수는 사람과 사람, 나무와 나무, 바람과 흙을 묶는, 잇는 역할을 하고 있다. "말이 통하지 않으면 / 손짓 발짓 눈짓으로 / 아니면 침묵으로 가슴을 덥히며 / 덕지덕지 엉겨 붙는다"(「호수에 가서」, 4연, 『산노을 등에 지고』)라는 곳에서 보이는 호수의 포용력을, "아직은 더 햇살을 받아야 하리 / 시고 지린 몸뚱어리에 단물이 배기까지 / 넉넉히 기다리며 기다리며"(5연)에서 드러나는 호수의 여유를 그는 배우고자 한다.

이러한 과정을 통해 주근옥 시인이 진정으로 욕망하는 것은 '二人三脚'의 정신이라 할 수 있다. "혼자 먼저 가도 안 되고 / 곁눈질해도 안 되고 / 함께 숨을 모아 쉬면서 / 느긋하게 그러나 느리진 않게 / 여보, 우리도 이인삼각일세"(「二人三脚」, 『산노을 등에 지고』)라고 한 것처럼 그는 보폭을 맞추어 동행하는 삶, 남들을 끌어안는 공동체적인 삶을 끝없이 갈구하고 있는 것이다.

멈추지 않는 여정 속에 담긴 삶의 통찰

김 승 민

1. 들어가며

삶의 참모습을 말로 풀어 놓은 모든 종교의 경전들은 본디 箴言으로 이루어져 있다. 본의를 표면에 드러내지 않고 비유적이고 간결한 말로 숨겨진 의미를 찾아 냄으로써 사람들로 하여금 참진리에 들어서는 과정을 밟아 가도록 하기 위함이리라. 道家의 명제 '道加道 非常道'는 그러한 잠언적 경전의 極點을 보여주는 모순적 언명인바, 道를 言外言의 자리로 밀어내 버리는 무책임한 방임이라기보다는 진리를 향한 '인간적' 몸짓의 한계를 통찰한 데서 우러나는 깨달음을 집약한 말이라 봄이 적당할 듯하다. 사물의 순간적 파악, 시인 자신의 순간적 사상, 감정을 표현한 것, 인생의 단편적 에피소느, 영원한 현재 등으로 성의뇌는[1] 서성시가 바로 그것이다. 詩心이란 본디 그러한 것인지도 모fms다는 생각을 굳게 하는 데는 주근옥의 詩篇들이 또한 한 몫을 담당하기에 충분하다 할 것이니, 무엇보다 그의 시편들은 '片'이라 불러도 좋을 조각들로 세상을 꿰어 맞추고 있을뿐더러, 그 짧음 속에 통찰과 번민의 불협화음을 빚어 넣어 진리를 향해 운명처럼 나아갈 뿐인 인간의 몸짓을 담아 내고 있기 때문이다. 그러면서도 그는 시의 가능성과 한계를 극한까지 몰고 가는 실험에도 게으르지 않았다. 劇詩의 전통에

---

1) 김준오, 『詩論』, 三知院, 1997, 42면.

닿은 듯한 長詩를 실험하기도 하고 詩論을 풀어 가면서 그것을 자신의 詩와 견주어 보는 대담함과 부지런함은 연구자들로 하여금 그의 시편들에 대해 한마디의 편안한 규정과 의미부여로 손을 털지 못하게 하는 난감한 형국에 들어 서게 만드는 것이다.

이하에서는 주근옥의 다섯 권의 시집을 대상으로 그의 여정을 뒤따라 가며 시의 변화 과정 속에서도 오롯이 모습을 지켜 가고 있는 시선과 형식의 문제를 '말'의 의미라는 차원에서 다루어 보고자 한다. 각각의 시집에서 추려낸 몇 편의 시만으로 주근옥의 시세계를 일별한다는 것이 가능하지는 않겠으나, 짧은 형식 속에 녹아 들어 있는 모색과 통찰의 무게가 조금이나마 모습을 드러낼 수 있을 것이라 기대한다. 이를 위해 언표된 시행의 의미를 재구성하고 이를 시적 형상화 과정을 되짚어 가면서 시인의 내면으로 들어 서는 방법을 취하려 한다. 정신분석학과 같은 현란한 도구를 굳이 쓰지 않더라도 시인의 내면을 향해 시선을 드리우고 詩가 풀어져 나온 길을 되짚는 것이 충분히 가능하다는 입장에서 보자면, 어찌보면 이 글은 필자와 시인 사이에 詩를 두고 이루어진 대화 속에서 쓰여진 것으로 볼 수도 있을 것이다.

2. '버림'의 미학 -『산노을 등에 지고』와 『감을 우리며』

첫 시집 『산노을 등에 지고』는 1987년에 상재되었다. 모든 시인들이 다 그러하지는 않겠지만 대부분 시인들은 첫 시집을 통해 자신의 오롯한 목소리를 세상에 선보인다는 설렘과 다중의 시선 속에서 비록 활자를 통해서마저 벌거벗겨질 수밖에 없다는 데서 기인하는 두려움 탓에 첫 시집에 수록되는 시편들에 욕심을 부리기도 한다. 주근옥의 경우도 그리 다르지 않게 보이는 바, 바로 다음해 선보인 『감을 우리며』와 비교할 때 이 시집에는 자신의 시인으로서의 재능을 남김없이 드러내 보여주려는 욕심이 시집의 완결성에 파열음을 내는 형국의 일단을 보여 주고 있기 때문이다.

2-1. 절제의 형식미-'버림'의 미학과'나머지'의 깊이

다하지 못한 말이 있더라도 그 말을 행간에 묻어 두고 손을 뗄 수 있을 때 시인은 다음을 이어갈 출발점을 쥐고 자리에서 일어설 수 있다. 고개를 들어 세상을 응시하다 휘젓는 손짓 혹은 발짓으로 세상을 향해 울부짖다가도 내림머리에 이르러서는 세 글자 한 호흡으로 감정을 추스르고 맺음을 준비하는 時調가 바로 그러하다. '버림'이 그 속에 있기 때문이다. 주근옥이 첫 시집에서부터 지속적으로 실험하고 있는 짧은 호흡의 서정적 시편들은 그러한 '버림'이 빚어내는 '나머지'의 알 수 없는 깊이에서 은근하게 솟아나는 詩의 맛깔스런 뒷맛을 독자들과 함께 나누어 마실 수 있는 여지를 만들어 내게 된다. 그런데 시인이 대상을 응시하는 시선을 제때 거두지 못하거나 그 시선을 부러 드러내려 욕심을 부리는 순간 시인의 폭력적인 시선과 그로 인해 강제되는 서술적 의미화로 편입되어 독자들은 詩行의 여백에서 행복한 어울림을 즐길 여지를 빼앗기게 된다[2].

> 설움도 약인레라
> 저린 가슴 안고 산에 가면
>
> 미처 끊어 버리지 못한 인연처럼
> 되돌아와 이마에 부딪히는 산울림
> 흙바닥에 머리 박고 조아리는
> 백일홍 한 가락을 휘어 잡겠네

---

[2] 서정시의 '압축'은 단순히 詩의 형식적 간결성 뿐 아니라 詩 속에 담겨진 시인의 감정 혹은 정서의 날것으로서의 분량을 제한 혹은 압축할 것을 요구하기도 한다(김준오, 앞의 책, 331-340 참조).

울컬 눈물 넘쳐
꽃이 피겠네
                    −「百日紅」 전문, (『산노을 등에 지고』, 13면)

멍석 위에 앉아
모깃불 피워놓고

실타래에 감는 달빛
실에 꿰는 별빛

개구리랑 매미이랑
나눠 먹는 보리개떡
                    −「보리개떡」 전문, (『산노을 등에 지고』, 75면)

　　이상 두 편은 위에서 말한 '독자의 행복한 어울림의 여지'를 시인의 시선
이 어떻게 폭력적으로 빼앗는지를 잘 보여주는 상반된 예이다. 「百日紅」의
화자는 출발(1연)→만남(2연)→집착(3연)을 거쳐 자기응시(4연)에 이른다.
화자의 시선을 따라가자면, 화자는 이유가 설명되지 않는 슬픔을 벗어나고
자 산을 오르나 그곳에서 산 아래의 번민을 환기시키는 메아리를 만나고
다시금 처음 그 자리로 돌아와 미처 눈에 띄지 않았던 또다른 자신, 떠나지
못했던 자신을 만난다. 그리곤 그 꽃 속에서 자신의 한계를 발견한다. 그런
데 마지막 시행은 어떻게 해석하는가에 따라 화자의 메시지는 극복 혹은
떨침의 상승의 서사로도 집착 또는 한계를 확인하고 하강하는 서사로도
의미화될 수 있고, 또는 여정의 원환성을 표상되는 인생 무상의 허무로도,
자기 응시에서 초극의 길을 열어 주는 차원의 꽃과 만나는 緣起의 서사로도
읽힐 수 있다. 마지막 연이 있음으로 「百日紅」은 이야기를 빚어 내고 짧은
형식 속에 여러 이야기를 버무려 넣은 형국을 보여 줄 수 있게 되는 것이다.

그러나 냉정하게 보자면 4연은 蛇足일 수 있다. 자칫 即物詩인 양 여겨질 위험을 감수하고라도, 물론 이미 1연에서부터 화자는 정서의 폭발적 진술을 행하고 있기에 그렇게 여겨질리야 없겠으나, 4연을 없애고 3연으로 구성해 본다면 위 시편은 이야기를 빚어내려다 멈추어 버리고 지상에 화자를 묶어 두는 사념의 가녀린 끈과도 이별하는 자유로운 세상살이를 나눌 수 있었을 '설움'을 '약'삼아 떠났으되 다시 돌아와 '머리 박'은 백일홍을 만나는 데까지만 독자에게 보여 줌으로써 화자와 독자를 함께 화자의 여정을 되밟아 그 의미를 만들어 가는 채움의 독서를 나눌 수 있게 된다. 부러 '울컥'이나 '눈물 넘쳐'와 같은 격정의 진술이 가해짐으로써 독자는 몽환적인 선경의 꿈꾸기에서 강제로 지상으로 끌어 내려지게 된다.

　「보리개떡」은 조금 다르다. 이 시집 4부에 묶인 시편들이 대부분 그러하듯, 시인은 자신이 응시하는 대상의 의미를 강제적으로 確的하여 진술하려 들지는 않는다. 그렇다고 대상에 틈입해 들어가 호흡을 나누는 애정어린 시선을 포기한 채 차가운 카레라 렌즈를 들이대는 것도 아니다. '담담하게' 대상을 응시하고 시선이 머문 자취를 보여 주면서 독자들더러 함께 그 의미를 찾아 보자는 손짓을 보낸다. 욕심 부려 의미를 진술하다보면 격정의 엄습에서 자유로울 수 없게 됨을 깨달은 조심스런 몸짓인지는 아직 확인할 수 없겠으나, 시인은 '보리개떡'을 '개구리랑 베짱이랑' '나눠 먹는'다고만 말하고는 붓을 들인다. 여기서부터 시인과 독자는 함께 여백에 숨겨진 '나머지'를 탐색해 들어가게 되고 시편이 끝난 곳에서 비로소 '말해지지 않는 시'를 함께 쓰기 시작하는 것이다. 詩에 대한 이런 태도는 '말하기'보다 앞에 놓이는 '보여주기'에 힘쓰는 듯 보이는 대상 중심의 작품들에서 조금 더 명확하게 드러난다.

　　물 속에서
　　잠시 숨을 멈춘다

몸뚱어리를
그냥 떠내려 보낸다

안으로 안으로
송사리 떼가 오른다

— 「潛水」 전문, (『산노을 등에 지고』, 39면)

　몸을 물에 내맡긴 그대로 浮力으로 떠오른 몸이 흐르는대로 물과 하나가 된다는 진술은 주근옥의 詩作 태도를 드러낸다고 여겨진다. 이 시편의 '물'을 '말' 또는 '詩'로 바꾸고 '송사리떼'를 '여백'으로 바꾸면 그대로 詩作法의 잠언적 제시로 化한다. 다음 장에서 살펴볼 것이지만, 이렇게 '말'을 다룸에 있어 조심스럽게 그러면서도 아껴 가는 태도는 이후 그의 詩作을 일정하게 규정하게 된다. 툭툭 성의 없이 던져 버리는 듯 보이나 쉬어 가는 호흡의 맛깔스런 여유를 보여주는 이런 詩作法은 「노을」에서도 발견할 수 있다. 해질녘 풍광을 무덤덤한 듯 진술하고 있는 듯 보이는 이 시편에서 시인은 갑자기 '나비'를 등장시킨다.

넘어지기도 하고
바알발 기기도 하다가

포르르 새 떼가 되어
하늘 뒤덮는 노을

나비 한 마리
그 속을 횡단한다

— 「노을」 전문, (『산노을 등에 지고』, 70면)

　첫 시집의 표제 '산노을 등에 지고'를 암시하는 듯한 소재를 내세운 이

작품에서 시인은 '나비'가 노을을 가로 지르는 까닭에 대해서 아무런 힌트
도 주지 않는다. 눈에 그렇게 보인다고 짐짓 입을 다물고 있는 듯 보인다.
하지만 하루가 저물어가는 저녁무렵 노을과 시인 사이를 가로지르는 나비
는 예사롭게 볼 수는 없다. 마치 위의 「潛水」에 나온 '송사리떼'가 물 속에서
있는 것이 너무도 당연한 '자연현상'이지만 물에 몸을 맡기고 흘러가는
시인의 눈에 '안으로 안으로 오르는' 것이 예사롭게 다가오지 않는 것처럼
'나비' 역시 자연스런 어울림으로 보기엔 예사로운 풍광은 아니다. 그럼에
도 시인은 더 이상 아무런 이야기도 하지 않은채 입을 다문다. 바로 그
지점에서 詩가 끝난 자리에서 새로운 詩를 펼쳐가야 할 의무가 독자에게
주어지는 것이다.

　한편 「鏡虛」와 같은 시편은 앞서 살펴본 두 계열의 시편들과 사뭇 다르
다. 스승의 가르침을 제대로 따르지 못한 난봉꾼 제자가 스승 앞에 꿇어
앉아 죄를 청하는 장면을 떠올리게 하는 이 시편에서 시인은 죄를 청하는
제자의 목소리를 그냥 지면에 옮겨 주고 있다. 자신의 잘못을 하나 하나
풀어 놓는 제자의 이야기를 옮겨주기만 할 뿐 조금도 그 이야기 속으로
들어 서지는 않는다. 그렇다고 시인을 죄를 짓고 뉘우치는 제자와 동일시할
수도 없다. 그저 장면을 보여 주고 있을 뿐이다. 이러한 경향의 시편들은
독백적 진술이라기보다는 대화 상대방을 앞에 두고 '대화'하는 듯한 종결어
미를 사용하고 있다. 앞으로 살펴볼 것이지만 '劇詩'의 형태를 차용한 長詩
에서 좀더 극적으로 실험될 부분이다.

　이처럼 이 시집에는 '말하기'를 향한 욕심으로 과하게 진술한 시편들과
짧막한 마무리로 한없이 열린 시편들이 혼재하고 있을 뿐 아니라, 장면을
보여주고 그 속에 숨어 있는 이야기의 일단을 들려 주는 시편들 또한 자리잡
고 있다. 그리고 그것은 고스란히 그의 시적 편력 속에서 깊이와 넓이를
더하게 된다.

2-2. 멈춤과 숨김의 문제

그런데 두 번째 시집 『감을 우리며』에서는 '말'을 무척이나 아끼는 모습
을 보여 준다. 언제 그랬냐는 듯 시인은 '말'을 요리하게 시작하면서 정작
'목소리'의 맛깔스런 울림을 잃은 것은 아닐 터인데, 시인은 자신을 비추는
거울을 책상 앞에서 완전히 치워버린 듯, 그리고 그 자리에 자그마한 수정구
를 놓아 둔 듯 그렇게 응시하고 있을 뿐이다. 그런데 그 응시는 짤막한
3행의 시편들에 한줄로 꿰어 시집 한편으로 묶이는데 그 묶임을 열고 닫는
들임과 맺음이 예사롭지 않다.

> 밤길을 걷다가
> 숨죽여 들여다보면
> 움직이는 사람이어라
>
> — 「밤길」 전문, (『감을 우리며』, 11면)

시집의 들머리에 놓인 무거운 이 시편이 단 세 줄로 끝나고 만다. 두
번째 시집을 상재하면서, 비로소 하나의 목소리와 시선을 찾은 뒤 제모습을
드러내는 시집의 처음에 놓인 이 장막은 도대체 무엇인가. 시인은 더 이상
대답하지 않는다. 그냥 그렇게 툭 던져 놓고 아무일 없다는 듯 곧바로 「아지
랭이」와 「유세장」으로 달려간다.

> 공장에
> 보내 놓고
> 아지랑이 속으로
> 사라질 때까지
>
> 지켜보는
> 누이여라

- 「아지랭이」 전문, (『감을 우리며』, 12면)

군중 속에서
장미꽃 입에 물고
삽사리도 꼬리쳐

- 「유세장에서」 전문, (『감을 우리며』, 13면)

　「아지랭이」를 보면 「밤길」의 '어둠'이 삶에 이어지는 듯 싶다가 「유세장
에서」는 다시 앞의 것들 모두를 戲作으로 보라는 듯 현실에서 멀어진다.
그리고는 다음에 이어지는 「蒐馬圖」는 사십의 회한을 슬쩍 건드렸다가 「가
마솥」에서는 돼지잡아 술추렴하며 슬그머니 입을 닫는다.

　삶 속에서 만나게 되는 일상의 사물과 사건, 사람들에게 두루 시선을
보내면서 시인은 그것들의 '의미'를 부러 확정하여 전하려 하지는 않는다.
그냥 순간 떠오르는 느낌을 말을 빌어 옮겨 놓듯 조금은 장난스럽게도,
조금은 무겁게도 풀어 놓을 뿐이다. 등에 자그마한 봇짐 하나 짊어지고
이리저리 유랑하는 나그네라도 된 것인지 시인은 그렇게 시선에 들어오는
이런 저런 사물과 사람들에게 눈길을 주며 동네 어귀와 동구밖을 어슬렁
거리고 있는 듯 보인다.

다행히 백인에게
딸을 시집 보내고
이제는 몇 잔 소주에도
길바닥에 쓰러져 자며
최문백은 굼벵이런가
미루나무 끝에 와서
때까치가 우네

- 「굼벵이」 전문, (『감을 우리며』, 115면)

어찌된 이유인지는 모르나 '백인'에게 딸을 시집 보낸 것을 '다행'이라 풀어 주며 최문백이란 이의 속사정은 알바 아니라는 듯 짓궂게 말을 풀어 가는 이 시편에서 이야기를 만들어 내기란 그리 어렵지 않다. 그럼에도 부러 시인은 최문백이란 이의 숨겨진 이야기를 하지는 않는다. 그냥 해학적으로 그의 외양을 '굼벵이'에 붙여 볼 뿐이다. 「荍麥」도 마찬가지다. 손바닥에 군은 살 박힌 사연을 술자리에서 풀어 놓는 친구를 앞에 두고 그의 酒邪를 받아 주면서도 새지 않는 겨울 긴긴밤의 풍광이 단 네 줄로 묶여 있는 이 작품 역시 별반 다르지 않다. 극단적으로 짧아지는 시형식이 고도의 언어적 압축과 이미지의 중첩을 요구할 법도 하건만 시인은 일부러 그런 기교를 부리지는 않는다. '말'과 '말'이 어울리면서 자연스럽게 빚어 내는 '이야기'와 사람 냄새를 애써 지우려 하지 않는다. 그런 탓에 편안하게 뒷이야기를 꾸며 보기도 하고 앞과 뒤를 만들어 이어 붙여 보기도 하는 여유로운 독법을 가능하게 한다. 이 시집의 시편들은 이렇게 하나씩 하나씩 이어질 듯 끊어버리고 다시 몇 걸음 지나 또 눈에 들어온다. 슬그머니 길 옆으로 비껴서는 낯선 동리의 들길처럼 흩어진 형국. 그것은 이 시집을 관류하는 시인의 목소리와 시선이라 볼 수 있을 것이다.

3. 세 줄의 통찰과 여정의 형이상학
-『번개와 장미꽃』과 『바퀴 위에서』

'素劇詩集'이라는 부제가 붙은 『바퀴 위에서』의 서문에서 주근옥은 자신의 시적 여정이 두 가지 형식 실험 속에서 진행되어 왔음을 스스로 밝히고 있다. 언어의 결합 속에서 불거져 나오는 새로운 의미와 시인의 창조적 시선이 함께 빚어 낸 감성의 언어들이 짧은 형식 속에서 불꽃처럼 작열하여 빚어진 短詩와 劇詩 혹은 敍事詩의 전통과 맥을 잇고 있는 듯 여겨지는 長詩 두 가지를 각각 실험한 결과가 본장에서 다룰 『번개와 장미꽃』과 다음 장에서 다룰 『바퀴 위에서』이다.

3-1. 세 줄로 찾아 낸 세계

세 번째 시집 『번개와 장미꽃』의 시편들은 예외없이 3행 30자 내외의 단편들이다. 조각이라 불러도 좋을 정도의 짧은 시편들 속에 무엇을 담아낼 수 있을 것인가. 단순히 말을 다루는 솜씨의 부족이 만들어 낸 어쩔 수 없는 선택이 아니라 현대시가 지녀야 할 미적 독자성을 잘 드러내고 있다 할 것이다. 세 번째 시집을 채우고 있는 3행의 시편들은 이질적인 것들의 대비와 은폐를 통해 서로 불꽃을 튀기는 낯선 의미를 생성시켜 삶의 단편을 드러내는 솜씨를 보여 주고 있다. 이는 주근옥의 시편들이 보여 주는 진정성의 비밀을 알려 주는 날카로운 지적이라 할 것인바, 두 번째 시집을 상재한 후 10년이 흘러 한데 묶인 이 시편들은 3행이라는 형식 못지않게 시인의 시선과 발걸음이 더 이상 머뭇거리지 않고 맘껏 내달리면서도 과하지 않은 유연함을 보여주고 있어 주목할 만하다 하겠다.

시인의 시선으로 하여금 이렇게 입을 닫고도 아무렇지 않게 다음으로 시선을 이어갈 수 있게 하는 것은 어디에서 비롯된 힘 탓인가를 묻지 않을 수 없다. 첫 시집에서 그렇게 아쉬워하며 계속 무언가를 부여잡고 한마디만 더, 하나라도 더 얹어 놓으려던 시인이 갑작스레 입을 봉하고 슬그머니 뒤로 물러서 말을 아끼고 입을 닫는 형국을 어떻게 설명해야 할 것인가. 이에 대한 대답이 세 번째 시집의 시편들에서 찾을 수 있다.

외상을 갚고

　　　　　빈손으로 돌아와 눕는

　　　　　방은 취기로 데워지고
　　　　　　　　　　　-「醉氣」 전문, (『번개와 장미꽃』, 49면)

　썩 여유롭지는 않지만 푸근함과 안온함을 느끼게 하는 짤막한 이 시편에
는 시인의 목소리가 따뜻하게 묻어 난다. '빈손'과 '데워지고'의 낯선 결합
에 차가운 방을 뎁히는 '醉氣'가 지니고 있는 의미론적인 긍정축의 개념화
는 쓸쓸하고 빈곤한 시인의 일상이 돌연 詩心 속에서 여유자적한 경지로
옮겨 가는 내면의 모습을 은근한 어조로 드러낸다.

　　　　　소리로만 들리다가

　　　　　번갯불로 떨어진다

　　　　　그 순간은 장미꽃인가
　　　　　　　　　　　-「밤비」 全文, (『번개와 장미꽃』, 30면)

　시집의 표제인 '번개'와 '장미꽃'이 시편의 중심을 이루는 이 작품은 조금
그 격을 달리한다. 청각으로 감감한 '소리'와 시각을 통해 취한 '번개'가
'꽃'으로 형상화된 이 작품은 이 시집에 이르러 비로소 시인이 자신의 '세계'
를 일구기 시작했음을 말해주고 있다. 첫 시집과 두 번째 시집에서 그토록
이리저리 옮겨다니며 발걸음을 한곳에 멈추지 못하던 시인은 유유자적 거
니는 동안 시야에 포착되는 사물들을 편안하게 응시하면서 그 속에 숨겨진
실상을 보기 시작한 것이다. 마치 조각가가 한 덩어리의 돌덩이 속에서
예수를 안고 슬픔에 잠긴 성모를 보고 그 형상을 따라 쪼고 다듬고 매만지듯
시인은 눈과 귀에 들리던 자연현상 속에서 자신에게 다가오는 숨겨진 형상

을 보기 시작한 것이다. 詩란 본디 言ㅅ言이라 했다. 또 思無邪라 하기도
한다. 그 말은 시인의 시선(그것은 물리적인 차원에서의 '시각'을 아우를뿐
더러 눈 앞에 놓인 대상의 숨겨진 의미와 가치와 참모습을 읽어낼 수 있는
내면의 깊이를 말함일 터이다)이 어디에서 비롯되고 어디로 수렴되어야
하는가를 압축하여 일러주고 있다고 볼 수 있는바, 장미꽃을 보아버린 시인
은 이제 세상의 숨겨진 모습에 한걸음 다가설 수 있게 된 것으로 보아도
좋을 것이다.

그런데 이 곳에서 시인은 부러 사물의 의미를 규정하고 자기 나름대로
풀어가는 관념을 펼쳐 보이지는 않는다. 그냥 자기 눈앞에 펼쳐지고 자신의
시선에 포착되는 것들과 함께 호흡하려 할 뿐이다.

관촉사 벚꽃 속에서

문상 못 한 친구 만나

흠칫 놀라다

－「벚꽃」 전문, (『번개와 장미꽃』, 23면)

아마두 시인이 問喪하지 못했던 친구와 벚꽃을 사이에 둔 추억이 있었던
듯 여겨지는 이 장면에서도 시인은 예의 그 짧은 시행으로 아쉬움과 미안함
과 그리움을 압축할 뿐 벚꽃이 어떠한지, 어떤 친구였는지 따위를 말하지
않는다. 세속적인 독자의 입장에서는 펵이나 궁금해할 법한 그것들을 시인
은 말하지 않는다. 그렇다고 이 시편이 말이 제대로 꾸려지지 않은채 끝나버
린 것이냐면 그렇지도 않다. 시인은 하고 싶은 말을 다 해버린 것이다. 흐드
러지게 피어버린 벚꽃 속에서 永別한 친구를 보아버린 시인이 더 무슨 말을
할 것인가. 賞春客의 호사스런 말의 잔치 속에서도 담담하게 벗의 모습을

보고 잠깐이나마 그를 떠올리는 것으로 시인은 다하지 못한 문상을 하고도
남음이 있음을 또한 알아 버린 것은 아니겠는가.

그런데 흥미로운 점은 이 시집 후기에 시인은 장황하게 의미론에 근거한
시론의 일단을 펼치고 있다는 점이다. 그가 '素節'이라 부르며 이 시집에
상재한 작품들에 대한 해명의 몫을 담당하고 있는 후기에서 그는 다음과
같은 진술을 행하고 있다.

> 소절은 선험적 관념론이 아니며, 形質의 단순한 물리적 종합도 아니다.
> 절제 속에서 긴장과 의미의 생성이 어떻게 이루어지는가 그 과정에
> 시선을 집중할 뿐이다. (중략) 의미란 고정된 것이 아니며 話者의 의도가
> 의미로 되는 것이 아니라 廳者의 이해가 의미로 파악된다는 것에 관심을
> 기울이고 있는 것이다. 이는 부정적 엔트로피로서 시의 의미는 거기에
> 동원된 단어의 의미의 합계가 아니며 여기에 구조적 의미가 유기적으로
> 가미된 결과임을 인식하고 있음을 이야기하지 않을 수 없다.(작가 후기,
> 『번개와 장미꽃』106면)

이 진술은 시인이 극단적으로 짧고 압축적인 시형식이 단순히 새로운
시형의 실험으로서의 의미로 그치는 것이 아니라 詩의 본질에 한걸음 다가
서 詩論으로 고양시키고자 하는 노력이 진행되는 과정에 놓인 것임을 역설
하고 있다고 여겨진다. 뿐만 아니라 시인은 '廳者의 이해가 의미로 파악된
다'는 문제적인 발언을 행하고 있다. 일견 당연한 듯 보이는 진술이지만
詩를 비롯하여 문자로 이루어진 모든 문학 영역의 '의미의 소유권'에 대한
논쟁을 일별하기만 해도 시인의 이 진술이 얼마나 도전적인 것인가를 어렵
지 않게 이해할 수 있을 것이다. 시선이 가 닿은 대상의 의미를 시인의
시선을 통해 간접체험하는 독자(여기서 시인은 '廳者'라는 표현을 쓰고 있
다. '讀者'가 아니라 '廳者'라는 표현에 주목해야 한다. 詩를 두고 '廳者'라
하는 것은, 비록 이 표현이 시인의 의도적 용례라 보기엔 다소 무리가 있을

수도 있겠으나, 詩를 '읽는 것'이 아니라 '듣는 것'으로 본다는 단순한 시각을 반영할 뿐 아니라, 시인과 독자 사이의 '대화'를 상정하고 있다고 생각해야 마땅할 것이다. 대화상황에서라면 분명 인쇄된 문자텍스트의 의미를 확정하는 독서과정의 심리학과는 별개로 소통 속에서 의미가 '構成'되는 담화상황이 전제될 것이며, 이는 텍스트의 의미를 확정하는 주도권이 '廳者'에게 있다는 시인의 진술에 힘을 실어 주는 것이 된다)가 확정하는 것이며, 詩의 의미가 물리적 차원에서 이루어지는 사전적 용례의 범주 속에 놓이는 것이 아니라 상황과 맥락 속에서 (-)의 값을 갖기도 하고 허수로 존재하기도 하는 그레마스적 의미론에 의해 확정된다고 설명한다. 물론 적지 않은 시인의 욕심이 읽혀지기도 하지만 '후기'라는 형식을 빌어 시론의 일단을 펼치는 시인의 모습과 시집에 수록된 시편들이 함께 어우러져 있는 《번개와 장미꽃》의 조용한 울림은 분명 '짧음'이라는 것으로 시인의 시세계를 특정하는 것이 불가능함을 다시 한번 확인시켜 준다고 할 것이다.

세 번째 시집에 이르러서야 시인은 비로소 자신의 목소리와 자신의 시선으로 포착한 세계의 모습을 드러내 보여주기 시작했다고 할 것인데, 아울러 3행 이라는 극단적인 형식의 제약을 스스로 선택함으로써 의미를 확정적으로 제시하고 정서를 풀어 헤쳐 놓는 표층의 서정시와 선을 긋는 자신의 세계를 한께 펼쳐 보이는 것이라 보는 편이 온당하다 할 것이다. 이에 대해서는 다음 절에서 간략히 살펴볼 長詩에서 추가적으로 설명될 것이다.

3-2. '素劇'의 여정

제4시집 『바퀴 위에서』는 앞서 발간된 세 권의 시집에 비추어 볼 때 매우 이질적이다. 우선 시형식의 측면에서 극단적으로 길어진 것이 그 하나요, 또한 「바퀴 위에서」와 「다리 위에서」라는 두 편의 장시만으로 시집을 상재한 점이 다른 하나다. 먼저 두 번째 문제에 대해 살펴보자. 시인은 이미

세 번째 시집 『번개와 장미꽃』을 통해 극단적인 短詩를 보여 주었다. 이어지는 시집에서라면 정서의 혼융과 흘러넘침을 적절히 절제한 세 번째 시집의 성과를 이어갈 수 있는 시편들을 담음이 쉽게 예상되는 바인데 의표를 찌르듯 주근옥은 단 두 편만으로 한 권의 시집을 상재하고 있다. 이는 『바퀴 위에서』의 서문이 그 답을 주고 있는 듯 보이는데, 시인 스스로 밝혔듯이 '詩'의 본질을 향한 여정에서 만난 두 갈래 길을 모두 욕심껏 밟아 보는 과정임이 드러난다. 그런데 첫 번째 문제는 단순히 시인의 욕심으로만 넘겨 버릴 수 없는 난처한 형국을 빚어 낸다. 그것은 다름아닌 '抒情'의 자리이다.

시인 스스로 세 번째 시집의 후기에서 밝혔듯이 의미를 확정하는 것은 결코 시인의 독단이나 의지 혹은 욕망일 수 없음은 자명하다. 그런 까닭에 '聽者'라는 의미 확정의 주체를 언급하고 있는 것이다. 그런데 시행의 극단적인 절제는 독자로 하여금 시인의 목소리를 들으며 또한 숨겨진 이야기를 재구성하며 자신이 그 속에서 시인의 시선을 되짚어갈 수 있는 여백을 충분히 남겨줄 수 있다. 목소리의 여운을 음미하면서 독자는 시인의 목소리를 기억하며 시인이 보고 있는 창을 함께 내다볼 수 있고 잠시 쉬어 가면서 시인의 감정의 결을 손가락을 짚어갈 수도 있는 여유를 갖게 된다. 가슴으로 정서를 나누고 머리로 의미를 찾아 가며 온몸으로 詩와 만날 수 있게 되는 것이다. 물론 극단으로 짧아진 시행은 분명 가려진 이야기의 폭과 넓이를 헤아리기 쉽지 않게 하는 것은 분명하다. 그러나 그것은 散文과 차원을 달리하여 세상을 응시하는 詩만의 득의의 영역이기도 한 것이다.

그런데 이 시집에서와 같은 사변적인 듯 보이는, 그러나 결코 추상과 관념의 진술만은 아닌 長詩를 만나게 되면 앞서의 편안함과 여유로움은 더 이상 독자의 손에 닿지 않게 된다. 시인과 독자가 '대화'를 할 수 없게 되는 형국에 놓이는 것이다. 그렇다고 '모더니즘' 계열의 시편들처럼 주근옥이라는 시인의 시세계가 생경함 속에서 찰나적으로 모습을 드러내는 현대시의 일정 흐름을 따르고 있다고 보기에도 앞선 시집의 시편들과 썩 자연스럽지 않다[3].

그렇다면 이 시집의 두 편의 長詩는 앞선 시편들과 어떻게 한데 묶여 이해될 수 있겠는가. 그 답은 의외로 단순하다. '대화' 혹은 '이야기'가 그것이다. 물론 본고가 내리고 있는 이 '답'은 제 5시집『갈대 속의 비비새』를 비추어 본데서 얻을 수 있다. 이 시집에는 일차적으로 주근옥의 앞선 네 권의 시집이 한데 묶인 듯 보이는 다양한 시형식에 더하여 마지막에 우리 역사를 일별하는 '풀무歌'를 예비하는 듯 「풀무가 序詩」가 자리잡고 있다. 이를 통해 되돌아보면 네 번째 시집에 자리한 두 편의 시는 '이야기'라는 점에서, 그리고 '이야기'의 '엇갈림'을 보여 준다는 점에서 앞선 세 권의 시집과 맥이 닿는다고 할 수 있겠다.

짤막한 연극의 대본과 흡사한 형태를 지닌 두 편의 시에 나타난 '대화'는 기실 서로 '주고 받는' 것은 아니라 생각될 정도로 일방적이다. '마가', '우가', '구가'라는 세 등장 인물이 서로 '주고 받는' 대화와 어수선한 행동을 뒷받침하는 소란스런 무대배경으로 이루어진 짤막한 연극 한편이라 할 수 있는 「바퀴 위에서」는 '기차'를 숨겨 두고 있다. '상행'과 '하행', '기관차'와 같은 단편적인 진술들이 그것을 드러내며 제목에 자리한 '바퀴'를 詩 속으로 끌어들인다. 한편 「다리 위에서」는 「바퀴 위에서」보다 선명하게 '다리'가 배경으로 나선다. '사내1'과 '사내2'가 우연히 다리 위에서 조우하며 벌어지는 부조리한 상황이 무대 위에서 펼쳐진다. 여기에는 '가방'과 '가로등'

---

3) '長詩'의 새로운 가능성을 탐색했던 한 연구자는 '劇的인 상황'에 많은 무게를 두고 있다(송재영, <새로운 長詩>의 가능성,『시문학』통권 367호, 2002). 본고 역시 그 문제의식을 공유한다. 그런데 '劇的'이라는 말이 단순히 상황이 예기치 않은 방향으로 전개되면서 긴장감을 고조시킨다는 정도의 의미라면 썩 만족스럽지 못하다. 그보다는 '劇'이 지니고 있는 '역동성', 곧 대화를 전제로 한 등장인물들 사이의 육체가 부대끼는 상황을 '극적'이라 일컬을 때 비로소 '素劇시집'으로서의『바퀴 위에서』의 가치가 드러난다고 생각한다.

이 두 사내의 대화를 느슨하게 한데 모아 주고 있을 뿐이다. 두 편 모두 일정한 '이야기'를 재구성할 수 없을 정도로 '산만'하다. 그런데 공교롭게도 시인은 그 '산만함'을 독자에 대해 '말걸기'로 내세우고 있다. 서문에서 시인은 '텍스트를 읽는 즐거움과 텍스트의 창조는 독자에게 모두 남겨둘 생각이다'라고 '친절하게' 밝혀 주고 있다. 그러므로 이 시집의 두 편의 詩에 담긴 시인의 '의도'를 묻는 것은 독자의 자유이겠으나 그에 대한 대답의 의무는 시인에게 물을 수 없게 되어버린다. 역설적이게도 '대화'를 통해 의미가 확정되고 그 주도권이 '廳者'에게 있다고 한 시인이 스스로 폭력적이고 억압적으로 '대화'를 거부하고 '진술' 혹은 '공표'하고 입을 닫아 버리는 형국이 되어 버린 것이다. 그런 까닭에 시인과 詩와 독자, 이렇게 셋으로 이루어짐이 마땅한 '詩읽기'의 대화상황이 졸지에 독자와 詩 사이의 '대화' 혹은 '수수께끼 풀이'가 되어 버린다.

그렇다면 네 번째 시집 『바퀴 위에서』는 난해시로 귀속되고 마는 것인가. 그렇지는 않다. 앞서 밝혔듯이 '이야기'라는 데서 앞선 시편들이 그 '이야기'의 재구성을 독자에게 맡긴 것이라면 이 시집의 두 편의 시편들은 '이야기'의 불확정성을 보여 주는 것으로 봄이 타당하다. 메를로-퐁티와 그레마스가 자신과 함께 호흡하고 있음을 숨기지 않은[4] 시인의 당당함 혹은 오만함은 바로 '이야기'에 대한 세속적인 확신과 그로 인해 빚어진 텍스트의 의미의 停滯에 대한 일갈이 되는 것이다. 『번개와 장미꽃』이 짧은 시행 때문에 숨겨져버린 '이야기'를 복원시키는 독자의 여유에 기반하고 있다면, 『바퀴 위에서』는 그런 여유와 공감으로 빚어낸 '독자의 詩'를 스스로 읽어

---

4) 시인은 "100년 전의 러시아 문학이 절충주의에 빠지고, 일본 문학이 일상생활과는 거리가 멀었던 것처럼 나 또한 그 수렁에서 아직도 허우적 거리고 있는 것은 아닐까 생각하면서, 형식주의자들처럼 또는 마사오카 시키처럼 에포케와 동시에 발상 전환을 시도해 보고자 하는 잔꾀를 부려 보는 것일 뿐이다. 이러한 의미에서 나의 굵은 동아줄이 되어 준 것은 지각 현상학의 M. Merleau-Ponty와 구조의미론의 A. J. Greimas 라는 것을 굳이 감추지 않겠다"고 고백아닌 고백을 한다(『갈대 속의 비비새』 서문).

낼 것을 권하는 것이 된다. 「바퀴 위에서」의 세 등장인물들이 서로 엇갈리면서 또 함께 길을 준비하다가 결국 쓰러져버리고 마는 것이나, 「다리 위에서」의 두 사내가 교차하는 시선의 만남을 기대하다 마침내 엇갈려 버리고 마는 것 모두 '廳者'가 된 독자에 의해 확정되는 詩 텍스트의 의미가 잠정적일 수밖에 없음을, 그리고 언표되는 것에 대한 근원적인 불신을 잊어서는 안됨을 말해 주는 것으로 이어진다고 생각된다.

4. 결론을 대신하여-『갈대 속의 비비새』와 다음 '이야기'

『갈대 속의 비비새』의 1부와 3부는 극단적 短詩로 꾸려진 2부를 앞과 뒤에서 감싸 안고 있다. 1부는 네 번째 시집에서 보여준 '素劇'과 흡사하고 3부는 첫 시집에 수록된 시편들이 보여 주었던 '말 많음'과 닮았다. 물론 3부의 「솔새의 똥을 받으며」, 「요량」, 「튀밥 장사 어 서방」, 「다시 일 학년이 되어」는 첫 시집에 실린 시편들이 보여준 서정 일변의 편향과 다소 거리를 두고 있기는 하다. 그러나 3부의 시편들의 전체적인 흐름은 사물과의 대화 속에서 '이야기'가 흘러 넘치는 형국을 감추지는 않고 있다. 이 둘 사이에 있는 2부의 시편들은 『번개와 장미꽃』의 재현이다. 그리고 마지막 4부에 서사시를 지향한 듯 보이는 「풀무가 序詩」가 놓여 있다. 어찌보면 주근옥 스스로 자신의 시적 편력을 한 호흡 쉬어 가며 되돌아보듯 펴낸 것이 『갈대 속의 비비새』가 아닌가 싶을 정도로 그동안 그가 보여온 다양한 모색과 실험과 일탈이 한데 묶여 있어 다소 혼란스럽게 보이기도 한다. 특히 마지막에 실린 전혀 낯선 '형식'의 「풀무가 序詩」는 더욱 혼란을 부추기는 듯 보인다. 그런데 앞서 본고가 밟아 온 시인의 여정을 떠올려 보면 「풀무가 序詩」를 '서사시' 특히 민족의 역사를 소재로 삼은 '민족 서사시'로 보기엔 조금 성급한 감이 없지 않다.

　시인의 시적 편력을 정리하자면, 첫 시집에서 보여준 '말하기'의 욕심에서 시인은 두 번째 시집의 '버림'을 얻고 세 번째 시집에서 그것의 '모양새'로서의 短詩를 거쳐 네 번째 시집의 '무의미'에 이른다. 그런데 그 도달점인 '무의미'는 '의미 없음'이 아니다. 무가치하다는 뜻에서의 '무의미'가 아니라 '비어 있음'으로서의, 그러므로 늘 채워져야 하나 결코 채웠다고 확신해서는 안되는 역설의 형국으로서의 '무의미'. 그것은 어쩌면 『갈대 속의 비비새』의 4부 「풀무가 序詩」가 앞으로 보여주게 될 세계인지도 모른다. 의미를 확정할 수 없다는 것이 허무나 부조리로 귀결되는 것이 아니라 '몸'에 각인된 기억의 축적 속에서 항상 새롭게 재생되어야 함을 대신 말해주고 있는 것이 「풀무가 序詩」라 생각된다. 그러하기에 태초의 세상에서 지금 이곳에 이르는 '역사'를 길고 길게 '이야기'하면서도 '序詩'라는 이름을 붙여 끝을 열어 놓은 것은 아니겠는가. '민족 서사시'가 민족의 역사를 밟아 오면서 그 속에 여러 목소리들과 삶의 편린을 담아 내되 散文으로 담을 수 없는 역동적인 정서를 고스란히 녹여 낼 수 있는 장점을 지닌 시형식임을 염두에 둔다면, 비록 '序詩'라 부르고 있으나, 「풀무가 序詩」는 그런 '목소리의 중층성' 혹은 '민족정서의 혼융'과는 다소 거리를 두고 있는 듯 보인다. 아직 시인에 의해 본격적으로 펼쳐지지 않은 것이라면 「풀무가 序詩」를 끝에 놓고 이야기를 만들어 봄이 타당할 것이다. 그렇게 하여 지금 이곳에 잠정적으로 놓여진 결론이 '이야기의 열림' 혹은 '무의미'라는 키워드가 될 것인바, 앞서 말한 것처럼 현란한 수사나 난해한 비유 혹은 고답적인 관념의 세계에서 슬며시 독자와 두뇌싸움을 벌이는 듯한 현대시의 일정 경향과 거리를 두고, '말' 자체의 의미를 편안하게 살펴 가면서 삶의 주변을 둘러 싸고 있는 사물들의 의미와 詩의 본질을 한데 어우러 통찰하는 길을 쉬지 않고 밟아가는 시인의 당부가 「풀무가 序詩」는 아니겠는가.

不惑의 나이에 詩를 향한 손짓을 모아 세상에 처음으로 잉태시켰던 시인이 20년 가까운 시간을 쉬지 않고 달려 온 편력을 짤막한 눈흘김으로 훑어본다는 것은 애초가 불가능한 일일 것이다. 그럼에도 굳이 그 무모한 시도를 한 까닭은 시인이 보여 주었던 모색과 혼란과 망설임과 그 끝자락에서 새롭게 길을 떠나려 짐을 꾸리는 모습이 詩가 무엇인가를 어렴풋이 알게 하고 있다고 여겼기 때문이다. 한 마디 말로도 세상을 담을 수 있지만 그렇게 담겨진 세상이 오롯한 세상이라 보는 것은 또한 아집과 독선임을 시인은 자신의 여정으로 보여 주고 있었고 앞으로도 그러할 것임에 틀림없다. 욕심이 앞서 '말'을 풀어 놓는 데만 급급했던 데서 한걸음 나아가 '말'을 다루되 '말' 앞에서 겸손할 것을 은근히 종용하는 시인의 시선은 '말'의 값이 턱없이 떨어진 세태를 되돌아보는 데도 한몫 할 수 있을 것이라 생각된다. 詩가 무엇인가를 묻는 詩를 결코 어렵지 않게 차곡차곡 쌓아 가는 그의 여정은 쉬지 않고 계속될 것이다. 그가 보여준 여정이 절대화될 수는 없겠으나 적어도 '말'의 값을 되찾는 데는 소중하게 쓰여질 수 있을 것이라 생각한다.

Ⅱ. 형식미학분석

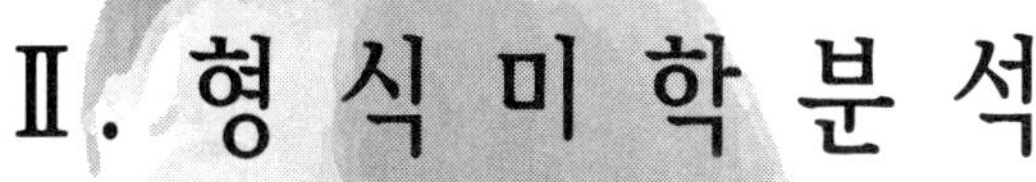

새로운 장시의 가능성

송 재 영

1

고대 그리스 철학자 지노우(zeno)에 의하면 이 세상에 움직이는 물체, 더 정확히 말하자면 한 지점에서 다른 지점으로 이행하는 물체란 존재하지 않는다. 어떤 물체가 움직인다고 가정할 때, 그러나 그 움직임을 일정한 지점에서 보자면 그것은 정지 상태에 있는 것이다. 따라서 트로이 성을 함락시킨 천하의 맹장 아킬레스의 화살도 느림보 거북을 쏘아 맞출 수 없다. 어떤 목적물에 가 닿으려면 우선 그 목적물과 추적자와의 거리 중간 지점에서 출발하여야 하고, 그 다음에도 계속 이런 식으로 진행되어야 한다. 따지고 보면 이것은 거리의 축소이지 물체의 운동을 증명하는 것이 아니다. 이것이 바로 물체의 운동을 부정하는 지노우의 유명한 파라독스, 아니 괴변 철학의 진면목이다. 그런데도, 아킬레스의 화살과 비교되는 이 괴변으로 이 글의 모두를 장식하는 것은 그것이 이제 우리가 이야기하고자 하는 주근옥의 시 세계와 미묘한 컨트러스트를 보여주고 있기 때문이다.

『바퀴 위에서』, 그렇다! 바퀴 위에서 그러니까 열차를 타고 이 시의 퍼스나 세 사람은 여행을 하고 있다. 그러나 이러한 형식 구조가 내면적으로는 지극히 복잡한 장치로 얽혀 있기 때문에 첫눈에 대뜸 시인의 숨은 의도를 찾아내기가 결코 쉽지 않다. 아니, 어쩌면 이러한 시 읽기가 『바퀴 위에서』

의 경우에는 처음부터 불가능하고, 따라서 무익하고 불필요한 접근 방법이 될지도 모른다. 그러나 이렇게 말하는 것은 일종의 책임 회피이다.

시 읽기에 있어, 아무리 새롭고 기발한 분석 방법론을 내세우며, 그 이론적 타당성을 강조할지라도, 종국에 가서는 피해 갈 수 없는 것이 바로 해석학적 이해라는 관문이다. 치밀하고 풍부한 자료에 입각한 주석학적 고증이 아니라 할지라도, 한 편의 시가 담고 있는 최소한의 의미론적 추론마저 포기한다는 것은, 솔직히 말해서, 시 읽기의 오류이거나 아니면 자신의 무지함을 호도하는 태도이다. 하나의 예로서 말라르메(S. Mallarmé)의 경우를 들어보자. 오늘날까지 말라르메라는 이 거대한 <언어의 집> 앞에서 수많은 연구가들이 배회하다가 남기고 간 기념비적 저작들, 그 가운데서 그것이 비록 역사적, 정신분석학적, 기호학적 ―그 어느 방법론에 의거했을 지라도 결국엔 말라르메 시에 몇 줄의 해석학적 설명을 더해주는 것으로 귀납하고 만다.

마찬가지로 『바퀴 위에서』가 난삽하다고 해서 처음부터 최소한의 의미소(意味素)의 추출조차 단념하고 지나친다면 이 작품을 근본적으로 이해하기가 불가능해진다. 더구나 이 작품은 형식상 일정한 서사적 구조―시인은 이것을 소극시라고 정의하고 있다―를 담고 있다. 그런데, 그 진술 형식이 너무나 특이하고 복잡해서 전통적인 독서 방식으로는 처음부터 접근이 어렵다. 어쩌면 황당하고 터무니없는, 현실 같기도 하고 꿈 같기도 한, 말하자면 부조리 투성이의 어떤 세계를 영상적으로 보는 듯한 그런 시이다. 그러나 이 장시가 담고 있는 줄거리는 분명하고 짧게 요약될 수 있다. 마가, 우가, 구가, 이 셋은 양심 강탈범으로서 쫓기는 입장에 있다. 그들은 기차를 타고 질주하고 있다. 그들은 말끝마다 고향에 간다고, 아니 가야 된다고 떠들지만, 그 고향이 어디에 있는지 또 언제 거기에 도착할지도 모른다. 그런데도 그들은 때로는 반목하고 또 때로는 화해하면서 기약 없는 여행을 계속한다. 그리고 이러한 내용이 연극 형식으로 전개되고 있는 것이다. 『바퀴 위에서』를 이 이상 더 소상히 산문적으로 재구성한다는 것은 이 시에 대한 배반이 될 수도 있는 위험성을 내포하고 있으며, 또 어떤 점에 있어서 그것은 무익하고 불필요한 작업이 될지도 모른다.

그런데, 이 작품의 가장 중요한 특징은 위와 같은 서사 구조가 순서 정연하게 배열되고 기술된 것이 아니라 산만하게 순서 없이 얽혀 있다는 점이다. 왜 그럴까? 여기서 우리는 주근옥의 시적 비의(秘儀)를 들추어내어야 될 단계에 와 있음을 깨닫게 된다. 그의 시적 비의? 그것은 다름 아니라, 간단히 말해서 쉬르레알리즘적인 기술 방식을 의미한다. 다시 말해서『바퀴 위에서』는 오랜 세월 동안 시인의 내면에 중첩되어 온 무의식 세계의 시적 변용이다. 그의 무의식을 지배하는 강박관념의 실체는 유적자(流謫者)의 자기 상실감이다. 그의 시에 등장하는 퍼스나는 바로 이것을 대변하고 대역(代役)한다. 말하자면 그들은 시인의 무의식적 분신으로서 넓은 의미로는 오늘날의 인간 조건을 암시한다. 싸르트르(J. P. Satre) 식으로 말한다면, 그들은 아무런 선험적 가치도 없는 존재로서 이 지구상에 불쑥 던져진 우연의 산물인지도 모른다. 때문에 그들에게는 자기 정체성의 확인이 절대적으로 필요하다. 이 작품에 수없이 등장하는 고향이라는 시어는 바로 이 자기 정체성의 상징어 이외에 다름 아니다.

> 우가도 등을 맞대고 앉으며
> 고향은 얼마나 머냐
> 그 따윈 알아 뭘 해
> 우리의 정신은 고향에 있지
> 지금 그걸 가지러 가는 거야

그러나 그들은 고향이 얼마나 먼지, 언제 도착하게 될지 아무도 모른다.

> 고향은 얼마나 머냐?
> 어둠이 끝나는 곳이지

　　　굉장히 멀대
　　　나도 한 번 안 가봤으니까
　　　잘은 몰라
　　　이제 출발했으니까
　　　정차하는 곳이 바로 거기겠지

　그러면서도 그들은 고향에 도착하리라는 희망을 포기하지 않으며, 그 의미를 다음과 같이 설명한다.

　　　조금만 더 가면 고향이야
　　　우린 제 정신을 찾게 되는 거야

　시인은 거의 작품 말미에 이르러서 <우린 제 정신을 찾게 되는 거야>라는 시구로써 고향의 숨은 뜻을 분명히 보여준다. <뿌리 뽑힌> 유적자가 찾아가는 고향, 다시 한번 되풀이하자면 그것은 다름 아닌 자기 정체성의 확인을 의미하는 것이다.

　이제 우리는 이 글의 초두에서 잠시 언급한 지노우의 얼토당토 아니 한 궤변을 상기할 차례가 되었다. 결론부터 말하자면 『바퀴 위에서』의 기차는 아킬레스의 화살이다. 그것은 아무리 달려가도 고향에 가 닿을 수 없다. 그 기차는 바퀴만 굴러갈 뿐 영원히 제 자리를 맴돌고 있기 때문이다. 아니, 처음부터 거북이 같은 것은 존재하지 않았는지도 모른다.

　주근옥의 시적 진술 방식은 일찍이 쉬르레알리스트들이 실험했던 자동기술법을 연상시킨다. 브르통(A. Breton)에 의하면 자동기술법은 일종의 무의식적 기술방식이다. 그는 이것을 구체적으로 다음처럼 정의한다. 《이성에 의한 어떠한 감독도 받지 않고 심미적인 또는 윤리적인 관심을 완전히 떠나서 행해지는 사유의 구술》. 확실히 주근옥은 <심미적 윤리적 관심>을 뛰어넘고 있다. 마찬가지로, 어쩌면 지극히 자연스럽게, 언어의 윤리성

(나는 이 말을 언어 표현이 갖추어야 할 최소한의 규범으로 생각한다)마저 포기한다. 아니, 무의식 세계에 있어서는 원래 언어의 윤리성이란 존재하지 않는다. 자동기록 장치를 잘 작동만 시키면 될 일이다. 『바퀴 위에서』는 이 자동기술 장치가 잘 작동되고 있다. 시인은 단지 열차의 바퀴가 탈선하지 않도록 최소한의 조작만 가하고 있을 뿐이다.

일반적으로 무의식의 세계에서 흔히 드러나는 것이 야수성과 공격성이다. 의식의 표면 위에서는 도덕률로 은폐되어 있던 것이 일단 무의식의 세계로 내려가면 거기서는 마음껏 본성을 나타낼 수 있기 때문이다.

그런 건 말씀야, 간단하지
순간에 숨통을 끊어버리니까?
아픔이 오래 계속되도록
눈알부터 뺄 걸 그랬다
손가락부터 끊어버리는 건데
난 죽었어, 결박당한 채 죽어있어
피를 콸콸 쏟으며 쓰러진
한 발 다가서며, 그건 꿈이야
우가도 다가서며, 병신 그건 꿈이다
오지 마, 거기 서, 쏠테야
난 아식 아픔을 느끼고 있어
피를 콸콸 쏟으며 쓰러진
내 얼굴이 똑똑히 보여
우린 널 죽이려고 하지 않았다

여기서 볼 수 있는 야수적인 공격성은 마치 『말도로르의 노래』에 나오는 그것처럼 환상적·착란적 성격을 띠고 있다. 로트레아몽(Lautréamont)이 잔인한 공격성을 형상화하기 위해 주로 동물적 이미지에 의존했다면, 주근옥은 직접적으로 무의식의 표출을 과감하게 기술하고 있을 뿐이다. 무의식의 환상적 상태에서 주제와 논리의 설정 없이 비약적으로 전개되는 자동기술적인 시구들은 인간의 원초적 잔인성을 그대로 보여주고 있는 것이다.

라깡(J. Lacan)의 주장에 따른다면, 무의식의 범주는 <상상적인 것>, <상징적인 것>, 그리고 <실재적인 것> 등 세 가지로 구분된다. 그렇다면 『바퀴 위에서』 드러나는 무의식의 언어적 범주는 어느 것에 속한다고 볼 수 있을 것인가? 그것은 아마도 명료한 선으로 구분할 수 없도록 <상상적인 것>과 <상징적인 것>의 두 경계선에 다 걸쳐 있으면서 <실재적인 것>을 후광으로 가리고 있는 형상과 비유될 수 있을 것인가? <실재적인 것> ─달리 말한다면 그것은 시인의 실존적 정체성을 의미할 터인데, 그러나 이 작품에서는 퍼스나를 이 고향, 즉 정체성을 찾아 기차 여행을 하고 있는 것으로 돼 있기 때문에 그것이 존재할 수 없는 것이다.

결론적으로 말한다면 『바퀴 위에서』는, 이미 앞에서 말했듯이, <아킬레스의 화살>을 상징화한 주제를 심층구조로 삼고, 이것을 중심으로 확산되고 분출되는 무의식의 언어를 사상(捨象) 없이 시화(詩化)한 작품이다. 이 작품이 형식상 극시라는 점을 상기시키기 위하여 주근옥은 적절히 지문을 삽입하고 있기는 하지만, 사실 그것은 단순한 부가적 기법일 뿐이다. 그는 작품 전체를 통하여 무의식의 흐름을 절실하게 표현하기 위하여 일체의 구두점을 생략하고 가급적 짧은 시행의 연속으로 독자를 긴장시키고자 한다. 뿐만 아니라 어떤 점에서는 시가 요구하는 최소한의 수사학조차도 거부하고─어쩌면 그것은 그에게 있어 거추장스러운 장식일 수도 있으니까─그는 직설법적 단문(短文), 그러면서도 읽는 가운데 주술적 마력의 흡인력을 발휘하는 시를 선뵈이고 있는 것이다. 또한 그는 어쩌면 자칫 무미건조하게 느껴질 수도 있는 연속적인 단문의 시행을 때로는 활력적인 리듬의 사용으로 생동감 있게 살리고 있다. 즉 이 작품에서 쉽게 눈에 띄는 두운(頭韻)과 각운(脚韻)의 의도적인 배합, 그리고 반복운의 사용에 의한 음악적 효과

등은 다분히 시인의 ―계산된 기법에 속하는 것이라고 보여진다. 결국 『바퀴 위에서』는 현실에서 추방당한 무력한 시인이 유적지를 배회하면서 탈출을 시도하려는 몸부림의 노래, 고향으로 상징되는 자기 정체성을 회복하려는 현대인의 무의식의 언어군이다. 아무리 달려도 고향에 닿지 못하는 『바퀴 위에서』 단지 <갑자기 높아지는 기관차의 소음>만이 들릴 뿐이다. 즉 고조되는 자의식의 소리만 들리는 것이다.

2

『다리 위에서』는 우화적 기법의 풍자시라는 점을 제일 먼저 지적해야 할 것 같다. 이 작품은 일반적으로 만남과 기다림의 장소를 연상시키는 다리의 이미지를 아주 효과적으로 도입하고 있다. <사내 1>과 <사내 2>가 <횡설수설 지껄이며 걸어와 /철푸덕 주저앉는> 것으로 시작되는 이 작품은 앞서 살펴본 『바퀴 위에서』와는 많은 동질성을 보이면서도 또 한 편으로는 많은 상이점을 가지고 있다.

『바퀴 위에서』의 바퀴가 실제로는 굴러가지 않는 바퀴, 즉 영원히 정지돼 있는 기차이듯이, 『다리 위에서』의 다리 역시 결코 오지 않을 사람을 기다리는 외로운 존재이다. 이 작품이 베케트(S. Beckett)의 『고도를 기다리며』를 연상시키는 것은 바로 이와 같은 주제적 유사성을 내포하고 있기 때문이다. 작품에 등장하는 두 사내는 우연한 인연으로 한 여인을 공유했던 경험이 있는 숙명적인 관계에 있다. 아무런 윤리의식 없이 이 사내와 저 사내 사이를 징검다리 건네듯 내왕하며 몸를 내맡긴 여자, 바로 이 여자가 이 작품의 직접적인 제재로 기능한다. 그러나 그녀는 작품에 정면으로 등장하지 않고, 마치 고대극에서 볼 수 있는 무대 밖의 인물과 마찬가지로 모습을 숨긴

채 작품을 이끌어간다. 즉 <사내 1>은 자신을 배신한 여자를 참혹하게
살해하여 그 시신의 일부를 가방 속에 넣고 다리 위로 달려와서 그것을
강으로 던질 순간을 노리고 있는 반면, <사내 2>는 자신을 배신하고 도망
간 여인이 돌아오리라 믿고 다리 위에서 기다리고 있는 것이다. 우연히
다리 위에서 해후한 두 사내, 그들은 이야기를 나누던 중 그들이 같은 여인
을 공유했던 것을 알고 경악한다. 그리고 <사내 1>은 <사내 2>가 그 여인
을 애타게 기다리고 있음을 알고 그에게 가방을 넘겨준다. 그러나 <사내
2>는 그 가방 속에 사람의 머리가 있는 것을 보고 질겁한다.

　　　　가방을 조심스레 연다, 순간
　　　　아! 하는 소리와 함께
　　　　부들부들 떨기 시작한다
　　　　사색이 다 되어
　　　　나 날더러 어떻게 하라고
　　　　사람의 머릴, 사람의 머릴

　　　　두 손으로 가방을 든 채
　　　　가로등 밑을 왔다갔다 한다
　　　　제 정신이 아니다
　　　　강물에 가방을 던져버리고
　　　　뒷걸음치다가 급히 도망친다
　　　　가로등만 혼자 남는다

　이렇게 끝나는 『다리 위에서』는 분명 미묘한 극적 구조에 따라 그 서사체
계가 전개되고 있다. 마치 고대 그리스 비극에서 공통적으로 드러나고 있는
숙명론적 세계관을 현대적 기법으로 패러디한 것처럼 보이는 이 작품은
그러나 또 한편으로는 삶의 넌센스를 희화화(戲畫化)하고 있는 것도 사실이
다. 삶의 엄숙함과 현실의 냉혹함이 함께 어우러져 한 편의 드라마를 연출하

듯이 『다리 위에서』 또한 관능적 쾌락과 원죄의식의 속박이라는 상호 충돌적 모순을 보여주고 있다. 다시 말하자면 한 여인을 사이에 두고 두 사내가 벌인 비속한 열정의 드라마는 <사내 1>에게 있어서는 동물적 잔인성과 비열함으로, <사내 2>에게 있어서는 순박한 기다림과 처절한 절망으로 각기 대조를 이룸으로써 극적 효과를 극대화하면서 그 종지부를 찍는다.

이런 면에서 볼 때 『다리 위에서』는 시보다 분명 희곡 쪽에 가깝다고 할 수 있다. 서사 구조가 아주 정연하게 기하학적 짜임새를 보여주고 있기 때문에 다분히 산문적 문채(文彩)가 번뜩인다. 자서(自序)에서 시극(詩劇)은 상연을 전제로 하여 쓰여진 운문극인 반면, 극시(劇詩)는 상연과는 상관없이 쓰여진 운문극이라는 사전적 의미를 소개하면서 자신의 작품은 극시와 유사한 형태라고 정의하고 있다. 그러나 우리가 보기에 이 작품은 시인의 주장과는 달리 극시보다는 오히려 시극 쪽에 가깝다. 즉 『다리 위에서』는 무대 상연을 함에 있어서도 그다지 무리가 없는 극적 요소를 갖추고 있는 것이다. 사실 60~70년대 서구 연극계를 풍미했던 이른바 앙띠·떼아뜨르(反演劇)라는 이름의 희곡들은 주근옥의 『다리 위에서』보다 상연하기에 오히려 더 부적절한 작품이라고 할 수 있다. 그러나 물론 우리는 지금 여기서 이 작품의 무대 상연의 적합성 여부를 따지고자 하는 것이 아니다. 우리가 단지 강조하고자 하는 것은 앙띠·떼아뜨르가 언어의 무의미성과 연극 자체의 부조리함을 극단적으로 과장하고 있듯이 주근옥은 『다리 위에서』를 통해 시의 무용성과 연극의 허위성을 풍자하고 있는지도 모른다.

어떻게 보면 『다리 위에서』는 도식적인 구도를 가지고 있지만, 그러나 자세히 살펴보면 그 구도는 매우 인상적이다. 즉 가로등이 비치는 다리, 여기서 이루어지는 두 사내의 운명적인 해후, <사내 1>이 들고 있는 가방, 다리 아래로 흐르는 강물— 이 일련의 이미지가 통합되어 떠올리는 메타포는 아름다운 시적 구도를 형성하고 있다. 이 시의 이러한 아름다움은 그것이 내포하고 있는 동물적 잔인성에도 불구하고 시의 감각적 균형을 잃지 않도록 기여한다. 다시 구체적으로 반복한다면 분뇨담(糞尿譚)에 가까운 표현들과 잔인한 이미지가 가끔 등장함에도 불구하고 『다리 위에서』를 통해서 언어적 거부감을 느끼는 독자는 별로 없을 것이다.

> 우리 아버진 개백정이었지
> 뒷마당은 개들의 사형장이었지
> 개의 모가지를 옭아 잡아당기면
> 생똥이 삐질삐질 나오고
> 그 악에 바친 눈
> 빼어 문 혓바닥
> 습관으로 난 보았소
> 개백정이라고
> 아이들이 놀렸지

<사내 1>이 들려주는 그의 아버지의 직업적인 삶의 이러한 잔인성은 자칫 간과하기 쉽지만 그러나 반드시 주목해야 할 부분이다. 개백정인 아버지의 개잡는 이러한 끔찍한 모습의 기술은 그 아들인 <사내 1>이 장차 자행할 살인을 이미 암시하고 있는 것이다. 말하자면 시인은 <사내 1>이 자신의 정부를 잔인하게 살해하여 그 목을 잘라 가방에 넣는 장면을 묘사하는 식의 직접적인 기술방법을 생략하고, 개백정의 도살 장면을 삽입함으로써 간접적인 암시로 대신하고 있다. 이것은 굉장히 치밀하게 계산된 시적 기교이며, 따라서 그것이 발휘하는 상징적 효과는 이 작품을 끝까지 읽고 났을 때 더 확연하게 나타난다.

『다리 위에서』는 그것의 극적 서사성 때문에 시의 미학적 측면에서는 많은 부분의 손상을 입고 있는 것이 사실이다. 더 구체적으로 말한다면 이야기가 복잡하고 매우 미묘하게 짜여져 있기 때문에 우리들은 자칫 재미

있는 서사성만을 탐색하기에 바빠 정작 시의 본바탕을 멀리 하기 쉽다. 이야기를 더욱 단순화함으로써 주제를 더 부각시키고, 아울러 더욱 긴장감 있는 시적 언어세계를 구축할 수는 없었을까― 이와 같은 아쉬움이 남는 것도 사실이다. 그러나 그러함에도 불구하고 이 작품이 던지는 충격은 만만치 않다. 물론 오늘날까지 동서양을 통해 이야기의 형식을 담은 장편시는 많이 있어 왔다. 그러나 『다리 위에서』와 같이 극적인 상황을 담고 있는 극시가 있었던가? 이런 의미에서 이 시는 하나의 경이로움이다.

3

주근옥은 많은 시인들이 애써 추구하고 있는 이른바 품격 높은 시어를 탐내지 않는다. 그의 시에는 비속한 일상어가 범람할 뿐, 수사적 구문은 단 한 줄도 찾아볼 수 없다. 그는 한 마디의 시어, 한 행의 시구를 통해서 작품의 가치를 결정짓고자 하지 않는다. 그와는 정반대로 작품 전체의 구조, 그리고 이 구조 사이에 숨어있는 언어의 고리가 발휘하는 힘이 그의 시의 작품성을 결정짓는다. 따라서 바로 이 언어의 고리들을 풀어서 정연하게 연결시켜야 한다. 그의 시가 처음엔 쉽게 읽혀지는 것처럼 느껴지면서도 몇 번씩 되풀이해서 읽어야만 되는 까닭은 바로 이 숨어있는 언어의 고리를 쉽게 발견할 수 없기 때문이다.

주근옥은 확실히 새로운 장시의 가능성을 실험해 보이고 있다. 『바퀴 위에서』는 쉬르적 기법을 통해서 무의식의 내면 세계를 조명하고 있는가 하면, 『다리 위에서』는 일상적 어법을 통해 고대인의 운명론적 세계관을 피력하고 있다. 그리고 이 두 편의 장시는 이미 밝힌 것처럼 새로운 가능성과 또한 몇 가지 의문점을 제시하고 있다. 앞으로 이 두가지 문제점을 어떻게 보완하고 해결할 것인가는 전적으로 시인 자신의 몫이다. 그리고 그 결과는 분명히 다음 작품에서 밝혀지리라 믿는다.

형식의 해체와 리듬의 부활, 그 역설의 미학

구 수 경

1. 시의 경계를 허물기 혹은 확장하기

주근옥의 시는 그 형식이나 내용에 있어서 일정한 테두리 안에서 논의하기가 쉽지 않다. 시인 자신이 시의 정통성을 거부하는 글쓰기를 지향하고 있기 때문이다. 「바퀴 위에서」와 「다리 위에서」를 통해 시도했던 극시(劇詩)[1]의 창작은 그 대표적인 예에 속한다. 주근옥이 극시, 즉 운문극을 실험하고 있다는 사실은 여러 면에서 주목에 값한다. 무엇보다도 현대 장시의 새로운 가능성을 열어 놓고 있기 때문이다. 거기에 문학의 탈장르화 혹은 하이브리드(hybrid) 현상이 21세기 문학의 한 특징으로 자리잡고 있는 시점에서, 시의 경계를 확장할 수 있는 또 하나의 길을 제시하고 있다는 의의를 지닌다.

이러한 실험적 형식에 주근옥이 담아내고 있는 주제 역시 단순하지 않다. 사무엘 베케트의 부조리극 「고도를 기다리며」의 인물들과 행동을 연상시키는 「바퀴 위에서」는 '정신'을 되찾기 위해 고향으로 가는 기차를 타지만 결코 고향에 도착할 가능성은 보이지 않고, 오히려 양심강탈범으로 쫓기는

---

1) 시인 자신은 이를 '소극시(素劇詩)'라고 명명하면서, 극시의 무대장치로서의 외형은 모두 떨쳐버리고 시 쪽에서 극의 핵심요소인 대화만을 채택하여 되도록 국어의 운을 살리면서 간결성을 유지하도록 한 극시 형태라고 설명한다.

신세가 되어버리는 세 인물의 비극을 부조리한 상황 설정을 통하여 제시한다. 그런가 하면 「다리 위에서」는 한 여자의 배신과 거짓에 의해 사랑의 진실이 왜곡되고 삶의 공간이 파괴되는 두 남자의 불행과 복수의 비극을 잘 짜여진 플롯과 경이감의 결말을 통해 극적으로 형상화한다. 두 편의 극시를 통해 시인은 진실한 삶과 사랑을 회복하기를 꿈꾸지만 결코 회복될 수 없다는 절망적 인식을 보여준다. 이때 부조리하고 상징적인 극적 상황은 시인의 절망적 세계인식을 드러내는 문학적 장치가 된다.

주근옥은 신작 시집 『갈대 속의 비비새』에서 또 다른 방식으로 시의 경계를 서성거린다. 마치 영화의 스틸 사진처럼 순간 포착된 일상의 이미지를 3행이라는 짧은 시편 속에 그려내는 단시를 실험하고 있는가 하면, 민족 신화와 설화를 유장한 리듬의 언어로 풀어내는 장편 서사시에도 창작의 손길을 뻗친다. 이렇게 볼 때 현대시의 경계를 확장하려는 옹골찬 야심이 주근옥 시의 원동력이 아닐까 하는 생각마저 든다.

이 글은 시집 『갈대 속의 비비새』의 시들을 대상으로 주근옥의 시적 발성법에 대한 실험과 그 성과를 점검해 보고자 한다. 그 방법으로 작가에 의해 4부로 나뉘어진 시집의 체제에 준하여 각 장의 시세계와 시적 특질을 조명해 볼 것이다.

2. 삶의 아이러니 혹은 비정함

주근옥은 『갈대 속의 비비새』의 자서(自序)에서 자신의 문학관 및 시 창작 방식에 대해 언급하고 있다. 그 내용에 따르면 시인이 시 창작에 있어서 발상의 전환을 시도하는 방식에는 두 가지가 있다. 그 하나는 시 형식의 실험을 시도하는 것이고, 다른 하나는 표현 방법 및 시 내용의 변형을 지향하는 것이다. 『갈대 속의 비비새』에서 제Ⅱ부와 제Ⅳ부는 전자를, 제Ⅰ부와 제Ⅲ부는 후자의 시 창작 방식을 대변하고 있다. 이때 후자와 관련하여 주근옥이 주목하는 창작 방식은 일상 생활 혹은 서민의 삶을 생동감 있게 사실적으로 담아내는 것이다.

　우선 『갈대 속의 비비새』의 제Ⅰ부와 제Ⅲ부에 실린 시들은 일반적인 서정시 계열에 속한다. 즉 형태 면에서의 새로움은 발견되지 않는다. 하지만 사설조의 리듬으로 서민들의 곡절 많은 세상살이를 들려주고 있다는 점에서 시인 자신의 내면 정서를 표출하는 서정시와는 변별되는 시 세계를 보인다.

> (……) 헌 자전거에 비단을 싣고
> 연산 인내 갱갱이 돌고 돌다가 밤늦게 돌아와
> 달빛 드는 방에 쭈그리고 앉아 부대를 풀어 놓고
> 구겨진 돈 펴 세고 있던 그는 저녁도 냉수로 때우고
> 아침도 선 돌밥으로 때우고 점심도 거르다가
> 하루는 이혼하고 혼자 산다는 여자를 데려와
> 퉁퉁 불은 국수를 내며 냉수를 떠 놓고
> 혼례를 올렸다, 싱글벙글 어 서방은
> 이제 마차에 비단을 싣고 콧노래를 부른다
> 그 짐이 점점 커져 가게를 사서 부려 놓고
> 그 비단가게 더 점점 키저 읍내에서 제일 큰
> 극장이 되고, 대전의 빌딩이 되고
> 슬슬 바람도 핀다는 유언비어가 나도는 어느 날
> 그는 쓰러졌다, 팔아먹은 것보다 더 큰 금반지를 끼고
> 그는 쓰러졌다, 남들 다 가는 평양구경 본처 상봉 못하고
> 빌딩의 주인은 그의 부인 이름으로 바뀌고
> 소달구지 끌고 매형 집을 오가던 그의 처남은
> 극장 주인이 되었다, 달아 달아 노오란 강냉이
> 시멘트 물 바닥에 낳은 개구리 알 속의 보름달아
> 　　　　　　　　　　　－「튀밥 장사 어 서방」 부분

「튀밥 장사 어 서방」은 자수성가한 어 서방의 일생을 통해 삶의 아이러니와 무상함을 노래하고 있는 작품이다. 가난한 호떡 장사, 튀밥 장사에서 비단장사로, 그리고 극장과 빌딩을 소유한 부자로 성공했던 어 서방. 그래서 이제는 돈 버는 일보다는 돈 쓰는 재미나 즐기며 살아볼까 생각할 즈음, 그는 병으로 쓰러진다. 그리고 그가 평생 힘겹게 번 돈은 모두 부인과 처남의 차지가 되어버린다. 이 작품에서 시인 주근옥이 한 인간의 긴 일생을 시적 형상화하는 수준은 만만치 않다. 시적 화자가 별다른 논평이나 해석을 가함이 없이 어 서방의 일생을 시간적 흐름에 따라 단편적으로 제시하고 있음에도 불구하고, 독자는 어 서방의 삶을 마치 영화를 보듯이 구체적이고 실감나게 상상할 수가 있다. 이는 맛깔스런 어휘의 선택과 연결어미를 적절히 활용한 시간의 자연스런 초월, 그리고 낭송하기에 편리한 리듬이 어우러지면서 창출된 결과이다. 거기에 삶의 무상함과 아이러니를 자연스럽게 불러일으키는 시상의 전개는 인생에 대한 시인의 깊이 있는 통찰이 느껴진다. 특히 이 시에서 "달아 달아 노오란 강냉이 / 시멘트 물 바닥에 낳은 개구리 알 속의 보름달아"라는 다소 모호하고 난해한 상징적 표현으로 마무리되고 있는 부분은 강렬한 인상과 긴 여운을 안겨 준다. 호떡 장사와 튀밥 장사, 그리고 빌딩 주인이었던 어 서방을 환기시키는 보름달과 강냉이, 시멘트의 시각적 이미지들이 버무려져 희망의 상실 혹은 비정한 운명을 효과적으로 드러내고 있기 때문이다.

그런가 하면 제 I 부에 실려 있는 「문」은 부당하게 해고된 근로자의 비극을 두 개의 연극—부조리극—적인 장면 연출을 통해 암시하고 있는 작품이다.

　　〈1〉
　　사내가
　　첫째 문에서 나와
　　둘째 문으로 들어가고

셋째 문에서 나와
넷째 문으로 들어가고
다섯째 문에서 나와
여섯째 문으로 들어가고
일곱째 문에서 나와
두리번거린다

(2연 생략)

사내는 차례차례
쫓아가 무릎 꿇고 빈다
그 분 어디 계십니까
손가락질만 해 주십시오
눈짓만이라도 해 주십시오
일곱 개의 문이 쾅 닫힌다
사내는 금시 허물어진다
- 「문」 부분

　‘문’은 이 공간과 저 공간을 이어주는 교류의 수단이다. 하지만 그것이
굳건하게 닫혀 있을 때, 그것은 나와 타인의 소통을 가로막는 차단의 벽이
된다. 이 작품은 ‘문’의 이러한 이중적 속성을 통해 인간과 인간 사이에
형성된 관계에의 믿음이 얼마나 쉽게 배반당할 수 있는가를 보여준다. 바로
사회에서든, 가정에서든 사용가치에 따라 취급되는 현대인의 실존, 즉 존재
가치의 부재를 노래하고 있다.

　명쾌하게 드러나고 있지는 않지만, 첫째 문에서 일곱째 문까지 들어갔다
가 나왔다가 하는 <1>의 사내는 어느 날 갑자기 해고된 근로자로 읽혀진
다. 그는 그 부당성과 억울함을 해소하기 위해 자신을 해고한 “그 분”을
찾아간다. 그러나 “그 분”은 문 너머의 어딘가에 있으면서 사내를 만나주지

않는다. 사내는 매번 문이 쾅 닫히는 소리를 들으며 막막한 절망 속으로 허물어진다. 이어서 <2>는 해고 근로자가 된 뒤 노숙생활을 하다 집으로 돌아와 현관문 앞에 서 있는 가장을 묘사한다. 그의 아내는 이미 그의 목소리도, 얼굴도 기억하지 못한 채 현관문을 열어주지 않는다. "문을 쾅쾅 닫는" 아내의 비정함과 "계속 문을 쾅쾅 두드"리는 사내의 절박함이 절묘한 대비를 이루면서, 이미 가정 내에서의 존재가치를 상실한 가장의 비극이 충격적으로 암시된다. 한 마디로 「문」은 한 인간의 존재가치가 사용가치로 대체되면서 진실한 인간관계가 무너진 현대사회의 비정함을 부조리한 극적 상황을 통해 상징적으로 드러내고 있다. 특히 반복법에 의한 시상 전개는 불합리한 상황을 타파하려는 어떤 안간힘도 결국 실패할 수밖에 없음을 암시함으로써 절망감을 고조시킨다.

이처럼 주근옥은 시를 통해 자신의 감정이나 내면 정서를 드러내는 데는 별반 관심을 보이지 않는다. 대신에 시인의 촉수는 현대 물질문명사회가 초래한 인간성의 상실, 불신 혹은 배신으로 인한 인간관계의 파괴, 그리고 부조리한 삶의 양상을 더듬는 데 몰두한다. 이는 주근옥의 시적 상상력이 정서의 표출보다는 통찰의 드러냄에 닿아 있음을 암시한다.

3. 현실의 이미지, 이질성과 부조화의 세계

『갈대 속의 비비새』의 제Ⅱ부는 3행으로 된 30여 편의 짧은 시들로 묶여 있다. 이러한 시적 형식을 시인 자신은 "소절(素節)"이라 명명한 바 있다. 마치 한 장의 사진에 찍힌 피사체처럼, 시인의 통찰력 있는 시선에 순간 포착된 현실의 이미지를 극도의 압축된 언어로 묘사하고 있는 작품들이다.

이들 각 시에서 시적 화자의 시선의 각도는 고개를 숙여 땅을 들여다보고 있거나, 고개를 들어 하늘을 올려다보는 형태를 보인다. 다른 말로 상투적인 눈 높이, 적당한 거리 두기에서는 결코 포착될 수 없는 세계의 풍경, 특히 이질성과 부조화를 보여주는 세계를 즉물적인 언어로 묘사해 낸다. 자연과 문명, 인간과 인간이 소리 없이 충돌하고 때론 의외의 조화를 만들어내는 순간의 장면을 감정을 배제한 언어로 그려내고 있는 것이다.

이스라엘 군 총구 앞에서
힘껏 던지려고 벌린
소년의 팔과 돌멩이
- 「돌멩이」

바퀴에 깔린 족제비
까치가 내려다보네
가을 어스름
- 「족제비」

금강하구 공장 굴뚝
연기 아래 갈매기가 날고
그 아래 해가 집니다
- 「낙조」

범종 소리 울릴 때마다
점점 붉어지는 산기슭
가지 끝의 홍시
- 「홍시」

위에서 시 「돌멩이」는 전쟁이 벌어지고 있는 나라 밖 소식을 전할 때 익숙하게 보아온, 텔레비전 뉴스의 한 장면을 정지 화면으로 포착하고 있는 듯한 작품이다. 하지만 몇 개의 어구로 묘사된 시적 상황은 결코 간단치 않다. 막강한 이스라엘 군 의 총구에 대항하는 존재가 훈련을 제대로 받지 않은 '소년'이고, 그가 들고 있는 유일한 무기가 '돌멩이'이기 때문이다. 바로 힘의 논리에 의한 불공정한 전쟁에 휘말려 일방적인 피해와 희생을 당해야만 하는 약소국의 무력한 현실을 시인은 한 장의 정지 화면 속에서 읽어내고 있다.

반면에 「족제비」는 문명에 의한 자연의 비극을 포착하고 있는 단시이다. 운전을 하고 국도를 달리다 보면 차에 치어 죽은 고양이나 개, 새들을 낯설지 않게 목격한다. 그것은 한편으론 동물들의 부주의에 따른 우연한 사고이다. 그러나 다른 한편으론 '차'라는 문명의 산물이 자연에 가한 폭력적인 살인행위이다. 이 시에서 교통사고에 의한 동일한 죽음임에도 불구하고 인간의 경우와는 달리 족제비의 죽음은 방치된다. 연민이나 죄의식을 느끼는 사람도, 죽은 족제비를 치워 주는 사람도 없다. 인간의 시선을 빗겨간 곳에 앉아 있는 까치만이 무연하게 내려다볼 뿐이다. 오직 가을의 저녁 어스름이라는 계절적, 시간적 배경만이 죽음의 이미지로 그 광경의 비극성을 강화한다.

이처럼 주근옥의 3행 단시 중에는 인간과 인간, 자연과 문명이 충돌하는 한 순간의 극적인 상황을 포착하여 선명한 시각적 이미지로 표현한 작품이 한 경향을 이룬다. 그런가 하면, 자연과 문명 혹은 무관하게 보이는 대상들 사이에서 창출되는 의외의 조화와 감응의 세계를 포착하고 있는 시도 눈에 뜨인다. 「낙조」와 「홍시」가 그 대표적인 작품이다. 먼저 「낙조」는 공장 주변의 낙조 풍경을 시각적 이미지를 중심으로 묘사하고 있는 시이다. 공장의 굴뚝 연기와 그 아래를 날아가고 있는 갈매기, 그리고 그 아래로 지는 해 등 완만한 하강 구도로 하늘의 풍경을 포착하는 안목이 돋보인다. 특히 문명과 자연이라는 이질적인 요소들이 상승(연기)과 수평이동(갈매기), 하강(낙조)이라는 동선을 그으며, 부조화의 조화를 이루는 저녁 하늘의 고즈

넉한 풍경이 다양한 의미로 읽혀지는 작품이다.

「홍시」는 자연의 대상과 대상, 소리와 색이 상호 조응하는 상황이 시적 화자의 참신한 직관을 통해 그려지고 있는 작품이다. 절에서 들려오는 범종 소리가 외딴 산기슭에 있는 감나무의 홍시를 익게 한다는 시의 내용은 가히 시적 상상력을 통해 창조할 수 있는 예술적 아름다움의 극치를 보여 준다. 노스님의 법문을 들으며 정신적 깨달음이 깊어가듯이, 범종소리를 들으며 감나무의 열매도 붉게 익어간다는 시적 발상이 신선하다. 그것은 범종과 가지 끝에 매달려 있는 홍시의 시각적 유사성, 그리고 공간적 간극을 메워주는 범종 소리의 은은한 메아리가 공감각적으로 환기되면서 오묘한 자연의 이치로 다가온다.

주근옥의 3행 단시 형태는 이미지와 이미지가 상호 충돌하거나 이질성 속의 조화를 발견하는 참신한 장면 연출이 돋보인다. 극도로 절제된 시어와 이미지의 객관적 묘사로 일관하는 시작 방법은 특유의 시적 긴장감을 낳으면서 색다른 매력으로 다가온다. 하지만 단시는 그만큼 위험 부담을 담보하고 있는 형태이기도 하다. 짧은 시행 속에 배열된 시어와 이미지들이 자칫하면 밋밋한 풍경 스케치 혹은 평이한 이미지의 결합으로 떨어질 가능성이 크기 때문이다. 그런 점에서 강렬한 인상과 해석의 다양성을 담고 있는 세계를 포착하는 시인의 통찰력은 무엇보다두 전제되어야 할 조건이다. 이를 통한 시적 긴장감을 유지할 수 있을 때, 3행 단시는 현대시의 한 유형으로서 자리잡을 수 있으리라 생각한다.

4. 민족혼의 풀무질, 끝나지 않은 노래

『갈대 속의 비비새』의 제Ⅳ부는 「풀무가 序詩」라는 한 편의 장편 서사시를 싣고 있다. 이것은 오천 년 우리 민족의 역사를 전통적인 사설조 리듬 속에 풀어내고 있는 일종의 장편민족서사시이다. 그런 점에서 「풀무가 序詩」는 시집 『바퀴 위에서』를 통해 선보였던 극시와 함께 현대 장편서사시의 새로운 가능성을 모색하고 있는 시 형태라는 의의를 지닌다. 「풀무가 序詩」에는 단군신화에서 시작하여 삼국의 건국신화, 신라 신문왕과 만파식적(萬波息笛)에 관한 설화, 백제 무왕과 선화 공주에 얽힌 설화, 궁예의 폭정과 왕건에 의한 고려의 창건 과정, 그리고 조선조 이태조, 세종대왕을 거쳐 녹두장군 전봉준의 장엄한 죽음에 이르기까지 민족 신화와 설화, 역사적 사건을 아우르는 긴 시간여행이 구비구비 백두대간을 횡단하듯 유장하게 이어진다.

껍질을 깨고 태어난 아기
태자 대수가 시기하여
말먹이꾼이 된 주몽
품종이 썩 좋은 말 하나 골라
여위게 하고, 미련한 놈은
살찌게 하여 왕이 가져가게 하고
왕과 여러 왕자들이 해치려 하니
주몽은 그 준마를 타고 도망쳤네
여러 왕자들이 그를 추격했네
엄수에 다다랐을 때
앞을 가로막는 검푸른 강물
점점 좁혀지는 거리, 긴박한 거리,
강물을 향해 주몽이 호소하니
고기 떼와 자라들이 다리를 놓고
주몽은 건너가고 그것들은 흩어지고
하여 졸본주에 이르러, 초막으로
궁실을 짓고 나라를 세우니, 고구려

어 허어허 어너리 넘자 어화네
어화대화 어너리 넘자 허어허
– 「풀무가 序詩」 부분

　위의 내용은 「풀무가 序詩」중 주몽이 태어나고 자라서 고구려를 세우기까지의 과정을 노래하고 있는 부분이다. 그 긴 기간의 사건을 약 20여 행으로 압축하고 있음에도 불구하고 과감한 시, 공간의 이동, 극적 제시방법에 의한 핵사건의 서술이 무리 없이 이어지면서 시적 긴장감과 이야기의 생생함이 잘 유지되고 있다. 이는 시인의 만만치 않은 시력(詩歷)을 짐작케 한다. 또 2음보, 3음보 리듬을 적절히 활용함으로써 호흡의 완급을 조절하고, 시상 전개를 자연스럽게 이어가고 있는 점은 읽는 시로서의 묘미를 살리고 있다. 여기에 시의 흥취를 돋움은 물론, 시·공간적 이동을 역동적으로 추동시키는 역할을 하는 후렴구는 시의 맛을 풀무질하는 결정적인 요소이다. 이 시에서 후렴구들은 동일한 표현이 규칙적으로 반복되는 것이 아니라 "어화 어화 어화대화 / 어여차 어여차 굴러라 굴러라", "어 허어허 어너리 넘자 어화네 / 어화대화 어너리 넘자 허어허", "어화 풀무야 쇳물도 잘 나온다 / 당곳감해해 멍먹어해해" 등 시의 내용과 분위기에 맞게 변형, 표현됨으로써 흥을 돋우는 추임새로서의 역할을 맛깔스럽게 해내고 있다.

　한 마디로 「풀무가 序詩」는 유장한 호흡과 자연스러운 리듬, 어깨춤을 들썩이게 만드는 후렴구를 통해 한민족의 혼을 불러내고, 이를 미래를 여는 원동력으로 삼으려는 시인의 역사의식을 형상화한 장편 서사시이다. 따라서 그의 풀무질은 끝난 것이 아니다. 우리 민족의 역사가 지속되는 한 민족혼을 불러내는 그의 노래는 계속 이어질 것이기 때문이다. 그리고 무엇보다도 현대시에서 가장 열악한 영역이라 할 수 있는, 긴 호흡에 의한 장시의 가능성을 시인 주근옥이 극시와 서사시의 창작을 통하여 다각적으로 모색하고 있는 점은 매우 고무적인 일이다. 예컨대 시집 『바퀴 위에서』가 인물들의 대화를 중심으로 이야기를 전개시키는 극시 형태의 장시라면, 「풀무가 序詩」는 화자의 서사 능력에 기대어 이야기를 진행시키는 서사시 형태의 장시이다. 하지만 두 형태 모두 시에 이야기를 도입하고, 희곡과 소설 등 다른 문학 장르와의 결합을 통해 시의 영역을 확장하려는 의도의 산물이라는 점에서는 동질성을 띤다.

5. 리듬, 시의 본성으로 회귀하기

앞서 언급했듯이 주근옥은 시의 경계를 확장하는 실험적 글쓰기를 지향하는 시인이다. 이전 시집 『바퀴 위에서』에서 시도한 극시, 이번 시집 『갈대 속의 비비새』에서 보여준 3행 단시와 장편서사시가 그 대표적인 예이다. 즉 그는 순간 포착한 이미지의 짧은 묘사에서 현대 사회의 부조리를 운율적으로 극화하기, 그리고 민족 신화 및 설화의 시적 형상화에 이르기까지 시 형태의 낯설게 하기에 몰두한다.

그럼에도 불구하고 주근옥의 시 전편을 통해 일관되게 발견되는 것은 리듬에 대한 각별한 애착이다. 그는 서구적인 리듬이나 인위적인 내재율을 지향하지 않는다. 우리에게 익숙한 전통적 리듬, 즉 시조나 민요, 판소리 사설에서 나타나는 3음보, 4음보 리듬에 의한 시상 전개, 동일 표현의 반복을 통한 운(韻)의 형성, 호흡의 완급 조절을 고려한 시어의 배치 등 시의 음악적 효과에 세심한 주의를 기울이고 있다. 그의 시가 형태적 실험성에도 불구하고 자연스럽게 읽혀지고, 시의 맛이 고스란히 느껴지는 이유가 바로 언어에 의한 리듬의 창출에 있었던 것이다.

그런 점에서 주근옥은 시의 본질이 음악성에 있음을 잊지 않고 있는 시인이다. 순간 포착 이미지를 그려내고, 이야기를 극화하거나 서술할 때조차도,

그것이 율동적인 언어를 통해 표현되지 않는다면 결코 시의 맛이 우러나지 않음을 간파하고 있는 것이다. 때문에 주근옥의 시는 눈으로 보는 것이 아니라 소리 내어 읽을 때 그 시의 맛이 더 살아난다. 리듬을 타고 한없이 출렁이는 강물처럼 이어지고 있는 장시의 유장함과 단시의 여운, 바로 그것이 주근옥 시의 매력이다.

주근옥의 '소절'(素節), 가능성과 한계

윤 종 영

1. 머리말

　주근옥은 첫 시집『산노을 등에 지고』[1]이후 5권의 시집을 상재했다. 그는 많지 않은 다섯 권의 시집을 통해, 벌써 많은 것을 이루고 있는 것처럼 보인다. 먼저, 짧은 시 형식인 소위 '素節'을 독보적으로 정착시킴으로써 우리 서정시의 새로운 가능성을 열었다는 점이다. 그리고 네 번째 시집인『바퀴 위에서』[2]를 통해 극시(劇詩, dramatic poetry)의 문학적 가능성을 실험했다.

　이 같은 결과를 보면, 주근옥 시인은 전통적인 시의 개념에서 벗어나 창조적인 무엇을 추구하려는 욕망이 강한 시인으로 볼 수 있다. 그러나, 시의 예술성 또는 문학성이라는 것이 시의 형태만으로 담보되는 것은 아니다. '소절'이건 '극시'건 중요한 것은 시인이 그러한 형식을 통해 무엇을 말하려고 했으며 형식과 내용이 변증법적으로 상호작용하고 있느냐는 점일 것이다. 따라서 필자가 주목한 것은, '소절'이라는 새로운 형식을 통해 시인이 드러내고 싶었던 것이 무엇일까라는 점이다. 이는 시 형식이 주제를 담보해 내는 그릇이라는 점에서 의미 있는 작업이 될 수 있을 것이다.

　필자는 주근옥 시인이 본격적으로 '소절'에 천착하기 이전의 첫 시집과

---

1) 주근옥,『산노을 등에 지고』, 시문학사, 1987.
2) 주근옥,『바퀴 위에서』, 시문학사, 2001.

'소절'을 본격적으로 시도한 제 2시집인『감을 우리며』3), 그리고 아예 '소절집'으로 명명하여 세상에 나온 제 3시집『번개와 장미꽃』4)을 대상으로 하여 '소절'의 가능성과 한계를 짚어 보고자 한다. 첫 시집에는 '소절'로 볼 수 있는 작품이 없는 것으로 보이나, 곳곳에 보이는 단시 형태의 시에서 '소절'의 단초를 발견할 수 있다. 또한 주제의식의 측면에서도 뒤에 이어질 '소절'의 주제의식을 담보하고 있는 것으로 보인다. 그렇기 때문에 첫 시집은 충분히 논의의 대상이 될 수 있는 것으로 판단된다.

본고는 앞서 밝힌 것처럼 시인의 제 1, 2, 3 시집을 대상으로 새로운 형식으로서 '소절'이 왜 필요했는가, '소절'에 담긴 주제의식은 무엇인가, 그리고 '소절'에서 발견할 수 있는 문학적 성과와 그 한계는 무엇인가에 대해 논의하고자 한다. 이 작업을 통해 주근옥 시인이 우리 현대시사에서 독창적으로 추구한 '소절'의 한 가능성을 발견할 수도 있을 것이다.

하지만 주근옥 시인이 새롭게 시도했던 '극시'는 일단 본고의 논의에서 제외하고자 한다. 왜냐하면, '극시'와 기타의 시를 한 묶음으로 살피는 일은 물리적으로 불가능하기 때문이다. 뿐만 아니라 '극시'는 필연적으로 서사구조를 갖고 있는 바, 그 주제의식을 일반 서정시와 함께 규정하는 것 자체가 논리적으로 모순된다는 판단에서이다.

2. 농촌 배경의 시와 새로운 형식

우리가 먼저 주목할 부분은 시인이 왜 '소절'이라고 하는 새로운 형식을 창조했느냐는 점이다. '소절'이란 3행 30자 내외의 짧은 시를 말한다. 그러나 3행 30자라는 자수만 맞춘다고 해서 다 '소절'이 되는 것은 아니다. 시인

---

3) 주근옥,『감을 우리며』, 시문학사, 1988.
4) 주근옥,『번개와 장미꽃』, 새미, 1998.

스스로 '소절'의 형식과 원리에 대해 설명한 바 있는데 대략을 간추리면 다음과 같다.

즉 소절은 기본적으로 ① 단이음보/장이음보 ② 장이음보/장이음보/장이음보 ③ 장이음보/장이음보/단이음보와 같은 3가지 외형적 구조를 갖고 있으면서 자수율의 엄격성에 구애되지 않는 유연성을 견지한다는 것이다. 그리고 ①의 일행은 청자의 주의를 환기시키고 ②는 자연스러움 ③의 삼행은 빠른 결말에 이르도록 하는 효과를 낳는다는 것이다. 그리고 음운적으로는 울림도가 높은 음소의 사용에 유의하고, 단어는 실재 또는 자연성을 유지하도록 의미상의 내포성보다는 외연성에 유의하면서 선택한다는 것[5]이다.

그렇다면, 이와 같은 형식을 담보함으로써 얻게 되는 시적 효과는 무엇인가. 같은 글에서 시인은 "소절은 선험적 관념론이 아니며, 형질의 단순한 물리적 종합도 아니다. 절제 속에서 긴장과 의미의 생성이 어떻게 이루어지는가 그 과정에 시선을 집중할 뿐"이라고 말한다. 즉, 시인이 소절의 짧은 형식을 통해 드러내고자 하는 것은 '시적 긴장과 의미의 생성'이 아니라 그것들이 '어떻게 이루어지는가'라는 '과정'이다. 그렇다면, 소절을 쓸 때의 시인의 역할은 주제를 드러내는 것에 있지 않다. 시인은 단지 긴장과 압축을 통해 한 현상만을 제시할 뿐이다. 즉, 표층구조만을 만들어 내는 것이다. 그러면 시의 주인은 독자, 즉 청자가 된다. 청자는 시인이 제시한 표층구조에서 심층구조라는 '의미'를 들을 수 있어야 한다. 그렇기 때문에 심층구조는 '청자'마다 다를 수 있고 그것은 정답도 오답도 아니다. 더군다나 이 '의미'는 확장된다.

이는 기표와 기의의 관계와도 흡사해 보인다. 라캉에 의하면 기의는 기표로서만 존재할 수 있으며 이때 기표는 필연적으로 기의의 차원에서 행해지

---

5) 주근옥, 「素節에 대하여」, 『번개와 장미꽃』, p.105.

는 모든 욕구들을 충족시킨다.6) 그리고 기표는 단 하나의 기의에 고정되지 않고 관계 속에서 또 다른 의미를 낳는 것이다. 이를 라캉은 두 개의 문 위에 적혀있는 '신사', '숙녀'라는 단어로 설명하고 있다. 이 익숙한 단어가 문 위에 써 있을 때 그것은 남자와 여자가 따로 사용하도록 관습지어진 화장실을 의미한다는 것이다. 이 같은 기표와 기의의 관계에 주근옥의 '소절'을 대입하면 흥미로운 결과를 얻게 된다. 즉 시인이 말한바 '소절'에 사용되는 단어는 실재의, 또는 자연성의 것들이다. 다시 말하면 기표는 '신사', '숙녀'처럼 익숙한 낱말이다. 그러나 표층구조는 기의처럼 상황에 따라, 청자에 따라 또 다른 의미를 낳는 것이다.

그런데, 여기서 의문이 드는 것은 시인은 그렇다면 아무런 주제의식 없이 단지 사물의 이미지만을 따와서 '표층구조'만 만들어 내는 것일까라는 점이다. '소절'을 설명한 시인의 글에서는 발견하기 어렵지만, 일반적으로 시인이 쓰는 시에는 시인의 시정신이 어떤 형태로든 담기기 마련이다. '소절'도 시의 한 종류임이 분명할진데 아마도 시인은 표층구조를 제시하면서 심층구조도 마련해 놓은 것은 아닐까. 다시 말하면 시인이 의도하는 심층구조가 이미 존재하고 거기에 '소절'이라는 표층구조를 입힌 것이 아닌가 하는 점이다. 이 같은 관점에서 주근옥의 '소절'을 읽다보면 이 '소절'이라는 형식도 결국, 시인이 드러내고자 하는 정신을 효과적으로 전달하기 위한 방법론적 모색의 하나인 것이다.

주근옥의 시를 소재론적으로 접근해 보면 아주 흥미로운 결과를 얻을 수 있다. 그것은, 그의 시에 등장하는 대부분의 소재들이 농촌 경험에서 얻을 수 있는 것이라는 점이다. 첫 시집에 사용된 '멍덕딸기', '탱자꽃', '장작', '쑥뿌리', '밭두렁' 등은 말할 것도 없고 두 번째 시집은 제목 전체가 농촌백과사전을 방불케 할 만큼 온통 농촌에 기반한 소재들이다. 이 같은

---

6) 자크 라캉, 『욕망 이론』, 문예출판사, 1999, p.57.

특징 때문에 신용협은 『산노을 등에 지고』의 해설에서 "주근옥 시인의 시세계는 도시공간보다는 농촌배경을 토양으로 하고 있다 하겠다. 따라서 그의 시세계는 현대문명이 전혀 깃들지 않은 과거지향적 삶의 테두리에서 이해될 수 있다"고 말한다. 하지만 신용협의 지적은 옳으면서 틀렸다. 맞았다는 점은 아직 '소절'을 본격적으로 쓰기 전인 첫 시집만 놓고 보면, 그리고 시의 '표층구조'만 보면 그렇다는 것이다. 잘 못 읽었다는 것은 시인이 농촌배경의 소재를 통해 드러내고 싶었던 것이 무엇인가라는 점에서 그렇다. 즉 심층구조를 본다면 주근옥의 시는 절대 과거지향적인 시가 아닌 것이다.

사실, 주근옥의 시 중, 농촌 배경을 소재로 사용한 작품들을 검토해 보면 내용상 두 가지로 나뉘어짐을 확인할 수 있다. 하나는 신용협의 말처럼 '현대문명이 전혀 깃들지 않은' 따스한 인정의 세계로서의 농촌이고 다른 하나는 도시 문명에 밀려 피폐화되고 파괴된 농촌이다. 그런데 필자가 보기에 농촌현실을 고발한 작품에서 '소절'의 형태론적 특징이 더 잘 드러난다. 왜냐하면 농촌을 소재로 전통적 의미의 '따뜻한' 이미지를 그린 작품에서는 '소절'에서 추구하는바 '표층구조'와 '심층구조'로, 즉 구조화된 의미를 갖기가 매우 어렵기 때문이다.

주근옥은 농촌 배경의 소재를 이용해 '농촌'에 대한 향수를 노래한 시인이 아니다. 그의 많은 시에 '농촌'의 향수가 서려 있음은 주지의 사실이지만 사실 그가 '소절'이라는 짧은 형태의 시를 통해 말하고자 했던 것은 도시문명 때문에 척박해 지는 농촌의 현실이었다. 다시 말하면 농촌을 말함으로써 도시문명의 비정함을 고발했던 것이다. 첫 시집에 실린 농촌 배경의 시에서도 그가 인식하는 농촌의 현실을 읽을 수 있다.

비도 하많이 오셔
아랫도리 다 젖네

농약 먹고 업혀 간
어미 부르짖다가

엎어진 뿌리뱅이
나는 짓밟는구나

– 「밭두렁에서」 전문

　이 시는 형식상 뒤에 이어질 '소절'의 전범으로 볼 수 있다. 첫 연은 비가 많이 와서 아랫도리가 젖는다는 자연현상을 이야기 함으로써 청자의 주의를 환기시킨다. 그리고 2행에서 시의 핵심 상황을 설정하고 3연에서 결말을 짓는 형태다. 그런데 여기서 주목할 점은 시인이 인식하고 있는 농촌의 모습이다. 농촌의 '어미'는 "농약 먹고 업혀"가고 '나'는 "엎어진 뿌리뱅이"를 짓밟으면서 그 어미를 '부르짖'는다. 그러므로 1연의 비는 '눈물'의 의미로 해석될 수 있는 것이다. 이 같은 농촌 현실에 대한 비극적 인식은 다음의 시에서도 확인할 수 있다.

퉁가리 속에서
고구마는

햇살의 무거리 쓸어담고
대숲의 싸락눈 소리 쓸어담고

나가서 죽은 외사촌 누나의
설움도 쓸어담고

억울함은 황석어로 곰삭이며
펑펑 눈이 쏟아지는 밤에

고구마는
감질날 일 하나로 웅크리네
─「고구마」 전문

    깊은 겨울 밤, 퉁가리 속에서 "감질날 일 하나로 웅크"리고 있는 고구마. 이 고구마가 쓸어담는 것은 "햇살의 무거리"와 "대숲의 싸락눈 소리"와 "나가서 죽은 외사촌 누나의 설움"이다. 외사촌 누나가 왜 나가서 죽었는지는 알 수 없지만 그것은 필시 '억울한' 죽음이다. 결국 '햇살'과 '대숲의 싸락눈 소리'는 외사촌 누나의 설움을 더 슬프게 고조시키는 역할을 하는 것인데 이 시에서 확인할 수 있는 것도 시인에게 농촌이란 '죽음'의 이미지로 가득 찬 공간이라는 점이다. 위에 인용한 「밭두렁에서」 볼 수 있는 것은 농약 먹은 어미이고 이 시에서는 나가서 죽은 외사촌 누나인 것이다.

    그런데 여기서 주목해야 할 점은 첫 시집에서 농촌을 비극적으로 그리고 있는 작품들이 위의 경우와 같이 짧은 형식으로 쓰여 졌다는 점이다. 그리고 이렇게 짧은 형식으로 잘 짜여진 작품들이 건조하게 읽힌다는 사실이다. 이는, 주근옥이 농촌의 정겹고 따스한 이미지를 그려낸 것이 아니라 피폐화되는 현실을 말하고 싶었다는 것을 의미한다. 메마르고 건조한 형식에 메마르고 건조한 현실을 담아 낼 수 있다면 그것이야말로 내용과 형식의 변증법적 통일이 아니겠는가. 아지 '소절'이라는 시 형식을 만들어 내기 전부터, 그는 짧게 조직된 시 형식의 건조함이 비판적인 현실인식을 드러내는데 유용하게 쓰일 수 있음을 발견했던 것이다. 그리고 자신의 시적 전략으로 짧은 형식을 선택하고 그것을 효과적으로 제시함으로써 '소절'이라는 독특한 형식의 시를 시도했던 것으로 볼 수 있다. 이는 다음의 시를 보면 보다 분명해 진다.

설움도

땡감인가

소금물
독에 넣고

누나는
우립니다.

-「감을 우리며」 전문

이 시는 한 구절을 둘로 나누었을 뿐 '소절'의 형식을 갖고 있다. 이 시에
드러난 표층구조는 땡감의 떫은 맛을 없애기 위해 소금물에 우려내는 누나
의 행위이다. 이렇게 겉으로 드러난 의미 말고, 시인이 그 심층에서 말하고
싶었던 것은 땡감처럼 서러운 '누나'인 것이다. 즉 누나가 소금물에 우려내
는 것은 땡감이 아니라 자신의 '설움'이다.

> 감의 떫은 맛을 제거하기 위해 소금물에 감을 담가두는 것을 보면서
> 시인은 누나의 가슴속에 맺혀 있는 설움, 혹은 더 나아가서 우리들 모두
> 의 가슴에 도사리고 있을 슬픔의 감정을 연상한다. 그것은 곧 감의 떫은
> 맛을 우려내는 일이 누나의, 혹은 우리들의 슬픔을 거두어내는 일이 아
> 닌가 하는 생각으로 전환된다. 이러한 시상의 전환을 통하여 감을 우리
> 는 일상적 행위가 인간 일반이 슬픔에 대처하는 보편적 방식과 관련되어
> 있음을 말해주는 것이다.7)

이숭원이 탁월하게 해석하고 있는 것처럼 이 시는 시인이 의도한바 표층
구조와 심층구조의 의미가 경제적인 언어로 읽어진 경우다. '설움', '땡감',
'소금물', '독', '누나', '우리다'라는 우리가 이미 익숙하게 알고 있는 일상어

---

7) 李崇源, 「작고 아름다운 人情의 世界」, 주근옥, 『감을 우리며』, 시문학사, 1988, pp.12
   7~128.

를 통해, 그리고 30자 이내의 짧은 형식으로 "우리들 모두의 가슴에 도사리고 있을 슬픔"의 감정을 연상시키고 더 나아가 "일상적 행위가 인간 일반이 슬픔에 대처하는 보편적 방식과 관련"되어 있음을 말해주는 것까지 나아간다. 이 같은 사실은 '소절'이 추구하는바 심층구조의 확장을 가능하게 한다. 그리고 끊임없이 의미의 저항선 아래로 미끄러지는 기의를 구현한 것이다.

다음의 시들에서도 우리는 짧고 건조한 언어가 만들어 내는 '의미'의 확장을 경험할 수 있다. 그리고 왜 짧은 형식이 비판적인 내용을 담아내는데 유용한 것인가를 알 수 있다.

① 배추꽃 피니까

보증빚 집팔아 갚고

박공수는 훨훨 날아가네
                    - 「나비」 전문

② 분꽃 피는 노을 속에

거미가 목을 매지라
                    - 「거미」 전문

두 번째 시집인 『감을 우리며』에 실린 두 편의 작품이다. ①은 소절의 형식을 갖추고 있고 ②는 아직 소절의 완성된 형태를 갖추지 못했지만 오히려 소절보다 더 짧다. ①에서 우리가 볼 수 있는 1차적 이야기는 배추꽃 필 무렵 박공수라는 사람이 집을 팔아 보증빚을 갚고 나비처럼 죽었다는 사실이다. '나비'라는 자연적 제재가 사용됐지만, 그것은 표층구조로서의 의미만 있다. 좀 더 깊이 의미를 확장해 보면 '나비'는 박공수와 같은 힘없고 연약한 존재일 터이다. 시의 문맥으로 보아 박공수는 분명, 고단한 삶을 견디지 못하고 자살한 것으로 읽힌다. 빚을 견디지 못하고 고단해 하는 박공수는, 결국 도시문명에서 소외된 농촌의 전 민중이 아니겠는가. 이는 결국, 「감을 우리며」의 '누나'가 인간 일반으로 전환되는 것과 같은 이치인 것이다. 또한 이 시가 의미의 확장을 가능하게 하는 시적 장치는 1행의 배추꽃과 나비의 대비에 있다. 배추꽃밭은 나비가 살기에 편안한 공간이다. 그런데 배추꽃이 피니까, 나비(박공수)는 훨훨 날아간다. 가장 살기 좋은 환경이 됐음에도 불구하고 더 이상 살지 못하고 스스로 목숨을 끊는 나비. 여기에서 우리는 가슴 아픈 농촌의 비극을 읽을 수 있는 것이다.

②는 거미의 죽음이라는 단순한 사실을 순간적으로 포착한 작품이다. 1차적 진술을 통해 우리가 알 수 있는 사실은 시에 기술된 내용 그대로 뿐이다. 즉 "분꽃 피는 노을 속"에서 "거미"가 죽었다는 사실이다. 그런데 이 시의 심층구조는 오히려 ①의 시보다 더 넓게 확장된다. '분꽃 피는 노을' 이라는 감각적 표현이 주는 아름다운 '자연'의 모습에 '거미'의 죽음이 라는 현실적 상황이 겹치면서 비극적 현실을 적나라하게 보여주는 것이다. 중요한 사실은 '거미'의 죽음이 자연사가 아니라 '목을 매'는, 스스로 선택한 것이라는 점이다. 이는, 거미가 결국 ①의 박공수처럼 현실로부터 소외된 민중으로 이해될 수 있는 단초가 된다. 이렇게 보면 이 시는, 시인 스스로 '소절'을 설명하면서 그려냈던 A. J. Greimas의 기호 사각형에 대입할 수 있는 구조를 갖고 있는 셈이다. 이를 그려보면 다음과 같다.

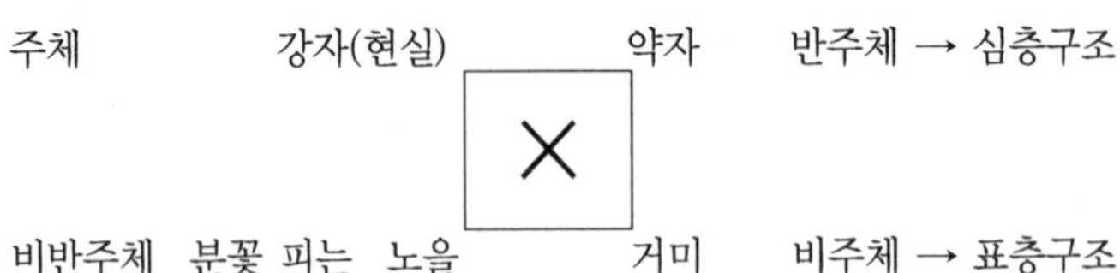

시인의 표현을 빌린다면, 위의 기호 사각형의 행위주(行爲主)들은 두 개의 문장을 만들어낸다. 표층에서는 "분꽃 피는 노을 속에 거미가 목을 맨다", 심층에서는 "현실에 약자가 굴복한다"가 그것이다. 이렇듯 짧은 형식이 의미를 확장하는 기능을 하기 때문에, 이 '소절'은 현실을 비판적으로 그려내는데 탁월한 기능을 수행할 수 있게 된다. 거미가 목을 맨다는 단 하나의 문장만으로 비극적 농촌 현실 전체를 고발하고 있지 않은가.

3. 素節의 가능성과 한계

앞서 지적했듯 주근옥이 '소절'을 통해 드러내고 싶은 시적 전략은 일상어를 통해 표층구조를 제시하고 심층에서의 확장을 꾀하는 것이다. 그리고 이 같은 전략은 농촌 현실을 비판적으로 인식하고 그것을 고발하는데 유용하게 쓰일 수 있음을 알 수 있었다. 첫 번째와 두 번째 시집에서 실험했던 '소절'을 본격적으로 내보인 시집이 『번개와 장미꽃』이다. 이 작품집에는 무려 90편의 소절과 시인의 '소절론'이 실려 있다. 아마도 시인은 이 작품집을 통해 '소절이란 이런 것이다'라고 선언하고 싶었는지도 모르겠다.

그런데 이 작품집에 실린 시들을 읽다 보면 주제의식을 드러내는 측면에서 '소절'의 가능성과 한계가 뚜렷하게 드러남을 확인할 수 있다. 즉, 앞서 말한 바와 같이 농촌 배경의 시어를 선택해 무엇을 말하려고 하느냐에 따라 '소절'의 성과가 극명하게 나뉜다는 점이다.

① 명태 한 마리

올라온 저녁 밥상은

숟가락으로 붐빕니다

- 「숟가락」 전문

② 초파일 햇살 속에서

만난 친구 반갑다고

팔목을 비틉니다

- 「친구」 전문

인용한 시 ①과 ②는 형식상 소절의 형태를 갖추고 있다. 그러나, 심층의 미의 확장이라는 측면에서는 상당한 차이를 보인다. 먼저 ①은 명태가 반찬으로 올라온 저녁 밥상의 한 장면이지만, 가난한 농촌 살이의 고달픔을 읽어낼 수 있다. 푸성귀만 먹다가 어느 장날, 큰 맘 먹고 사온 명태 한 마리. 온 식구가 달려들어 허기를 채우는 광경을 우리는 저 명징한 낱말들 아래에서 읽어낼 수 있는 것이다. 하지만 ②의 작품은, 1차적 풍경 그 이상의 의미를 담보해 내지 못하고 그저 어느 한 순간의 포착에 머물 뿐이다. 그렇다면, ①과 ②의 차이는 무엇에 의해 만들어 지는 것일까? 그 해답은 주제의식에 있다. 즉 소절이 유용하게 쓰일 때는 바로 강자와 약자, 도시 문명과 농촌 현실, 배부름과 배고픔 등의 이항대립을 통해 비판적 인식을 보여줄 때인 것이다. 이 같은 사실은 다음의 인용시에서도 충분히 확인할 수 있다.

③ 다시 불러도

기척 없는 방안에

사과라도 쏟아놓자

　　　　　　　　　　　　　　－「사과」 전문

④ 외상을 갚고

　빈손으로 돌아와 눕는

　방은 취기로 데워지고

　　　　　　　　　　　　　－「醉氣」 전문

⑤ 뜰에 나온 아기

　아랫도리 목까지

　함박눈이 차 오르네

　　　　　　　　　　　　　－「함박눈」 전문

⑥ 장바닥에 앉아

　개평으로 얻어먹는

　참외랑 개떡이랑

　　　　　　　　　　　　　－「개평」 전문

　인용한 4편의 시를 가만히 들여다 보면 ③과 ④, ⑤와 ⑥의 시가 주는 감동의 깊이가 다름을 확연하게 알 수 있다. 이 또한 시인이 제시한 기호, 즉 표층구조에서 얼마나 넓은 의미의 확장이 이루어 졌느냐의 문제이다.
　특히, ③의 시는 한 없이 깊고 넓은 심층구조를 만들어 냄으로써 사람들이 도시로 떠나버려 황폐해진 농촌현실을 눈물겹게 제시하고 있다. 즉, 이 시의 농촌은 "다시 불러도 기척 없는 방"인 것이다. 사람이 떠나버린 빈

방에 그러나 떠나지 못한 사람이 '사과'라도 "쏟아놓"는 모습을 통해 우리는 쓸쓸한 감동을 맞이할 수 있게 된다. 더군다나 이 시는 '소절'이 갖는 또 하나의 형식상 특징이랄 수 있는 행과 행 사이의 여백까지 잘 살리고 있다. 사람 없는 빈 공간과 행 사이의 여백이 형식상 상호작용을 일으키고 있는 것이다. ④역시 1차적 진술 보다는 그 심층 의미에서 많은 것을 생각하게 해주는 시이다. 우리는 ④를 읽으면서 가난한 농촌현실에 절망하고 있는 한 사람을 보게 된다. 추수를 했든, 무언가를 팔았든 어쩌다 돈이 생긴 한 사람이 있다. 그러나 밀린 외상을 갚고 나면 언제나처럼 '빈손'이 되는 현실이다. 남는 것은 외상 갚은 턱으로 한 잔 얻어 마신 술의 '취기'뿐이다. 내일부터는 다시 외상인 것이다. 이 시의 주인공은 농한기를 궁핍하게 보낼 수밖에 없는 농촌의 모든 사람이 된다. 여기서 더 의미를 확장하면 보편적인 우리 민중들의 삶의 모습으로 볼 수 있는 것이다.

그런데 ⑤와 ⑥에서는 의미의 확장이 일어나지 않는다. 위에서 살펴보았던 ②처럼 1차적 의미 이상을 담아내지 못하고 있는 것이다. ⑤는 뜰에 나온 아기의 아랫도리 목까지 차 오르는 눈 내린 풍경을 묘사한 것인데 훈훈한 가족애 이상을 기대하기 힘들다. ⑥은 장날 장바닥에 앉아 개평으로 참외와 개떡을 얻어먹는 장면을 통해 따스한 고향의 인심을 그려내고 있다. 그러나, 그 뿐이다. 지금 보여준 것은 '소절'의 원리에 의하면 표층의미에 불과하다. 더 많은 기의를 생산해 내야 하는데 거기서 막혀 있는 것이다.

지금까지 살펴본 바와 같이 '소절'이 제 기능을 다하기 위해서는 겉으로 드러난 의미 이상을 갖고 있어야 한다. 그것은 익숙한 재료를 낯설게 만듦으로써 가능하다. 그리고 비판정신을 드러내는데 더 유용한 전략이다. 짧기만 하고, 3행으로 되어 있다고 해서 그것이 모두 '소절'의 성과로 인정받기는 어려운 것이다. 단순한 풍경의 묘사는 '소절'이 아니어도 가능한 것이다. 또한, 시인이 시도한 '소절'의 여러 시편 중에서 탁월한 성취로 평가 받는

작품들은 모두 대립항 속에서 심층의미가 확장되는 것들이다. 다음의 두
편이 이에 해당한다고 하겠다.

　　　감자밭에서

　　　공장 굴뚝에 오르면

　　　사람도 하늘인가
　　　　　　　　　　　　　　　　－「굴뚝」 전문

　　　소나기 속으로

　　　기차가 달려가는

　　　철로 밑 민들레
　　　　　　　　　　　　　　　－「기차와 민들레」 전문

　「굴뚝」은 '감자밭'과 '공장 굴뚝', 그리고 '사람도 하늘인가'가 어울려 의미
의 저항선 아래로 끊임없이 미끄러져 내려가는 기의를 만들어 낸다. 이 시의
배경은 공장이 들어선 농촌이다. 이렇게 배경을 유추할 수 있는 것은 '감자밭'
때문이다. 공장이 들어선 농촌은 더 이상 예전의 평화공동체가 아니다. 공장
은 비인간화된 도시 문명을 상징하기 때문이다. 사람을 하늘같이 알던 인본주
의 사상은 통용되지 않는다. 사람의 자리를 자본이 차지한 것이다. 그러나
사람이 우주의 중심이어야 하지 않겠는가. 그래서 시인은 말하는 것이다. "공
장 굴뚝에 오르면 사람도 하늘"인가 라고. 여기서 우리는 도시 문명과 농촌,
자본과 인간의 넓은 세계와 만나게 된다. 단 세 줄의 시로, 인간 삶의 근원적
모순을 질문하고 있는 것이다. 이 지점이 바로 '소절'의 정점이다.

「굴뚝」이 도시 문명과 농촌의 문제를 제기한 것이라면 「기차와 민들레」는 시인이 해설에서 밝힌 바와 같이 "강자가 약자 위에 군림하"는 현실을 비판한 작품이다. '기차'와 '민들레'는 의미상 이질적인 조합이지만 따로 떼어 놓고 보면 우리 주변에서 아주 익숙한 단어들이다. 익숙한 단어를 기표로 제시하고 기의의 확장을 꾀하는 것이 '소절'의 전략인데, 이 작품은 그런 측면에서 성공했다고 볼 수 있다. '기차'와 '민들레'가 '강자'와 '약자'로 시상의 전환을 일으키는 지점에서 시적 성과가 극대화 되는 것이다.

'소절'에 대한 이 같은 논의에서 한 가지 우려되는 점이 있다. '소절'을 창작할 때 시인이 의도하는 것은 '의미의 생성이 이루어지는 과정'이다. 이미 위에서 살펴본 것처럼 의미의 생성과 확장이 이루어질 때 시적 전략으로서 '소절'이 가치 있는 작업이 될 수 있는 것이다. 그러나 필자가 보기에 이 같은 화자(시인)와 청자(독자)의 관계가 성립하려면, 그래서 '소절'을 읽으면서 그 심층구조의 의미를 알아채고 그것을 확장하여 화자와 소통할 수 있으려면 청자가 충분히 훈련받은 사람이어야 한다는 조건이 따라야 한다. 그러나 '소절'도 하나의 서정시임에 분명할 터, '훈련'받은 독자만 상대한다는 것이 가능한 것일까. 이 점은 '소절'의 대중화 문제에 있어서 한번 쯤 고려해야 할 사항으로 보인다. 또한 '소절'을 창작하는 시인의 입장에서도 충분히 고민해야 할 부분일 것이다.

4. 맺음말

이상으로 주근옥 시의 큰 특징 중 하나인 '소절'의 가능성과 한계를 살펴보았다. 주근옥 시인은 농촌 현실에서 대부분의 소재를 가져와 쓰고 있다. 그리고 '농촌현실'의 무엇을 어떻게 드러낼 것인가라는 고민에서 전략적으로 '소절'이라는 새로운 형식을 선택한 것으로 보인다. 즉 기존 서정시의 문법을 파괴하고 창조적인 발상으로 '청자'인 우리에게 말하고 싶었던 것이다.

살펴본바 소절은 이항대립의 구조를 갖고 비판적 인식을 드러낼 때 시적 효과를 얻을 수 있었다. 이는 시인 스스로 밝힌 것처럼 '소절'이란 여백과 여운, 심층구조를 통해 새로운 의미가 확장되는 것을 미덕으로 하고 있기 때문이다. 이 같은 관점으로 보면 주근옥의 '소절'에서 농촌현실에 대한 비판적 인식을 드러낸 작품들이 더 넓은 심층구조를 보여준다는 사실을 알게 되었다. 이러한 인식 없이 소재적 전통에 머물러, 있는 그대로를 써 놓은 작품은 단순한 '묘사' 또는 '순간 포착'에 머물게 되는 위험성이 있다는 사실도 드러났다. 그리고 시인 스스로 말한 것처럼 '소절'을 읽고 심층의 미를 확장하기 위해서는 '훈련'받은 독자가 필요한데, 시의 대중화 측면에서 어려움이 있다는 점을 밝혔다.

분명히, 우리 한국 현대시사에서 주근옥이 시도한 '소절'은 서정시와 정형시, 자유시와 시조의 경계를 허무는 매우 특별한 장르로 평가 받을만하다. 그리고 아직 '소절'의 성패를 논하기에는 이른 감이 있다. 왜냐하면 주근옥 시인은 지금도 왕성하게 시 창작을 계속하고 있기 때문이다. 시인은 최근 시집인 『갈대속의 비비새』에서도 한 장을 '소절'에 할애 하고 있다. 이를 보면, '소절'은 완성되고 정형화된 한 형태가 아니라 아직도 진보하고 있는 현재진행형으로서의 의미가 있다. 주근옥 시인이 자신이 개척한 새로운 시형식을 완성시켜 우리 문학사의 큰 성과로 기록될 수 있기를 기원한다.

참고문헌

1. 기본자료

주근옥 시집, 『산노을 등에지고』, 시문학사, 1987.

주근옥 시집, 『감을 우리며』, 시문학사, 1988.

주근옥 素節集, 『번개와 장미꽃』, 새미, 1998.

주근옥 소극시집, 『바퀴 위에서』, 시문학사, 2001.

주근옥 시집, 『갈대속의 비비새』, 현대시, 2002.

2. 논문 및 단행본

구수경, 「형식의 해체와 리듬의 부활, 그 역설의 미학」, 『황산문학 11집』, 2003.

남기택, 「완고한 기호의 세계」, 『시문학』, 2003, 6월호.

민명자, 「채움과 비움, 욕망의 경계에서의 '門'」, 『문예시학 14집』, 2003.

박명용, 「서정단시의 아름다운 여운」, 『시문학』, 1998, 8월호.

송재영, 「새로운 長詩의 可能性」, 『시문학』, 2002, 2월호.

홍희표, 「화해 또는 간결 무취의 禪味」, 『목원대 논문집 제32집』, 1997.

Jacques Lacan, 민승기 외 옮김, 『욕망이론』, 문예출판사, 1999.

부조리 너머의 실존의 시형(詩形)

김 윤 정

1. 새로운 실험에 대한 열정의 집적

『갈대속의 비비새』는 주근옥 시인의 다섯 번째 시집이다. 1987년에 첫 시집 『산노을 등에지고』를 상재한 이후 꾸준히 문학에의 길을 걸어온 시인은 이 시집을 통해 그 동안 이룬 시적 모험의 결실을 맺는다. 이 시집 안에는 그의 다사다난했던 문학적 여정과 열정적 실험 의식이 아로 새겨져 있다. 시 외의 다른 지면을 통해서도 열정적인 면모를 보여주는 그의 지성은 시대의 한가운데에서, 그리고 시대를 넘어서고자 하는 의지에 의해 풍요롭게 빚어졌는데, 그의 시는 이러한 지적 고민에 대한 직접적이고도 승화된 응답인 것이다. 그의 시력(詩歷)이 일반적인 서정시와 3행의 극히 압축된 단시, 4시집에서의 포스트 모던적 '소극시(素劇詩)', 5시집의 '담시(譚詩)' 및 신화 중심의 '서사시' 등의 다양한 형태를 거치면서 전개되어 온 점도 이러한 사정과 연관된다. 이들 다양한 시적 형태들은 새로운 시형(詩形) 탐색을 위한 실험 의식에서 비롯되는 데서 그치지 않고 시인의 삶에 대한 물음에 대응한다는 점에서 보다 깊은 의미를 지닌다. 특히 5시집은 시인이 그동안 보여주었던 다양한 시적 형태들을 모두 담아내고 있어 지금까지 있어왔던 고민의 결절들을 종합적으로 갈무리하고 있는 것으로 판단된다.

시인의 5시집은 대부분 단일한 시형으로 구성되기 마련인 편집상의 관례를 벗어나 있다. 본시 주근옥 시인은 시 창작에 있어 시의 길이와 소재, 내용과 형태에 관한 매우 다채로운 면들을 드러내었는데, 5시집에 이르러서는 이와 관련된 모든 양태들이 전면적으로 등장한다. 2, 3시집에서 시도된 3행 단시라든가 4시집의 포스트 모던적 소극시가 변용을 거쳐 5시집에 각 장별로 특화되는 것이 그것이다. 가령 1장은 장시를 통해 해체적 사유를 드러내는가 하면 2장은 3행 단시로만 묶여 있고, 3장엔 서사성을 바탕으로 한 장시가, 4장엔 신화 및 설화를 중심으로 한 서사시가 나타나 있는 것이다. 이러한 방식의 구성은 시의 형식을 기준으로 장 배열을 의도적으로 하였음을 시사한다. 시인은 20여년에 걸쳐 행해온 시적 실험을 5시집을 통해 모아냄으로써 시적 성과를 분명히 하고 있다.

　　주근옥 시인에게 제 5시집이 각별한 의미를 지닐 것이라 여겨지는 까닭도 여기에 있다. 5시집은 지금까지의 시세계를 지양해내며 성숙한 면면들을 흡수하고 있다는 점에서, 동시에 심도 있는 자리에서 앞으로의 시적 가능성을 열어두고 있다는 점에서 그 의의가 확보되고 있다. 다시 말해 제 5시집은 주근옥의 시세계의 폭과 깊이를 아우르는 차원에서의 정신적 수준을 보여주고 있는 것이다.

2. 형식과 영혼의 상관성

　　주근옥 시인의 여러 시적 요소들 가운데에서 시의 형식이 가장 먼저 의식되었던 까닭은 그것이 지닌 개성에 기인한다. 특히 3행 30자 내외의 짧은 시를, 그것이 일본 단가(短歌)의 모방일 수 있다는 혐의를 무릅쓰고 지속적이고 집중적으로 쓰고 있다는 사실은 관심을 끌만한 점이 아닐 수 없다. 이미 많은 논자들이 주의를 환기시킨 바 있듯이[1] 시조 혹은 여타의 어떤 시형보다도 압축된 주근옥의 단시는 그만의 독자성을 유감없이 발휘하고 있다. 이 밖에 서정시의 일반적인 형태를 뛰어넘어 이야기와 관념의 요소를 적극적으로 도입한 것은 정신적 태도를 느끼게 할 만큼 인상적이다. 이는 주근옥이 시도한 시형들이 단순히 신기성을 창출하기 위한 실험의 차원에 그쳐 있는 것이 아님을 말해주는 것이다.

주근옥은 더 이상 축약할 수 없는 단시의 정점과 서정시의 틀까지도 붕괴시키는 장시의 극점 사이에서 때로는 긴장하고 때로는 이완하며 자신의 상상 세계를 펼쳐내고 있다. 더욱이 그의 상상 세계는 단일한 차원에서 그 넓이만을 확장해 가는 것이 아니고 정신 행위의 다층적인 차원들을 넘나들며 이들 간의 소통을 꾀하고 있다. 감각과 논리, 이미지와 관념, 영혼과 정신의 층위들에 매듭을 둔 채 일정한 형식으로 빚어진 것이 시라고 할 때 주근옥의 시형(詩形)들은 바로 이들 차원을 뚫고 지나가면서 형성되고 있는 것이다. 때문에 시형을 중심으로 한 주근옥의 상상 세계는 지적인 모험이기도 하고 그 이상의 것이기도 하다. 그것은 그의 시형이 단지 내용을 담는 그릇에 해당되는 것이 아니라 정신에 의해 그 형상이 조율되는 영혼의 표상임을 의미한다.

2.1. 단시(短詩)에 나타난 이미지의 성질

범종 소리 울릴 때마다
점점 붉어지는 산기슭
가지 끝의 홍시

- 「홍시」 전문

---

1) 이숭원, 「작고 아름다운 인정의 세계」, 『감을 우리며』 해설, 시문학사, 1988, p.127.
　김용직, 「밝고 개결을 향한 자세」, 『번개와 장미꽃』 해설, 새미, 1998, pp.7~9.
　송재영, 「시의 틀과 말의 변주(變奏)」, 『갈대속의 비비새』 해설, 현대시, 2002, pp.101~5.

쟁기 고랑이
한 줄씩 파이고 있네
싸락눈 덮이는 다랑이

-「싸락눈」 전문

인용한 시들은 주근옥의 독자적 시형인 3행 단시를 전형적으로 보여주는 사례들이다. 새로운 정형시를 정의하려는 듯 시인은 3행을 넘지 않는 압축된 시를 지어내고 있다. 시인은 이러한 형태를 '素節'이라 밝힌 바 있는데, 그의 자설(自說)에 의하면 '소절'은 '여느 평범한 형식이 아니다'.[2] 그것은 음보를 단위로 하는 외형적 구조를 갖고 있으되 시조처럼 자수율에 지배받지 않으며 매 행에서 요구되는 규범을 따르도록 되어 있다. 또한 음운 선택에 있어서 울림도가 높은 음소를 사용하는 것이 권장된다는 것이다.[3] 시인은 이 소절에 대해 2시집 『감을 우리며』에서부터 관심을 기울이다가 '깊은 믿음' 하에 자신의 시적 형식으로 '확정'하기에 이른다.[4]

소절의 기법에 관한 언급을 참조하여 우리는 소절이 일정한 정형성을 추구하지만 틀에 얽매이는 것을 경계하는 '유연성' 또한 겨냥하고 있음을 알 수 있다. 이는 형식의 중요성을 인정하는 것이 시적 대상 및 정서에 대한 억압 기제가 될 수는 없다는 인식을 보여주는 것이자 나아가 소절의 형식이 자유로움과 조화될 수 있음을 암시하는 부분이기도 하다. 소절이 음운 선택 시 울림이 강한 음을 요구한다는 점을 보더라도 소절과 자유로움의 정서를 연결시키는 것이 무리가 아님을 이해할 수 있다. 울림도가 높은 음운이란 마치 음악이 그러하듯이 의식의 여백을 만들어 상상의 공간을 확보하고 이 속에서 심적 자유로움의 상태를 유발할 수 있기 때문이다. 뿐만 아니라 소절에서 제시되는 회화적 이미지는 대상을 관조하는 방법적

---

2) 주근옥, 「素節에 대하여」, 『번개와 장미꽃』 후기, 새미, 1998, p.105.
3) 위의 글, p.105.
4) 위의 글, p.110.

태도에서 비로소 가능하다는 점을 고려해 볼 때 소절이 자유의 정서와 관련될 수 있음을 알 수 있다.

주근옥 시인이 시도하는 소절에는 위의 시에서도 보는 것처럼 한 편의 시가 곧 한 폭의 그림이 될 만큼 회화적 이미지의 요소가 강하게 드러나 있다. 그런데 시인이 단시에서 보인 이미지는 형상화 기법에서 서구적 이미지즘과는 일정 정도 차이가 난다는 것에 주의해야 한다. 가령 「홍시」에서 보여주고 있는 단풍든 '산기슭'과 '홍시'의 대비, 그리고 색채의 붉은 이미지와 '범종 소리'의 이미지의 겹침은 중심 소재인 '홍시'의 이미지를 더욱 선명하게 그려내는 데에서 머물지 않고 대상을 존립시키는 배경을 최대한 확장시키는 기능을 하고 있다. 여기에서 '홍시'는 감각의 응축물인 독립적 대상으로 고립되어 존재하지 않고, 주변 사물과의 조화를 이루면서 그것의 존재론적 의미역을 넓혀나가는 것이다. 즉 '홍시'는 기교의 대상이기보다는 실존적 사물이 되는 것이다. 이러한 점에서 주근옥의 이미지는 현대시의 주된 기법인 감각적 이미지즘보다는 한시의 특색이라 할 수 있는 정감적 이미지에 더 가까우며, 감각을 포착함으로써 주체의 입지를 확고히 하고자 하는 서양적 인식론보다는 대상의 자리를 마련하여 그와 교감하고자 하는 동양적 겸양의 태도를 반영하고 있다.

「싸락눈」에서 역시 「홍시」에서와 같은 창작 기법을 활용하고 있다. '싸락눈'은 그 자체로 초점화되지 않고 '쟁기 고랑'이라든가 '다랑이'와 같은 인접 사물로 시각의 틀이 이동되면서 사물을 더욱 포괄적이고 확대된 범위에서 볼 수 있게 하는 것이다. 이와 함께 시인은 '고랑이'와 '다랑이'에서 볼 수 있는 것처럼 의도적으로 음소의 친연성을 꾀함으로써 각각의 사물을 통일적 회화의 구도 속으로 배치한다. 여기에서 우리는 주근옥의 대표적 시형인 단시에서 전략적으로 추구되고 있는 이미지가 비단 시각에만 의존하는 것도 혹은 시간적 동시성에 의한 것도 아니라는 사실을 알 수 있다.

주근옥 시의 이미지에는 '높은 울림의 음소 선택'이라는 항목에서도 짐작할 수 있는 것처럼 시의 음악성도 고려되는 것이다. 주근옥의 시가 서구의 이미지즘과 거리가 멀다고 말할 수 있는 것도 여기서 연유한다. 언어의 경제적인 표현을 통해 사물에의 직접적 천착을 지향하는 이미지즘에 대비해 볼 때 주근옥의 이미지는 대상을 향한 일점 근원의 원리를 따르지 않으며 다수의 사물의 병치라는 동시성을 추구하지도 않기 때문이다. 주근옥의 단시가 현상시키는 이미지는 은유보다는 환유적 속성을 드러내면서 사물을 동시적이기보다는 순차적으로 드러낸다. 이는 주근옥 시의 이미지가 사물을 예각적으로 드러내는 데 초점을 두는 것이 아니라 사물을 둘러싼 시간과 공간적 환경을 아울러 제시함으로써 사물의 존재성을 확립하는 데 주력하고 있음을 의미하는 것이다.

음운의 울림과 이미지의 확보라는 두 가지 계기를 통해 시는 시적 대상을 중심으로 한 여백을 만들어내고 이 속에서 자아는 상상과 정서의 자유로움을 경험한다. 자아는 확보된 대상의 존재론적 공간 안에서 자아의 주체됨을 확인하는 대신 대상의 존재성에 이끌리게 되어결국 자아의 내세움이 무의미해지는 경지에 이르게 된다. 이를 한시에서 흔히 볼 수 있는 대상에의 몰입, 무아(無我)의 경지, 혹은 자연과의 동화라 일컬을 수 있을 것이다.

2.2. 장시(長詩)의 서사성으로부터 단시(短詩)의 이미지에로

주근옥이 실험한 단시는 이처럼 동양 시학의 현대적 변용이라는 가능성을 내포하고 있다는 점에서 의의를 지닌다. 그러나 그의 단시가 지닌 의미는 그가 동시적으로 장시를 실험하였다는 사실과 상관적으로 고찰할 때 더욱 분명해질 듯하다. 여기에서 '장시'는 5시집에 수록되어 있는 신화 중심의 서사시만을 가리키는 것이 아니고 특정한 서사성을 도입하면서 다설(多說)로 이끌어가는 시를 모두 포함한다. 5시집의 1부와 3부가 이에 속하며 5시집

외에 4시집의 소극시 『바퀴 위에서』도 이 범주에 든다고 할 수 있다.

대처로 다 나가고
빈 마당에 사내가
옹기를 갖다 놓는다
대문으로 들어와 뒷문으로 나가고
뒷문으로 들어와 개구멍으로 나가고
무너진 흙담을 밟고 넘어와
큰 옹기 안에 작은 옹기
큰 옹기 앞에 더 큰 옹기
꽉 꽉 들어찬 마당 옹기 사이로
게걸음치며 요리조리 헤매다가
사내는 하나씩 들고 나간다
빈 마당에 달빛이 쏟아지지만
자꾸 흘러 넘친다

-「빈 마당」 전문

시멘트 바닥 고인 물에 뜬 달을 밟으며
우리 집 앞마당 판잣집에 살던 어 서방 얼굴을
떠올린다. 연무대 포로 수용소에서 탈출한 그는
(중략)
하루는 이혼하고 혼자 산다는 여자를 데려와
퉁퉁 불은 국수를 내며 냉수를 떠 놓고
혼례를 올렸다, 싱글 벙글 어 서방은
이제 마차에 비단을 싣고 콧노래를 부른다
그 짐이 점점 커져 읍내에서 제일 큰
극장이 되고, 대전의 빌딩이 되고
슬슬 바람도 핀다는 유언비어가 나도는 어느 날
그는 쓰러졌다, 팔아먹은 것보다 더 큰 금반지를 끼고
그는 쓰러졌다, 남들 다 가는 평양구경 본처 상봉 못하고

부조리 너머의 실존의 시형(詩形) 149

빌딩의 주인은 그의 부인 이름으로 바뀌고
소 달구지 끌고 매형 집을 오가던 그의 처남은
극장 주인이 되었다, 달아 달아 노오란 강냉이
시멘트 물 바닥에 낳은 개구리 알 속의 보름달아
- 「튀밥 장사 어 서방」 부분

5시집의 1부와 3부에 각각 실려 있는 위의 시들은 주근옥의 대부분의 장시에서 보이는 의미의 아이러니가 전면화되어 있다. 후자의 시는 한 인물의 일대기를 중심으로 이야기를 끌어나가면서 사람의 인생이 지닌 무상함과 아이러니를 형상화하고 있다. 인민군 포로로 남한에 오게 된 '어서방'은 튀밥장사를 하는 등의 갖은 고생 끝에 결혼도 하고 돈도 벌고 행세도 하면서 살게 되지만 갑작스런 죽음으로 허망하게 삶을 마감한다는 내용이 그것이다. 이렇듯 인용시들은 인물의 행위와 사건에 따라 어조의 고저를 이루어내면서 담시(譚詩)적 면모를 드러낸다.

우선, 전자의 시 「빈 마당」은 인물이 등장하여 '옹기'를 가지고 들고나는 행위를 전개하고 있다. '사내'는 '빈 마당에 옹기를 갖다 놓는'가 하면 '하나씩 들고 나가'는 것이다. 후자의 시에 비해 전자의 시는 이야기의 선후 관계나 논리성이 분명하지 않고 마치 부조리극의 단면을 보여주는 것처럼 해체시적 면모를 드러낸다. 이 시에서 사내가 '옹기'를 가져왔다 가져가는 행위 사이에 어떠한 동기라든가 전말에 대해 설명되어 있지 않기 때문에 사내의 행위는 무의미한 것으로 인식된다. 뿐만 아니라 '대문으로 들어와 뒷문으로 나가고' '뒷문으로 들어와 개구멍으로 나가'는 일이나 '큰 옹기 안에 작은 옹기', '큰 옹기 앞에 더 큰 옹기'와 같은 형식적인 어사의 배열은 시적 내용의 무의미성을 더욱 고조시킨다. 이와 같은 내용상의 무의미와 비논리에 주목한다면 이 시는 4시집의 소극시와 더불어 포스트모던 계열에 속하는 시라고 볼 수 있을 것이다.

후자의 시에 논리화된 서사성이 있고 전자의 시가 해체적 경향을 드러낸다 하여도 위의 두 시는 본질상 다른 것으로 보이지 않는다. 그것은 단지 두 시에 공통적으로 인물이 등장하고 있고 인물의 행위가 이야기를 이끌어 가고 있으며 이들이 모두 발라드적 운율에 실려 있기 때문일까? 그보다는 두 시가 모두 아이러니에 뿌리를 두고 있다는 점에 주목해야 할 것이다. 후자의 시는 인생의 본질에 대해 통찰을 시도함으로써 인생이 내포하고 있는 부조리와 아이러니적 성격을 리얼하게 반영하고 있으며 전자의 시는 부조리한 행위를 포착하여 그것의 아이러니를 삶에 대한 진실과 직접적으로 연결시키고 있는 것이다. 여기에서 전자의 시는 해체적 경향을 드러내고 있지만 그것이 기법상의 기교이기 전에 삶의 진실을 역시 리얼하게 담아내고 있는 것으로 판단되어 결코 해체적 시로 여겨지지 않는다. 결국 전자의 시와 후자의 시는 본질적으로 등가라 할 수 있다.

성급한 일반화일 수 있지만 주근옥에게 장시는 대체로 삶의 서사성과 아이러니적 성격을 동전의 양면으로 제시하는 데 주요한 기제로 작용하는 듯하다. 그가 인물이나 인물의 행위에 대해서 이야기를 끌어내면 낼수록 그 이야기는 결국 기법이나 내용상의 부조리함에 닿게 마련이다. 그 이야기가 더욱 다변이 되어 전개될수록 시적 내용은 그에 비례하여 분명한 모순과 부조리를 드러낸다. 그리고 이러한 양상을 주근옥은 결코 기교의 측면에서 만들어내는 것이 아니고 삶의 진리를 통찰해내는 차원에서 빚어내는 것이다. 즉 장시는 주근옥에게 인간 삶의 시간성이 지닌 부조리와 아이러니를 형상화하는 데 가장 긴요한 장치가 되는 셈이다. 이러한 점에서 볼 때 5시집 1부에 실린 「문」의 의미가 분명해진다.

사내가
첫째 문에서 나와
둘째 문으로 들어가고

셋째 문에서 나와
넷째 문으로 들어가고
다섯째 문에서 나와
여섯째 문으로 들어가고
일곱째 문에서 나와
두리번거린다

누군가 첫째 문을 열고 부르셨습니까
둘째 문을 열고 부르셨습니까
셋째 문을 열고 부르셨습니까
넷째 문을 열고 부르셨습니까
다섯째 문을 열고 부르셨습니까
여섯째 문을 열고 부르셨습니까
일곱째 문을 열고 부르셨습니까

사내는 차례차례
쫓아가 무릎 꿇고 빈다
그 분 어디 계십니까
손가락질만 해 주십시오
눈짓만이라도 해 주십시오
일곱 개의 문이 쾅 닫힌다
사내는 금시 허물어진다

– 「문」 부분

일견 언어의 유희를 통해 의미의 해체를 다분히 기교적으로 이루어놓은 듯한 시로 읽히지만 장시를 통해 주근옥이 전개하는 시적 세계를 고려할 때 위의 시는 삶의 무의미함에 대한 일종의 상징으로 보인다. '사내'의 행위는 그것이 어떤 것이든 사실상 무의미와 다르지 않다는 인식이 위의 시에 나타나 있는 것이다. 삶의 방향과 지표를 구하고자 하나 '사내'에게 주어지는 것은 절망과 허무뿐이다. 절박해진 '사내'는 '손가락질', '눈짓'을 통해 삶의 선명한 의미를 얻기를 바라지만 삶의 어떠한 길, 어떠한 양상도 모두 막다른 길이긴 마찬가지이다. 그것이 첫째 문이든 혹은 일곱째 문이든 본질상 다르지 않으며 이들은 모두 절대화된 가치로 통하지 않는 것이다.

우리는 위 시를 통해 시인의 시선이 어느 지점에 놓여 있는지 보다 확연하게 알 수 있게 된다. 삶의 모든 길이 상대적이고도 등질적이라는 인식, 그리고 그것들이 모두 아이러니하기 때문에 결국 절망과 허무에 닿는다는 관점, 이로부터 벗어날 수 있는 삶의 양상은 어디에도 존재하지 않으므로 다변(多辯)은 언제든지 부조리로 형상화된다는 것이 세상을 향해 있는 그의 시선이 된다.

주근옥이 보여주고 있는 이와 같은 시선은 삶의 진리와 만나는 깊이 있는 통찰이면서도 한편으로는 매우 위험하다. 이러한 시선 아래에서 삶은 앞과 뒤, 전과 후, 본질과 비본질이 구별되지 않으며 따라서 입구도 출구도 없기 때문이다. 이 속에서 살아남을 수 있는 길이란 무한히 말하는 일일 따름이다. 말을 통해 말에 발을 디디면서 시간을 끄는 일이 곧 살아있음을 확인하는 일이 되는 것이다. 여기에서 '말' 대신 '관념'이라는 용어를 사용해도 상황은 동일하다. 이러한 시선을 지닌 자라면 관념의 무한 증식을 통해 역시 상대적이고도 한계 내에 있는 삶을 이어가게 된다. 그러나 관념에 환멸을 느낀다면 어찌할 것인가?

주근옥에게 단시가 빛을 발하는 까닭도 여기에 있다. 사물의 이미지를 포착하는 데 주력하는 주근옥의 단시는 그것을 자아를 중심으로 해서가 아니고 사물이 처한 존재론적 자리를 끌어내고 있다는 점에서 의미를 지닌다. 출구가 막혀 폐쇄회로가 되어 버린 삶의 대해(大海)에서 순전히 자아에게 귀속된 감각을 확인하는 작업이란 그다지 큰 도움이 되지 못할 것이기 때문이다. 오히려 자아의 감각과 그 속에 묻어 있는 의식과 관념을 지우고 자아 밖의 대상에 눈을 돌릴 때, 즉 대상이 지닌 실존적 자리를 확인하고 그것의 실재성과 확고함에 대한 믿음을 회복함으로써 자아는 자신을 넘어서는 또 다른 차원의 세계를 만나게 된다. 그 세계에는 상대적일 따름인 관념이 끼어들 여지가 없으며 사물의 영혼이 살아 숨쉬는 넓은 터전이 된다. 이 속에서 사물은 존재가 되어 곧 인간 생명을 키우는 대지(大地)의 역할을 다하게 되는 것이다.

이러한 관점에서 보면 주근옥의 단시는 시형 자체로도 의미가 있지만 시인의 존재론적 측면에서 고찰할 때 더 큰 의미를 안고 있음을 알 수 있다. 시인에게 단시는 대상의 존재성을 확인해주는 방법이자 길이 되는 것이다. 이는 삶의 부조리함에서 허우적대고 있는 자아에게 말이나 관념이 아닌 실재함을 보여주는 것에 다름 아니며 이것이야말로 아이러니의 세계를 빠져나갈 수 있는 통로를 열어주는 것이라 할 수 있다. 이 때문에 단시는 시인의 언급대로 '폐쇄가 아니라 개방된 특별 형식'[5]이다.

3. 단시(短詩)가 열어놓은 길

주근옥에게 단시는 시형의 실험이라는 전략적 의미도 있지만 더욱 본질적으로 시인의 영혼을 담아내는 존재론적 형식의 위상을 지니고 있음을 간과해서는 안 된다. 이러한 사실은 단시 자체만을 보았을 때 이해될 수 없다. 그것은 시인이 장시와 단시를 동시적이고 상호적인 관계 하에 창작하였음에 주목하여, 주근옥 시인에게 시적 형식이 실존과 긴밀하게 조응하면서 산출된 것이라는 관점을 획득할 때 비로소 얻어질 수 있는 결론이다. 주근옥 시인은 단시와 장시의 팽팽한 긴장 관계 속에서 자신의 시적 형식을

---

5) 주근옥, 위의 글, p.110.

빚어내고 있는데 이는 그대로 삶에 대한 인식과 대응하게 된다. 장시가 다변을 통해 삶의 아이러니를 실증하는 리얼리티의 장이 되어 준다면 단시는 장시가 보여준 삶의 부조리함으로부터 벗어나기 위한 출구를 마련하는 것이다. 이는 단시가 관념으로써가 아니고 이미지로써 형상화되기 때문에 가능한 일이다. 이미지는 대상의 존재론적 자리를 드러냄으로써 대상의 실재함과 영혼의 살아있음을 입증하는 매개가 되는 것이다. 이미지는 대상의 상대적이고 일시적인 면들, 가령 인간의 의식이라든가 관념 따위의 것들과 무관한 지점에서 대상의 본질을 드러내는 데 기여한다. 그것은 대상의 실존, 즉 가장 순수하고 우주적인 얼굴을 보여줌으로써 자아로 하여금 열린 세계로 나아갈 수 있는 길을 안내한다. 이것이 곧 관념과 삶의 상대성에 갇힌 자아를 살아있게 하는 방법에 해당된다.

주근옥 시인은 단시에 대해 믿음에 상당하는 의미와 기대를 부여하고 있음을 알 수 있다. 그것은 단시가 비단 동양 한시의 전통과 접맥될 수 있기 때문만은 아니다. 이것이 표면적인 이유라면 보다 내적인 이유는 한시가 보여주었던 정신적 태도에 기인할 것이다. 그것은 곧 시적 대상과의 교감을 통해 우주 한가운데에로, 나아가 삶의 절대성에 도달하고자 하였던 우리 선조들의 정신과 통하는 것이다. 주근옥은 5시집의 4부를 우리 민족의 원형적 사유가 담긴 신화 및 설화를 중심으로 한 서사시로 채우고 있다. 장시의 또 다른 형태이기도 한 서사시의 창작은 주근옥에게 역시 새로운 시도인데 그의 이 서사시가 단시의 정신적 태도와 장시라는 형식이 만나는 지점에서 이루어지고 있다는 사실은 매우 흥미로운 일이 아닐 수 없다. 주근옥 시인은 지금까지 전개해온 장시와 단시를 종합하여 새로운 차원의 형식을 빚어내고 있거니와 이 형식 또한 시인의 실존, 즉 영혼에 조응하는 형식이라는 점에서 깊은 탐색이 요구되는 부분이라 생각된다.

이미지의 어울림과 공간의 확대

김 교 식

1. 머리말

'문학'이 인간의 다양한 삶 속에서 어떠한 의미를 형성하는가에 대하여 궁극적으로 고민을 하게 되는 것은 '문학'이라는 것이 인간의 삶을 바탕으로 하여 형성된 정신적 산물이기 때문이다. 여기에서 우리는 다양한 인간의 삶에 대하여 '곁눈질'을 하게 되며 그 과정에서 함께 아파하고 슬퍼하며 혹은 즐거워하기도 한다. 이처럼 인간은 행위 주체의 삶 자체로는 경험할 수 없는 현실의 삶을 '문학'이라는 허구적 삶을 통하여 경험하게 된다.

개인의 정서를 농축시킨 주근옥의 서정시를 접하면서 우리는 문학의 '내용'과 '형식'에 대하여 다시금 생각하게 된다. 문학 작품은 '내용'에 해당하는 주제의식, 작가의식, 시세계 등이 '형식'과 짝을 이루어 완성된다. 이러한 '내용'과 '형식'이 얼마나 상호보완적으로 형성되었느냐에 따라서 그 작품의 성패가 갈린다고 해도 과언은 아니다.

여기서 문학의 '내용'과 '형식'에 대하여 언급한다는 것은 어쩌면 소모적 언쟁일 지도 모를 일이다. 하지만 주근옥의 시를 이야기하면서 그 '형식'에 대하여 논의하지 않고서는 그의 시를 제대로 섭렵했다고 할 수 없다. 시에 있어서 '내용'과 '형식'이라는 것이 분리되어 나타날 수는 없겠지만 주근옥의 작품들을 읽어가다 보면 문학의 '내용'을 담는 '그릇(형식)'의 크기와 모양과 빛깔에 대하여 먼저 생각하게 된다. 이것은 주근옥 시인이 시를 창작하는 데 있어서 '소절'(素節)[1] 양식을 통해 의도적으로 의미의 확장을 꾀하고 있다는 사실에서도 확인할 수 있다.

본고는 주근옥의 시에서 대상의 이미지와 시적 공간이 '소절'(素節)이라는 형식과 어떻게 결합하여 작품으로 형상화 되고 있는가에 눈을 맞추었다. 또한 그의 시에 나타나는 다양한 이미지는 그만의 시적 공간을 형성하여 튼실한 시세계를 확장하고 있다.

본고에서는 주근옥 시의 이미지와 시적 공간을 파악하여 그의 시세계를 구명하는 데 목적을 둔다. 그러기 위해서 주근옥 시의 가장 큰 특징이라 할 수 있는 '소절'(素節)을 연구의 대상으로 삼았다. 그것은 주근옥의 작품 중 '소절'(素節) 형식을 취한 것들이 그의 문학적 상상력을 확연히 드러내고 있기 때문이다. 또한 짧은 '형식'을 통하여 시인이 의도했던 의미의 확장이 심층구조에서 지속적으로 이루어지고 있기 때문이기도 하다. 이러한 이유로 주근옥의 중간 형식의 시(中詩)와 긴 형식의 시(長詩)는 논의의 장을 달리하여 기회를 마련하려 한다.

---

1) 주근옥은 『번개와 장미꽃』(새미, 1998, 105면) 後記에서 '소절'(素節)을 다음과 같이 정의하고 있다. "素節은 기본적으로 ① 短二音步/長二音步/長二音步 ② 長二音步/長二音步/長二音步 ③ 長二音步/長二音步/短二音步, 이와 같은 3가지 외형적 구조를 갖고 있으면서 자수율의 엄격성에 구애되지 않는 유연성을 견지한다. ①의 一行은 廳者의 주의를 환기키키고 ②는 자연스러움 ③의 三行은 빠른 결말에 이르도록 하는 효과를 기대한다. 음운적으로는 울림도가 높은 음소의 사용에 유의하고, 단어의 선택에 있어서는 실재 또는 자연성을 유지하도록 의미상의 內包性보다는 外延性에 특히 유의했다. 시조를 절반으로 잘라낸 느낌이 들기도 한다. 그러나 소절은 여느 평범한 형식이 아니다."

2. 이미지의 어울림과 심층 의미의 확대

주근옥 시인이 그동안 발표한 시집은 모두 다섯 권[2]이다. 발표된 그의 시집을 시의 '형식'에 주목하여 거시적으로 들여다보면 짧은 형식의 시가 주를 이루는 시집(『감을 우리며』, 『번개와 장미꽃』)과 긴 형식의 시가 주를 이루는 시집(『바퀴 위에서』)으로 대별된다. 물론 짧은 형식의 시와 긴 형식의 시 사이에 위치한 중간 형식의 시가 주를 이루는 시집(『산노을 등에 지고』)도 있다. 그리고, 다섯 번째 시집인 『갈대 속의 비비새』는 짧은 형식의 시, 긴 형식의 시, 중간 형식의 시를 모두 수록하고 있다.[3] 이처럼 주근옥의 시를 길고 짧음으로 대별하여 정리·분석할 수 있다면 그 모범이 되는 시집이 바로 『갈대 속의 비비새』이다. 『갈대 속의 비비새』는 주근옥 시의 여정을 뭉뚱그려 놓고 있어 한 눈에 그의 시 세계를 파악할 수 있게 해준다.

제 1시집 『산노을 등에 지고』에는 총 83편의 시 중 '소절(素節)' 11편, '중시(中詩)' 72편이 수록되어 있다. 제 2시집 『감을 우리며』에는 수록된 110편의 시가 모두 '소절(素節)'이고, 제 3시집 『번개와 장미꽃』에는 수록된 90편의 시가 모두 '소절(素節)'이다. 특히, 『번개와 장미꽃』에 수록되어 있는 시편들은 모두 3행시로 구성되어 있어 '형식'의 통일성이 돋보인다. 반면, 제 4시집 『바퀴 위에서』는 1·2부로 나누이 「바퀴 위에시」와 「다리 위에시」라는 단 두 편의 '장시(長詩)'가 수록되어 있다. 제 5시집 『갈대 속의 비비새』는 총 5부로 구성되어 있는데 1부에는 4편의 '중시(中詩)'가 수록되어 있다. 그리고 2부에는 총 34편의 작품 중 시집의 제목이기도 한 「갈대 속의 비비새」

---

2) 주근옥 시인이 발표한 시집은 『산노을 등에 지고』(시문학사, 1987), 『감을 우리며』(시문학사, 1988), 『번개와 장미꽃』(새미, 1998), 『바퀴 위에서』(시문학사, 2001), 『갈대 속의 비비새』(한국문연, 2002) 등이다.

3) 본고에서는 논의의 편의상 '짧은 형식의 시'는 '소절(素節)', '중간 형식의 시'는 '중시(中詩)', '긴 형식의 시'는 '장시(長詩)'라고 명명하여 사용하고자 한다.

한 편을 제외한 33편의 시가 3행시의 '소절(素節)'로 구성되어 있다. 3부에는 '소절(素節)' 7편과 '중시(中詩)' 11편이 수록되어 있다. 4부에는 「풀무가 序詩」라는 '장시(長詩)' 한 편이 소개되어 있다.[4] 이를 도식화하면 아래와 같다.

詩集 詩形	제 1시집 『산노을 등에 지고』	제 2시집 『감을 우리며』	제 3시집 『번개와 장미꽃』	제 4시집 『바퀴 위에서』	제 5시집 『갈대 속의 비비새』	계
소절(素節)	11	110	90		12	223
중시(中詩)	72				44	116
장시(長詩)				2	1	3
계	83	110	90	2	57	342

위 표에서 다섯 권의 시집에 수록된 342편의 시를 '소절'(素節), '중시'(中詩), '장시'(長詩)로 분류해 본 결과 '소절(素節)' 223편, '중시(中詩)' 116편, '장시(長詩)' 3편으로 나타났다. 물론 주근옥의 시세계를 수록된 시 편수에 따라 가늠할 수는 없다. 하지만 위 분석에서도 알 수 있듯이 주근옥은 '소절(素節)' 형식의 시 창작에 주력했음을 어렵지 않게 짐작할 수 있다. 이를 바탕으로 주근옥 시의 몇몇 특징에 대하여 고민해 보자.

먼저 주근옥의 '소절'(素節) '제목'에 주목할 필요가 있다. 그의 시 제목은

---

4) 주근옥의 시를 '소절(素節)', '중시(中詩)', '장시(長詩)'로 구별하는 기준은 필자의 주관적 판단에 따른 것이어서 객관성이 결여되어 있음을 시인하지 않을 수 없다. 하지만 여기서 주근옥의 시를 이처럼 구별해 본 것은 제4시집 『바퀴 위에서』의 自序에서 밝혔듯이 그는 다양한 '詩作의 실험'을 통하여 문학의 심층의미가 어떻게 영역을 확장하고 있는가에 관심을 갖고 있기 때문이다. 위와 같은 주근옥 시의 구별은 그의 문학적 특성을 밝히는 단초가 되리라고 믿는다.

품사가 '명사'인 경우가 많다. 예를 들어 제 2시집 『감을 우리며』의 제 1부에 수록된 37편의 시 제목을 훑어보면 「유세장에서」, 「돌아서서」, 「감을 우리며」 등 단 세 편을 제외한 나머지 34편의 시 제목이 모두 명사이다. 이처럼 주근옥은 시 제목을 명사로 제시하여 그것을 사전식으로 풀이하듯 시를 전개하고 있다.

주근옥의 '소절'(素節)을 천천히 읽다보면 눈으로 보이는 형식적 미학뿐만 아니라 독특한 운율을 느끼게 되는데 이것은 여러 가지 종결어의 형태에서 확인할 수 있다.

1)
밤길을 걷다가 / 숨죽여 들여다보면 / 움직이는 사람**이어라**
– 「어둠」(『감을 우리며』, 11면)

곶감을 먹으면 / 입을 벌리지 않아도 / 밀려 나오는 감씨**여라**
– 「곶감」(『감을 우리며』, 26면)

새옷으로 갈아 입고 / 사람 속을 거닐면서 / 혼자 웃는 날씨**여라**
– 「봄날」(『감을 우리며』, 46면)

2)
멍석에 고추 널고 / 빙빙 밖으로 돌며 / 골라내는 **희아리**
– 「희아리」(『감을 우리며』, 19면)

목물하고 마루에 앉아 / 삼베 옷 갈아 입으며 / 코로 맡는 **새물내**
– 「새물내」(『감을 우리며』, 35면)

는개를 맞으며 / 고무신에 흙묻을까 / 맨발로 밟는 **황톳길**
– 「는개」(『감을 우리며』, 18면)

새살 돋는 젖에도 / 느티나무 신록에도 / 스치는 <u>구름</u>
- 「新綠」(『감을 우리며』, 21면)

간장을 달이며 / 짭짜롬 맛이 드느니 / 아내의 <u>새끼손가락</u>
- 「간장」(『감을 우리며』, 37면)

3)
배추꽃 피니까 / 보증빛 집팔아 갚고 / 박공수는 훨훨 날아가<u>네</u>
- 「나비」(『감을 우리며』, 16면)

알밤 깨물다가 / 어금니 쓰레기통에 / 버리고 뒤돌아보<u>네</u>
- 「어금니」(『감을 우리며』, 20면)

호박잎 따다가 / 소리나서 보니 / 비도 흉내나<u>네</u>
- 「빗발」(『감을 우리며』, 32면)

전깃줄에 걸린 연 / 빈손으로 어떻게 딸까 / 밤새도록 궁리하<u>네</u>
- 「연」(『감을 우리며』, 38면)

1)에 인용한 세 편 시의 종결어미는 '~이어라'이다. 앞에서 주근옥 시의 특징 중 하나가 시 제목을 명사로 제시하였음을 살펴보았다. 1)에 인용한 시에서 시 제목을 'A'라고 했을 때 주근옥 시는 "A는 ~이어라"의 구도를 형성하게 된다. 즉, 명사로 제시된 시 제목과 시 쓰기를 고려해 볼 때 마치, 국어사전에서 어떤 낱말을 풀이하고 있는 것처럼 시를 쓰고 있다는 것이다.

2)에 인용한 시편들은 시의 종결이 모두 '명사'로 되어 있다. 여기서 '「희아리」-희아리'와 '「새물내」-새물내'에서처럼 시 제목과 시의 종결어가 동일한 경우가 있고, '「는개」-황톳길', '「新綠」-구름', '「간장」-새끼손가락'처럼 시 제목과 종결어가 동일하지 않은 경우도 있다. 시 제목과 시의 종결어가

동일한 명사로 제시된 「희아리」와 「새물내」의 경우 일반적인 글의 형태에서 주제가 글의 마지막에 위치하는 미괄식 구성처럼 구체적인 대상에 대한 설명이 진행되다가 마지막에 그것이 '희아리' 혹은 '새물내'로 종결되는 구조를 택하고 있다.

'「는개」-황톳길', '「新綠」-구름', '「간장」-새끼손가락'에서는 시 제목과 시의 종결어가 동일하지 않은 경우인데, 시 제목과 종결어가 '명사'로 되어 있긴 하지만 각각의 대상 사이에 불연속의 거리를 둠으로써 시적 긴장감을 부여하고 있다.

3)에 인용한 시들의 종결어미는 '~네'이다. '~네'의 종결어미는 끝없는 울림의 가락으로 들린다. 공허하게까지 들리는 '~네'는 주근옥 시의 운율을 형성하는 또 하나의 수단이다.

주근옥의 시를 읽다보면 '무언가 더 있을 것 같은' 혹은 '한 번 읽고 다시 곱씹어 읽게' 하는 어떤 힘이 느껴진다. 그것은 여백과 여운에서 얻어진 산물이다. 시인은 그의 자서에서 말한 것처럼 표층에 제시된 언어의 구조 속에서 계속 확대되는 심층의 의미에 초점을 맞추고 있다. 즉, "의미란 고정된 것이 아니며 話者의 의도가 의미로 되는 것이 아니라 廳者의 이해가 의미로 파악된다"5)는 것이다. 시인은 그의 시 읽기에서 독자의 활발한 상상력의 날개짓을 요구한다.

여백과 여운은 시를 읽는 독자로 하여금 다양한 생각의 고리를 연결하게도 혹은 단절하게도 하는 깊이를 알 수 없는 다양한 '의미'의 확대이다. 시가 시인의 손을 떠나면 그것을 읽는 독자의 몫이 된다는 것을 의도하지 않았나 생각된다. 결국 '시'라는 것은 시인의 시 쓰기와 독자의 시 읽기가 함께 아우러질 때 비로소 새로운 의미를 획득하는 것이다. 주근옥은 이러한 시 쓰기를 통해 독자와 함께 하기를 간절히 바라고 있는 지도 모르겠다.

---

5) 주근옥, 「素節에 대하여」, 『번개와 장미꽃』 後記, 새미, 1998, 106면.

　주근옥 시의 또 다른 특징 중 하나는 대상에 대한 기발한 착상과 그것의 이미지화이다. 확대해서 그의 시를 이해한다면 그의 시는 이미지 그 자체라고 할 수 있다.

　소절은 실재 그대로의 표상 가운데 현상학에서처럼 모두가 아니라 특정 이미지를 선택하여 그 대표만을 취급하며, 이 대표 이미지에 자의적으로 특정 의미(개념)만이 주어지는 일종의 이미저리 또는 파롤임을 부정하지도 않는다. 자의적이라고 해서 제멋대로 또는 전지전능하다는 의미가 아님은 물론이다. 이미지는 시각뿐만 아니라 聽覺 嗅覺 味覺 觸覺 幻覺 모두가 해당된다. 이는 唯識論에서 十二處 가운데 眼耳鼻舌身意의 六根으로써 所依를 삼고 있는 色聲香味觸法의 六境과 유사하다. 이를 도표로 표시하면 다음과 같다.

	시각	청각	후각	미각	촉각	환각
시각	-	+	+	+	+	+
청각	+	-	+	+	+	+
후각	+	+	-	+	+	+
미각	+	+	+	-	+	+
촉각	+	+	+	+	-	+
환각	+	+	+	+	+	-

　X축과 Y축의 이미지를 등식으로 조합하면 시각=청각 청각=시각 시각=후각 후각=시각 시각=미각 미각=시각 시각=촉각 촉각=시각 시각=환각=환각=시각(+부분)과 같은 이중조합의 60개와 그리고 시각=시각(-부분)과 같은 6개의 단일조합이 이루어져 모두 66개의 이미저리 내지는 메타포의 기본구조가 성립된다.[6]

---

6) 주근옥, 위의 책, 108∼109면.

위 인용에서 알 수 있듯 주근옥은 '소절(素節)' 창작에 있어 '이미지'에 주력하였음을 확인할 수 있다. 주근옥의 시에 나타나는 이미지는 '66개의 이미저리 내지는 메타포의 기본구조'를 성립시키고 있다. 대상에 대한 대표 이미지를 내세워 '소절(素節)'의 특별한 구조를 시로 형성한 것이다.

4)
후루루 후루루
벚꽃그늘 아래서
마시는 개장국물

ㅡ「落花」(『번개와 장미꽃』, 50면)

5)
벗기며 쪼개며
한 쪽씩 입에 넣고
진저리치네

ㅡ「감귤」(『번개와 장미꽃』, 76면)

6)
범종 소리 울리 때마다
점점 붉어지는 산기슭
가지 끝의 홍시

ㅡ「홍시」(『갈대 속의 비비새』, 55면)

4)에 인용한 시 「落花」는 벚꽃 지는 소리와 개장국물 마시는 소리가 '후루루 후루루'와 연결되어 있다. 시각이미지와 청각이미지의 어울림이다. 이미지와 더불어 대상과 대상의 어색한 만남을 통해 시인은 새로운 의미의 장을 열어놓고 있는 것이다. 이 시에서 '벚꽃'과 '개장국물'의 어울리지 않는 만남은 '후루루 후루루'라고 하는 소리와 하나가 되어 「落花」라는 시편을

완성하고 있다. 여기에 주근옥 '소절(素節)'의 묘미가 있다.

5)의 「감귤」은 미각이미지와 촉각이미지가 만나 새로운 의미를 형성하고 있다. 신맛의 미각과 진저리치며 느껴지는 촉각(소름), 감귤먹는 맛을 시를 읽으면서도 느끼게 할 만큼 시인은 작은 것, 사소한 것, 일상의 그냥 지나치기 쉬운 것의 아름다움에 대하여 노래하고 있다.

6)의 「홍시」는 청각이미지와 시각이미지가 '홍시'에 집중되어 있다. 늦가을 산사의 범종 소리와 가지 끝의 알싸한 홍시, 그것은 점점 붉어지는 산기슭의 단풍과 어울려 독자로 하여금 살아 움직이는 가을의 동영상을 보는듯한 착각에 빠지게 한다.

3. 일상의 비틂과 공간의 확대

공간의 변화와 발전은 상상력의 작용과 궁극성을 대신한다. 실상 작가의 상상에 의해 표상된 공간은 그 작가의 모든 작품 속에서 유기적인 관계를 맺으며, 그러한 유기적 관계를 해명하는 것은 한 작가의 상상력 개진을 설명할 수 있는 계기가 된다.

공간은 사물과 대상의 존재와 형상을 구체적으로 보여준다. 결국 시간의 지속성에 의해 나타나는 모든 변화의 양상은 문학작품에서 공간화되어 제시되며, 이러한 점에서 시간의 공간화가 나타난다. 따라서 현대문학의 본질은 문학적 구현에 있어 공간화를 지향하며 단순한 시간적 재생이나 언어에 내재한 시간의 지속성에서가 아니라 한순간의 사물의 총체성을 드러내려는 시도로 공간화의 변모를 살필 수 있다.[7]

주근옥 시의 가장 두드러진 특징은 앞장에서 살펴본 것처럼 대상에 대한

---

7) 김창호, 「詩에 있어서의 공간 문제」, 『영주어문』 제1집, 영주어문연구회, 1999, 207면.

다양한 이미지의 형성에 있다. 대상에 대한 다양한 이미지의 형성은 결국 시의 공간[8]을 형성한다. 시에 있어서 공간은 시인이 제시한 독특한 이미지를 통해 다양한 세계를 보여줌으로써 상징적 의미를 띠게 된다.

7)
두레박으로
땅속에서 길어 올려
등에 붓는 하늘인가

- 「목물」(『감을 우리며』, 31면)

8)
돌돌
여울 위에

한 치 쯤 남은
놀 속으로

---

8) 하르트만의 공간개념설정은 극히 현상학적 견해로 해석할 수 있는데, 우리의 논리 전개를 위해서 우선 하르트만의 공간 설정의 세 가지 유형을 요약해 보면 ① 실제공간＝가시적, 실제적 자연 공간, ② 직관공간＝의식공간, ③ 기하학적 이념공간＝공간 속성의 체계적 상호 규정 등으로 볼 수 있을 것이다. 하르트만의 이같은 설정에 의하면 이미지와 관련해서 시의 공간을 살피려면 우선 직관공간, 곧 의식 공간에 주목하지 않을 수 없게 된다. 언어 기능의 유기적 결합이 의식 속에 각인되어 형성된 이미지는 그것 자체가 실제적이며 가시적 체계는 아니기 때문이다. 또한 기하학적 이념 공간으로 공간 속성이 분류되는 것은 철학적 차원의 문학적 혹은 시적 수용에 있어서는 논의 가치를 가지겠지만, 시적 공간 파악으로서는 일단 유보될 수밖에 없을 것이다. 시적 공간은 이미지로 형성된 의식 속에서의 공간이며, 그것은 구체적 촉각이 아닌 추상적 대상으로서의 공간이다. 그 공간은 따라서 시적 영역에서는 확산되면 확산될수록 의미의 구체성을 더해 갈 수 있을 것이며, 의미의 구체성을 더해 갈수록 시적 감동의 폭은 확산될 것이다. 시적 감동의 폭이 확산된다는 것은, 시인이 형상화하고자 한 시에서의 의도 성취의 정도가 높아감을 뜻하게 되는 것이다. 바꾸어 말하면 시적 의도를 성취하기 위해서는 시적 공간의 영역을 독자의 의식 속에서 확산하는 것이 필요불가결하다는 말도 될 수 있을 것이다(김선학, 「이미지와 詩的 空間」, 『한국문학연구』 4, 동국대학교 한국문학연구소, 1981, 260～261면).

뛰어오르는
송사리 떼

– 「송사리」(『감을 우리며』, 56면)

9)
새로 뚫린 창이런가
달력 떼어 낸 자리에
감나무 한 가지

– 「窓」(『감을 우리며』, 59면)

10)
수평선 아래로
노을빛 사라지면
바다도 비릇는가

–「바다」(『번개와 장미꽃』, 82면)

인용시 7)의 「목물」에서는 표층과 심층, 땅 속과 하늘 그리고 그 사이에서 '목물'하는 인간의 모습을 통해 공간의 드나듦을 엿볼 수 있다. 이것은 땅과 하늘의 교합이 '등'에서 이루어지고 있어 여름 한낮 더위를 식히는 '목물'로 다가오고 있다. 하늘의 무더움과 땅의 시원함이 '목물'로 이어져 시원함의 촉각이미지를 통해 하늘의 무더위를 벗어나려는 공간의 확장이 잘 표현되어 있다.

인용시 8)의 「송사리」에서는 여울을 뛰어 오르는 '송사리 떼'와 '놀'이 하나의 이미지를 형성하여 마치 저녁 노을 짙게 깔린 어스름 저녁을 표현한 한 폭의 풍경화를 감상하는 듯하다. 송사리의 생동감 넘치는 '뛰어오'름은 어쩌면 '노을' 속으로 뛰어들어 송사리가 '여울'에서 '노을'을 통해 '하늘'로 상승하려는 상승이미지로 작용하고 있다.

9)의 「窓」에서는 달이 바뀌어 달력 한 장을 떼어 내니 새로운 풍경의

달력 그림이 펼쳐진다. 화자는 그것을 외부와 통해있는 '창'으로 인식하고 있다. 이것은 시간의 공간화[9]를 통해 공간을 확장한 예로 볼 수 있다.

주근옥 시에는 '노을'이 자주 등장한다. 인용시 10)의 「바다」에서 화자는 수평선 저쪽으로 지나간 해의 빛에 의해 형성된 노을이 바다에 드리워져 있음을 바라보고 있다. 시인은 수평선 아래로 노을빛이 드리워진 모습을 바다가 진통이 있어 아이를 낳으려고 한다고 보고 있다. 수평선 아래로 사라진 '해'의 남성성과 '바다'의 여성성을 상기한다면 바다가 '비롯다'라는 것은 어쩌면 '하늘'과 '바다'의 교합에 의해 '노을'이라는 새로운 생명체의 탄생을 의미하는 것이 아니겠는가. 주근옥의 시세계는 이처럼 땅과 바다와 하늘을 아우르는 광활함으로 대표되는 의미의 끊임없는 확장의 연속에서 찾을 수 있다.

11)
도마 위에서
목잘린 닭

털을 뽑은 뒤에
느끼는 서늘함

- 「닭」(『감을 우리며』, 65면)

12)
덜 떨어진 개구리의 입
그 위엔 눈 녹는 소리

---

9) 시간이란 것은 그 지속성으로 말미암아 계속적인 변화를 제시하고, 공간은 정지된 그림에서처럼 사물과 대상의 존재와 형상을 구체적으로 보여준다. 결국 시간의 지속성에 의해 나타나는 모든 변화의 양상은 문학작품에서 공간화되어 제시되며, 이러한 점에서 시간의 공간화가 나타난다(김창호, 「詩에서의 공간 문제」, 『영주어문』 제1집, 영주어문연구회, 1999, 198～199면).

그 위엔 별 초롱초롱

- 「별」(『감을 우리며』, 87면)

13)
발목에 걸린 수면 위로
뛰어오르는 송사리 떼
그 눈 속에 뜨는 초생달

- 「柳等川」(『번개와 장미꽃』, 104면)

14)
금강하구 공장 굴뚝
연기 아래 갈매기가 날고
그 아래 해가 집니다

- 「낙조」(『갈대 속의 비비새』, 35면)

11)의 인용시 「닭」에서는 '닭'이라는 대상에서 느껴지는 보편성을 전복시키고 있다. 즉, 닭은 새벽을 알리는 '닭 울음' 소리로 대표된다. '닭'은 살아있음으로써 그 생명을 획득하게 되는데 인용한 시에서는 '도마 위에서 / 목잘린 닭'을 모티브로 설정하여 보편성을 상실하였다. 그것은 생명상실의 '서늘함'을 느끼게 한다. 어쩌면 주근옥이 노리는 의미의 미끄러짐은 '서늘함'의 이면에 자리잡은 인간의 식욕을 자극하는 '배부름'의 욕망을 향해 있는 지도 모르겠다. 일상의 비틈에서 욕망에로의 미끄러짐은 그의 시세계에서 시적 화자와 청자가 함께 지어낸 의미 확대의 장이다.

인용시 「별」에서는 겨울잠이 덜 깬 개구리와 봄으로의 길목을 알리는 '눈 녹는 소리'라는 청각이미지와 시각이미지를 교차하게 하여 결국 하늘의 '초롱초롱'한 '별'로 이어지게 하고 있다. 땅 속에서 겨울 잠을 자다 깨어난 개구리가 겨울 동안 땅 위를 덮고 있던 '눈 녹는 소리'를 경험하고 눈을 들어 하늘의 '초롱초롱'한 '별'을 보고 있다. 봄 생명의 움틈을 '개구리'와 '눈', '별'이라는 대상으로 표상하고 있다. 즉, 땅 속에서 땅 위로 다시 하늘로 생명의 영역을 확장하고 있는 것이다. 이 시에서도 알 수 있듯 주근옥은 이미지의 교차와 시적 대상(개구리, 눈, 별) 간의 낯선 만남, 그것에서 느껴지는 여백을 통해 그의 시적 공간을 '우주'에로까지 넓히고 있다.

13)의 「柳等川」은 위의 「별」과 유사한 구조의 작품이다. 즉, '개구리 → 송사리', '눈 → 수면', '별 → 초생달'로 각각 전이 되었을 뿐이다. 「柳等川」의 시적 공간은 물에서 그것을 뛰어오르는 송사리 떼, 그리고 그 송사리 떼의 '눈 속에 뜨는 초생달'이 만남으로써 수면에서 하늘로 공간이 확장하고 있다. 하지만 시인은 그것을 단순한 시적 공간의 확장으로만 형상화 하지는 않는다. 주근옥은 '초생달'이 떠 있는 그 하늘 전체를 '송사리 떼'의 '눈 속에' 모두 담아놓고 있다. 이것은 어쩌면 '송사리 떼'의 눈을 통해 내다보이는 우주적 공간의 확장을 읽어내길 기대하는 시인의 의도인지도 모르겠다.

주근옥은 시적 공간을 형상함에 있어 상승과 하강 혹은 그 공간의 깊이와 넓이, 이쪽 공간에서 저쪽 공간으로의 드나듦이 자유로운 시인이다. 「낙조」에서 시인은 일상의 뒤집기를 시도하고 있다. 즉, 하늘 공간의 '해'와 땅의 공간인 '공장 굴뚝', 그리고 '땅'과 '하늘' 사이를 '갈매기가 날고' 있다. 그 갈매기는 '공장 굴뚝'의 산물인 '연기' 아래를 날고 있어 '공장 굴뚝'과 '해'를 연결하고 있다.

이 시에서 상승의 공간 이동 경로는 '금강 → 공장 굴뚝 → 연기 → 갈매기 → 해'이다. 하지만 시인은 이 시의 제목이 '낙조'인 것처럼 해가 지고 있는 풍경을 그리고 있는데 여기서 그는 보편적인 일상의 공간을 뒤집고 있다. 즉, '금강 하구 공장 굴뚝'을 맨 위의 공간에 위치시키고 거기에서 하강하는 '연기'와 '갈매기'가 날게 하며, '그 아래 해가' 진다고 보고 있다. 보편적인 상승의 공간 이동이 아니라 '금강 → 공장 굴뚝 → 연기 → 갈매기 → 해'라는 하강의 공간이다. 이것은 주근옥식 공간 비틀기이다.

15)
명개 위
게 발자욱

놀 속으로
이어지네

– 「명개」(『감을 우리며』, 75면)

16)
두렁길 달려와
소댕을 열면 맹물
얼굴만 떠오르네

– 「소댕」(『번개와 장미꽃』, 73면)

'명개'는 갯가나 흙탕물이 지나간 자리에 앉은 검고 보드라운 흙이다. 그 보드라운 '명개 위'에 찍힌 '게 발자욱'은 '놀 속으로 / 이어지'고 있다. 노을 속으로 이어지는 '게 발자욱'은 햇빛의 이면에 명암을 느끼게 하는 회화적 기법에 의해 더욱 선명하다. 저녁 바다 '게 발자욱'과 '노을'의 연결은 주근옥의 사물에 대한 기발한 발상이 자아낸 작지만 큰 감동이 아닐 수 없다.

인용시 16)의 「소댕」에서 배가 고픈 화자는 두렁길을 달려와 '소댕'을 열어보지만 거기엔 '맹물'만 가득하다. 그 속을 들여다보니 '얼굴만' 보인다. 여기서 맹물은 '거울'의 변형체이다. 하지만 '맹물'을 통해 떠오르는 '얼굴'의 주인공이 화자인지 아니면 배고픔을 해소해 줄 또 다른 대상인지 확실치 않다. '얼굴'의 주인공이 누구인지 확실치 않은 '의미'의 굴절은 솥의 '맹물' 속에 내재해 있는 또 다른 심층구조에 대해 고민하게 한다. '맹물'로 가득찬 것 같은 세계의 끝없는 움직임, 그것은 과연 화자의 배고픔을 해소할 수 있는 의미의 확장이라 하지 않을 수 없다.

4. 맺음말

　본고에서는 주근옥 시의 이미지와 시적 공간을 파악하여 그의 시세계를 구명하고자 하였다. 이 과제를 해결하기 위하여 주근옥 시의 가장 큰 특징이라 할 수 있는 '소절'(素節)을 연구의 대상으로 삼았다. 앞에서 살펴 본 '소절'(素節)에 나타난 주근옥 시의 특징을 정리하면 다음과 같다.

　첫째, 주근옥의 시 제목은 품사가 '명사'인 경우가 많다. 시 제목을 '명사'로 제시하여 그것을 풀어가듯이 작품을 형성하고 있다. 그는 표층에 제시된 언어의 구조 속에서 계속 확대되는 심층의 의미에 초점을 두고 있다.

　둘째, 시의 마지막을 '~이어라', '~네', '명사' 종결어 등을 사용하여 그만의 독특한 운율을 형성하고 있다. 이 과정에서 여백의 미와 여운이 동시에 발생하게 되는데 독자들은 여기서 새로운 의미의 확대를 경험하게 된다.

　셋째, 대상에 대한 기발한 착상과 다양한 이미지의 어울림을 통하여 시의 영역을 넓히고 있다는 점이다. 그는 대상에 대한 대표 이미지를 내세워 '소절'(素節)이라는 독특한 구조의 시를 지어내고 있다.

　넷째, 주근옥의 시적 공간은 '땅', '바다', '하늘'을 아우르는 광활함으로 대표되는데 여기에서 의미의 끊임없는 확장이 연속되어 나타난다. 특히, 다양한 공간의 비틀기는 상승과 하강, 혹은 서로 다른 공간 사이의 드나듦을 통하여 구현된다.

체온으로 다가오는 시

하야시 요코

1. 들어가며

나에게는 한국의 시인인 인생의 대선배가 있다. 일본에서 대학생활을 보내고 있을 때부터 막연하게 한국에 관심을 가지게 된 나에게, 다행히도 한국의 대학교에서 한국문학을 배울 수 있는 기회가 주어졌고, 충남대학교 국문과 석사과정에 진학할 수 있었다. 하지만 당시에는 그 과정에는 나밖에 유학생이 없었고, 어떻게 공부를 해야 할지 고민하고 있을 때에 뵙게 된 분이 주근옥 시인이었다. 짧은 기간이었지만 주근옥 시인과 함께 과정을 지내는 기회를 얻어 많은 용기와 가르침을 받았다. 지금처럼 한일 우호시대가 오리라는 생각조차 못했던 그 당시, 나는 한국에서는 사람들이 내가 생각치도 못했던 양국 간의 역사로 인해 이렇게도 일본과 일본인을 싫어했었는가 하는 것을 절실히 느끼고 있을 때였다. 아마도 나는 주근옥 시인을 만나지 않았다면, 그 과정을 무사히 마칠 수가 없었을 것이다. 소외되어 있던 나를 따뜻하게 대해주신 것, 그리고 현재까지 마음으로 응원해주시는 시인에게 먼저 감사에 마음을 전하고 싶다.

과연 주근옥 시인은 어떤 사람일까. 시인의 고향은 충청남도 논산이라는 곳이다. 그는 고향의 풍경을 그의 시 속에서 잘 표현하고 있다. 충청도는 또한 양반의 고향으로서도 유명하지만, 양반이란 한국의 옛 귀족계급을 가리키는 말로, 지금도 충청도에서 태어난 사람은 온후하고 넉넉하다는 이미지가 있다. 그의 시에는 그러한 충청도의 방언도 풍부하게 사용되어 있어, 양반적인 넉넉한 여유가 하나의 특징이기도 하고, 현재의 스피드사회에 있어서의 특수한 존재라고도 할 수 있다.

홍희표[1]는 주근옥시인의 시정신의 염원에 대해서, 첫째 화해와 중용의 바탕 위에 생성된 충청도적 향토성과 시적 기질이라고 언급하고 있다. 그것은 예절 바름과 점잖음을 행실의 규범으로 삼은 옛 백제의 땅에 사는 사람의 성품에서 우러난 것이라는 견해이다. 그의 작품에서도 충분히 그러한 시인의 인품을 느낄 수 있다.

또한 주근옥시인의 문학적 성과에 하나로서, 소절이라는 새로운 시의 장르의 시도와 그 완성을 둘 수 있다. 소절시집『번개와 장미꽃』[2]이 그것이다. 소절의 형식은 삼행으로 되어 있고, 우선 양적으로 보면 일본의 하이쿠나 단가를 연상케 한다. 소절의 소(素)는 백(白)으로 가을이란 뜻으로서의 가을철, 즉 소추(素秋)를 의미하며, 깨끗한 절개와 평소의 행실을 의미한다. 기본적으로 ① 화개(花開): 짧은 2음보[3] · 긴 2음보 · 긴 2음보 ② 만개(滿開): 긴 2음보 · 긴 2음보 · 긴 2음보 ③ 낙화(落花): 긴 2음보 · 긴 2음보 · 짧은 2음보 (①유형의 짧은 2음보는 청자의 주의를 환기시키고,②유형의 긴 2음보는 자연스러움, ③유형의 짧은 2음보는 빠른 결말에 이르도록 하는 효과를 기대한다.) 라는 식으로, 3가지의 외형적 구조를 가지고 있으면서, 자수율[4]의 엄격성에 구속되지 않는 유연성을 견지한다.『번개와 장미꽃』후기에서 작가는 소절에 대한 태도로서 절제 속에서 긴장과 의미의 생성이 어떻게

---

1) 목원대학교 교수, 문학박사, 시인
2) 1998년 4월 발행
3) 음보란 일본 시가를 음수율로 파악하는데 비해 한국 시가를 읽을 때, 한 호흡의 단위로 느껴지는 음율의 단위를 말한다. 문자의 수는 각각 다르지만 단위를 읽는 시간이 동일하게 배분되어 있다.
4) 字數律とは文字の數で韻律を合わせることをいう。

이루어지고 있는가 그 과정에 시선을 집중할 뿐이라고 적고 있다.

2. 주변을 바라보는 부드러운 시선

송재영[5]이 지적하고 있는 것처럼, 주근옥 시인의 소절은 일본의 근대가
인인 이시카와 다쿠보쿠(石川啄木)의 삼행단가를 연상케 한다. 다쿠보쿠는
전통적인 일본의 시가인 단가를 새로운 형식의 근대단가로 재창조하기 위
해 "상당히 번잡한 과정이 필요했다"고 언급하고 있다. 주근옥 시인이 소절
이라는 새로운 형식을 구축하기까지에 이르는 시행착오를 상상하는 것도
어려운 일은 아니다. 이러한 두 작가의 태도, 즉 시를 통해 목표를 성취하려
고 그것을 재료로 스스로 자진해서 새로운 스타일의 시를 개척하는 태도는
그 방향이 사람이나 사회 쪽을 반드시 향하고 있다.

다쿠보쿠는 시나 시인에 대해서 이렇게 말한다. "시라고 하는 것은 '우리
들에게 필요한 시'이어야 한다. 진실된 시인의 자격은 세 가지가 있다. 시인
은 첫째도 둘째도 셋째도 '사람'이어야 한다. 그리고 실로 보통 사람들이
가지고 있는 모든 것을 가지고 있는 사람이어야 한다." 시인이란 뭣보다도
'사람'이어야 한다고 주장하는 다쿠보쿠와 주근옥의 시의 공통성은 형식상
으로도 나타나 있지만, 뭣보다도 '사람'으로서의 실감을 꾸밈없이 소박한
형태로 노래하고 있다는 점에서 크게 공통된다.

미내다리 밑에서
주워왔다는 말이
진질로 들리는 가을밤

－「가을밤」

5) 송재영 : 忠南大仏文科名譽教授、文學評論家、文學博士

橋の下から
拾ってきたという言葉が
真実に聞こえる秋の夜
                －「秋の夜」

　소절에는 하나하나의 시에 제목이 붙어 있는 점이 일본의 단가나 하이쿠와 다른 점이다. 가을 밤, 문득 자신은 어디서 주워온 것은 아닌가 하는 생각이 든다. 아마도 이런 생각을 안 해본 적이 없는 사람은 없을 것이다. 인간이란 고독하고, 어디서부터 왔는지, 어디로 향하고 있는지조차 모르는 불안한 존재이다. 주근옥시인의 시선은 그러한 인간의 본질을 확실하게 응시한 다음에 부드러운 시선으로 주변을 바라보면서 담담하게 표현해간다.

あめつちに
わが悲しみと月光と
あまねき秋の夜となれりけり

하늘과 땅에
나의 슬픔과 달빛으로
넓고 넓은 가을의 밤이 되었노라

　이 구는 다쿠보쿠의 구이지만, 역시 가을밤에 한 없이 외롭고 고독한 인간의 마음을 그려내고 있다. 상기의 두 시인의 시에는 그들의 인류에 대한 사랑과 연민이 표현되어 있다고 할 수 있다. 두 시인은 뜨거운 피가 흐르는 '사람'으로서 느끼는 내용을 서창하지 않는 소박한 말로 표현하고 있다. 담담한 표현에서 따스함을 느낄 수 있는 것은, 그 표현의 배경에 사람이나 사회에 대한 정열 또는 애착이 숨겨져 있기 때문일 것이다.
　주근옥시인의 부드럽고 따뜻한 시선이 그의 소절 속에서 어떻게 표현되어져 있는지 좀 더 보기로 하자.

> 시장의 쓰레기통
> 배추이파리에도
> 서리가 내려
>
>   -「서리」

> 市場のごみばこ
> 白菜の菜にも
> 霜が降り
>
>   -「霜」

　도시의 시장의 한 구석에 있는 쓰레기통에 배추 이파리가 산더미처럼 쌓여있고, 그 이파리 위에도 서리가 내렸다. 이러한 광경에서 시인은 시골에서 본 배추밭에 새하얗게 서리가 내린 광경을 겹쳐서 농촌의 평온한 정감을 회고하고 있는 것은 아닐까 하고 아래의 다쿠보쿠의 단가와 비교하면서 필자는 상상해본다.

> 馬鈴薯のうす紫の花に降る
> 雨を思へり
> 都の雨に

> 감자의 연보라 빛 꽃에 내리는
> 비를 생각하노라
> 도시의 비에

　「그는 짧막한 시행 통해서, 자신이 경험한 세계를 한 폭의 정물화처럼 제시한다.」고 주근옥 시인에 대해서 논한 것은 홍희표이다. 계속해서 그는 이렇게 이어간다. 「그의 체험은 지극히 한국의 토속적인 삶이다. 그는 그러한 자신의 체험세계, 그러나 지금은 사라져서 새로운 세대에게는 오히려 낯선 세계, 즉 고향상실자가 겪는 유랑에 집착한다. 그것을 드러내는 방식은 선시를 연상시키리 만큼 간결하며 초월적이다. 그 짧은 화두 같은 말을 통해서 그는 때로는 어떤 사물의 이미지를 드러내기도 하며, 때로는 어떤 정감 어린 심경을 감추기도 한다.」 정감어린 심경 즉 뜨거운 주근옥시인의 마음 내면이 절제된 이미지 속에 숨어 있는 것이다.

3. 본질을 꿰뚫어보는 차가운 시선

다쿠보쿠는 자신의 마음에 맞는 형식으로 시를 만들면 된다고 한다. 원래 단가라는 시형은 일행으로 되어 있는데, 다쿠보쿠는 불편하다고 느껴지는 것에 대해 개선을 시도해보는 것을 권하고 있다. 일행으로 써내려가기가 부자연스럽게 느껴지는 경우는, 노래의 상황에 맞게 이행이나 삼행으로 바꿔 쓴다. 감정에 쏙 맞는 시를 만들기 위해서는 필요 없는 구속에 묶일 필요가 없다는 이론이다. 자유롭게 노래한다. 바쁜 생활 가운데에 마음에 떠오르고서는 사라지는 찰나 찰나의 느낌을 애석해하는 마음이 인간에게 있는 한, 노래는 멸망하지 아니하고, 그것에 의해 찰나의 생명을 애석해하는 마음을 만족시킬 수가 있다고 말하고 있다.

형식에 순종적인 것으로 보이면서, 여러 가지 면에서 구속에서 해방되어 있다는 점에서 주근옥시인의 소절과 통하고 있다. 그리고 이미도 주근옥시인도 누구보다도 인간에 대해, 사회에 대해 또한 자연에 대해 애석해하는 마음을 가지고 있으므로, 소절과 같은 형식을 필요했을지도 모른다. 주근옥 시인은 정형시에 대해서 이렇게 말한다. 「결국, 자유시는 정형에서 벗어나고 운율이 없는 것이 아니라, 오히려 정형시보다 우월한 운율을 만들어내기 위해 부단의 노력을 기울이지 않으면 안 된다. 다시 말하면 자유시보다 구속적이라는 것을 상기하지 않으면 안 될 것이다.」

불편하다고 느껴지는 것에는 개선을 시도하는 것이 좋다고 하는 개혁적인 다쿠보쿠는, 한 순간에 마음에 떠오르는 자신의 마음을 소중히 여기고, 그것을 표현하기 위해 단가가 적당한 형태라고 말하고 있지만, 한국처럼 자유시가 중심인 현대시 흐름 속에서 정형시에 고집하는 주근옥 시인은 일종의 특별한 존재라고 할 수 있다. 그러나 형색에 얽매이는 것처럼 보이는 소절은 사실은 자유롭게 시인이 순간적으로 놓쳐버릴 수 도 있는 인간으로서의 생명을 사랑하는 마음을 표현할 수 있는 숨겨진 기능을 가지고 있는 것이다.

人がみな
同じ方角に向いて行く
それを横より見ている心

사람들이 모두
같은 방향을 보고 간다
그것을 곁에서 보고 있는 마음

어둠 속에서
앞차를 따라가다가
함께 빠진 바다여라
-「동행」

暗闇の中で
前の車に付いて行って
いっしょに落ちる海かな
-「同行」

위의 시는 다쿠보쿠의 단가이다. 다쿠보쿠는 시대의 풍조를 객관적으로
바라보는 능력을 가지고 있었다. 맹목적으로 모두가 나아가는 방향으로,
생각이 깊지 못한 사람들은 따라갈 수밖에 없다. 현대사회는 정보가 넘치는
정보화 사회이다. 사람들은 정보의 바다에 빠져버려서 자기 자신을 확립
못한 주관 없는 사람들은 역시 맹목적일 수밖에 없는 것이다. 「동행」에서
주근옥 시인은 그것을 예리하게 지적하고 있다.

> 층층나무 가지 사이로
> 계곡 물은 쏟아지고
> 나는 거슬러 오르고
>
>   — 「와운리」

> 幾重もの枝の間に
> 渓谷の水はほとばしり
> 我は遡り
>
>   — 「臥雲里」

주근옥시인은 사회와 거기서 사는 사람들의 여러 가지의 사는 방식을
주시하고, 모순과 부조리를 느끼면서, 자신은 그것에 밀려서 흘러가지 않고,
사회의 본질을 추구하는 방향으로 나아가려고 한다.

> それもよし　これもよしとてある人の
> その気がるさを
> 欲しくなりたり

> 그것도 좋아 이것도 좋아라고 하는 사람의
> 그 마음 가벼움을
> 가지고 싶어라

다쿠보쿠도 또한, 어느 때는 주변 사람들을 이렇게 부러워하고 있다. 많은 사람들이 가는 방향으로 나아가는 것은 쉬운 일이다. 주근옥 시인도 다쿠보쿠도 자신을 속일 일 없이 진실에 따라서 늘 자신의 내면으로 내면으로 그 시선을 돌리고 있다. 그저 대세를 따라 흘러가는 나날을 지내지 않고, 마음속에서 끊임없이 진실된 방향으로 가려고 하는 본심의 외침에 응하여, 시와 생활을 일치시키려고 한다. 그러한 방향은, 그저 '이것도 좋아 저것도 좋아'라는 식으로 주체적인 생각 없이 살아가는 대다수의 사람들과는 반대의 방향이며, 쉽지 않은 길임에 틀림없는 것이다.

> 최루탄을 쏘아도
> 길가에 서서 피는
> 맨드라미꽃
>
> — 맨드라미꽃」

> 催涙弾を射っても
> 道ばたに立って咲く
> ケイトウの花
>
> —「ケイトウの花」

최루탄에 대해서는 약간의 설명이 필요하겠지만, 필자가 처음으로 한국을 방문했던 1990년 전후에 있어서도 크고 작은 데모가 대학을 중심으로 행해지고 있어, 대학가를 지나가게 되면 경찰이 쏜 최루탄에 의해 갑자기 숨이 막히고 눈물이 나와 눈도 뜨지 못하여 고생한 기억이 있다. 맨드라미꽃처럼 주근옥 시인도 여러 사회현상을 그의 밭에 확고하게 뿌리를 내려 묵묵히 체험하고 기술해간다.

> 秋の声まづいち早く耳に入る

かかる性持つ
かなしむべかり

가을의 소리 맨 먼저 재빨리 귀에 들린다
그런 성질 가진 걸
슬프게 여겨

するどくも
夏の来るを感じつつ
雨後の小庭の土の香を嗅ぐ

예민하게도
여름이 온 것을 느끼면서
비 개인 작은 뜰의 흙냄새를 맡는다

다쿠보쿠의 노래이지만, 봄이 찾아오는 것도 여름, 가을 그리고 겨울이 찾아오는 것도, 즉 시간의 흐름과 그 낌새를 누구보다도 먼저 예민하게 느낄 수 있는 것이 대행이기도 하고, 또한 슬픔이기도 한다는 노래이다.

4. 나오면서

현대 우리들이 사는 환경은 점점 콘크리트 벽에 둘러싸여서 차가운 공간이 되고 있다. 쿨한 환경은 우리들 사람에게도 쿨하게 사는 방식을 무언으로 권유하고 있다. 인간관계도 점점 달라지고 있다.

필자의 개인적인 이야기가 되지만, 1980년대 말경 처음으로 한국에 왔을 때, 저는 정말로 사람들의 온정을 많은 곳곳에서 느낄 수가 있었다. 버스를 타면 서있는 제 짐을 서로 뺏으려고 하듯 휙 당겨서, 서있는데 짐까지 들고

있으면 힘이 들것이라고, 맡아준다. 물론 나이 많은 어른이 승차를 하게
되면 젊은 사람들은 바로 자리에서 일어나서 자리를 양보한다. 이러한 한국
의 풍경을 보면서 부자의 나라라고 말해지는 일본의 국민의 마음의 가난함
을 창피하게 느끼고, 한국인들의 풍부한 정에 감동하곤 했다.

　하지만, 요 근래에 한국은 많이 변했다. 점점 일본에 있을 때를 생각하게
하듯, 사람들의 서로 대하는 방식도 쿨해졌고, 자신만 좋으면 된다는 이기주
의가 만연해졌다. 나이가 지긋한 분들이 차 안으로 들어와도 버스에든 지하
철에서든 자는 척하는 젊은이의 모습은 흔히 볼 수 있는 것이 되었다. 살벌
한 이 세상에서 주근옥 시인의 시선은 여전히 그가 원하는 방향으로 이
세상의 흐름과 반대에의 방향을 고집한다.

　　　신축 빌딩 용접공을
　　　올려다보고 있는 누렁이
　　　목덜미 상처에도 눈발이
　　　　　　　　　－「눈발」

　　　新築ビルの溶接工を
　　　見上げている犬の
　　　首の傷にも落ちる雪が
　　　　　　　　「雪」

　한국도 차차 부유한 나라가 되어, 주변 제3국가에서 많은 노동력을 수입
하기에 이르렀다. 위의 시의 등장인물인 용접공도 또한 그러한 이국의 사람
일지도 모른다. 차별계급의 사람들을 바라보는 시인의 따뜻한 시선이 느껴
지는 건 물론, 주인도 없이 아마도 사람에 의해 이유도 없이 상처를 입게
된 갈 곳이 없는 개, 그런 가장 차별 받고 멸시 당하는 존재의 그 상처가
차가운 눈에 의해 시리게 되는 것까지도 걱정이 되는 주근옥시인의 시선의

따스함을 느낄 수 있다.

위 소절을 보면, 주근옥 시인이 다만 연민의 시선만을 가지고 바라보는 방관자가 아닌 것을 알 수 있다. 문명이나 편리함만을 추구한 나머지, 진실한 가치가 있는 것이 무엇인지를 잊어가는 현대인들. 그러나 주근옥 시인은 그러한 몰개성을 재촉하는 콘크리트에 상징되는 도시 속에서, 확실하게 자신의 맨발로 발자취를 새겨간다. 망각되어가는 진정으로 소중한 것들에 대해 관심을 갖게 하려고 하는 시인의 호소를 받아드리는 것은 독자에 역할일 것이다. 산업시대라고 불리는 근대의 문명은, 매일 도시와 시골 사이의 골을 깊게 만들어왔다. 지금도 그렇게 만들고 있다. 앞으로도 더욱 더 그렇게 만들 것이다. 그리하여 시골에 있는 사람의 도시를 사모하는 정이 하루하루 깊어지고, 도시에 사는 사람의 시골을 사모하는 정도 하루하루 깊어진다. 이러한 모순은 도대체 어디에 뿌리를 두고 있을까? 이러한 모순은 마지막으로는 모든 인간을 사모해야할 아무것도 가지지 못하는 상태로 이끌어가는 것은 아닐까?하고 이시카와 다쿠보쿠가 걱정하고 있는 것처럼, 주근옥 시인도 같은 우려를 가지면서, 시대의 흐름을 역행하는 것처럼 보이는 길이라고 해도, 목전에 실감하고 있는 모순을 풀어갈 신념을 가지고, 한 걸음 한 걸음

착실한 길을 선택하고 있는 것이다.

송재영은 이시카와 타쿠보쿠의 단가가 시인 자신의 예민한 감성과 서정을 표출하고 있다고 하면서, 철저히 자아를 절제하고, 관조적인 태도를 보이고 있는 것이 주근옥 시인의 시의 특징이라고 지적하고 있다. 필자가 보는 다쿠보쿠와 주근옥 시인의 큰 공통점은, 물론 시의 스타일도 그렇지만 두 작가 모두가 시와 생활을 본심이 원하는 방향으로 일치시키려고 노력하고 있는 점이다.

주근옥시인의 시는 시인의 마음에 잠재하는 열정과 차갑고 예리한 시선이 섞인 마치 인간의 체온을 느끼게 하는 따뜻함을 가지고 있다. 꾸밈없는 솔직한 주근옥 시인의 인품이 그대로 시로 나타나 있다. 때로는 인간의 모순을, 때로는 사회의 모순을 고백 또는 폭로하면서 사람답게 사는 것을 가르쳐주고 있다.

> 식칼도 품으면
> 체온이 스며들어
> 미운 정 고운 정 다 듭니다
> — 「식칼」

> 包丁も抱けば
> 体温がしみこみ
> 憎愛の心がみな通じます
> — 「包丁」

식칼은 사람들의 신체의 양식이 되는 재료를 사람들의 입에 맞도록, 준비하는 도구이다. 그러나 쓰기에 따라서는 가장 가까운 도구로써 사람을 다치게 하거나 죽음으로 몰아갈 수 있는 무기이기도 하다. 이러한 식칼을 주근옥 시인은 품에 안는다. 그러자 생명이 없는 식칼마저도 체온을 통해 마음을 교류시킬 수가 있다고 한다. 이러한 뜨거운 마음을 숨긴 채 담담하게 써내려가는 시인이 주근옥 시인이다. 그의 시는 뜨겁지도 차갑지도 않고, 마침 체온의 온기로 우리들에게 다가온다. 그런 시에서 나는 주근옥시인의 예리하고 차가운 시선과 무한히 뜨거운 마음속을 읽어내는 것을 본고에서 시도해보았다.

36.5度で迫ってくる詩

林 陽 子

1．はじめに

　私には韓國の詩人である人生の大先輩がいる。日本で大學生活を送っている時にふとしたことから韓國に興味を持ち始めた私は、韓國の大學で韓國文學を學ぶという幸運に惠まれた。忠南大學の國文科の修士課程には私の他に留學生がおらず、どのように勉強したらいいのか途方に暮ていた時に出會ったのが朱根玉詩人である。短い期間ではあるが、朱根玉詩人と共にコース課程を過ごす機會が与えられ、多くの勇氣と教えをいただいた。今のような韓日の友好關係時代が來ることなど考えることすらできなかったその当時、韓國人が日本人のことをこんなにも嫌っていたのかと、つくづく感じていた時だった。たぶん私は朱詩人に出會っていなかったら、その課程を無事に終えることができなかったと思う。疎外されやすい環境にいた私によくしてくださったこと、そして現在も変らず応援してくださる詩人に感謝の氣持を表したい。

　さて、朱根玉詩人とはどういう人物なのであろうか。詩人の故郷は忠清南道の論山という所である。彼は故郷の風景を彼の詩の中でよく表現している。忠清道はまた兩班（ヤンバン）の故郷としても有名であるが、兩班とは韓國の昔の貴族階級のことで、現在でも忠清道生まれの人

は溫厚でゆったりしているというイメージがある。朱根玉詩人の詩には
そのような忠淸道の方言も豊富に使われていることからもわかるよう
に、彼の詩は兩班的なゆっくりとした余裕がまたひとつの特徴となって
おり、現在のスピード社會において特殊な存在となっていると言える。

　ホンヒピョ[1]は朱根玉詩人の詩精神の淵源について、第一に和解と中
庸の土台の上に生成された忠淸道的鄕土性と詩的氣質であると言及して
いる。それは礼儀正しさと物柔らかさを言葉と行いの規範とする昔の百
濟の地に住む人の性分からにじみ出るものだというのだ。彼の作品から
もじゅうぶんにそんな詩人の人柄を推察することができる。

　また朱根玉詩人の文學的な成果のひとつとして、素節という新しい詩
のジャンルの試みとその完成を擧げることができる。素節詩集『薔薇と稻
妻』[2]がそれである。素節の形式は三行書きであり、まずは量の上から日
本の俳句や短歌を連想させる。素節の素は白という意味を有し、秋とい
う意味の素秋、卽ち淸い節操と平素の品行を意味する。基本的に①短二
音[3]・長二音步・長二音步　②長二音步・長二音步・長二音步　③長二音
步・長二音步・短二音步　（①類型の短い二音步は聽者の注意を喚起さ
せ、②類型の長い二音步は自然な感じ、③類型の短い音步は速い結末に
至るようにする效果を期待する。）というように、三通りの外形的構造
を持っていながら、字數律[4]の嚴格性に束縛されない柔軟性を堅持す
る。『薔薇と稻妻』の後記で作家は素節に對する態度として節制の中で緊
張と意味の生成がいかになされるのか、その過程に視線を集中するだけ

---

1) 牧園大學校教授、文學博士、詩人
2) 1998年4月發行
3) 音步とは日本の詩歌を音數律で把握するのに對して韓國の詩歌を讀む時、一呼吸の
　　單位と感じられる音律の單位のことをいう。文字の數はそれぞれ違うが單位を讀
　　む時間が同一に配分されている。
4) 字數律とは文字の數で韻律を合わせることをいう。

であると記している。

2．まわりを見つめる優しい視線

　ソンジェヨン[5]が指摘しているように朱根玉詩人の素節は日本の近代歌人である石川啄木の三行短歌を思わせる。石川啄木は伝統的な日本の詩歌である短歌を新しい形式の近代短歌に築きあげるまでには〝隨分煩瑣な手續きを要した〟と語っている。朱根玉詩人が素節という新しい形式を産み出すまでに至る試行錯誤を想像することもまた難しいことではない。こうした二人の態度、即ち詩を通して何かを成し遂げようとそれを材料に自ら進んで新しいスタイルの詩を開拓する態度はその方向が人や社會にまっすぐ向かっている。

　啄木は詩や詩人についてこう言っている。「詩というものは〝私たちに必要な詩〟でなければならない。眞の詩人たる資格は三つある。詩人と第一にも第二にも第三にも〝人〟でなければならない。そうして實に普通の人が持っている全ての物を持っているひとでなければならない。」詩人とは何よりも〝人〟であるべきだと主張する啄木と朱根玉の詩の共通点は形式の面でも見受けられるが、何よりも〝人〟として實感を飾りのない素朴な形で歌っているという点で大きく共通している。

　　　橋の下から
　　　拾ってきたという言葉が
　　　真実に聞こえる秋の夜
　　　　　　　－「秋の夜」

5）ソンジェヨン：忠南大仏文科名譽教授、文學評論家、文學博士

　素節には、ひとつひとつの詩に題目が付いているのが日本の短歌や俳句とは異なっている点である。秋の夜、ふと自分はどこからか拾われて來たのではないかという思いが湧く。きっとこんな思いにかられたことがない人はいないのではないだろうか。人間とは孤獨で、どこからやってきてどこへ向かっていくのかさえわかならい不安な存在だ。朱根玉の視線はそんな人間の本質をはっきりと見据えた上で優しい視線でまわりを見渡しながら淡々と表現していく。

　　　あめつちに
　　　わが悲しみと月光と
　　　あまねき秋の夜となれりけり

　この句は啄木の句であるが、やはり秋の夜にかぎりなく寂しく孤獨な人間の思いを描き出している。上のふたつの詩には彼らの人類に對する愛と哀れみが表現されていると言える。二人の詩人はともに、熱い血の流れる′人′として感じる內容を氣取らない言葉で表現している。淡々とした表現から溫かみを感じることができるのは、その表現の背景に人や社會にたいする情熱あるいは愛着が潛んでいるからであろう。
　朱根玉の優しく溫かい視線が彼の素節の中でどのように表現されているかもう少し見ていくことにしよう。

　　　市場のごみばこ
　　　白菜の莱にも
　　　霜が降り
　　　　　　　　－「霜」

　都會の市場の片隅にあるごみばこに白菜の葉が山積みになっていて、その葉の上に霜がおりている。このような光景から作家は田舎で見た白菜畑に眞っ白に霜が降りている光景を重ねて農村の穩やかな情感を回顧しているのではないかと下の啄木の詩と比較しながら、私は想像してみる。

　　　馬鈴薯のうす紫の花に降る
　　　雨を思へり
　　　都の雨に

　「彼は短い詩行を通じて自身が經驗した世界を一枚の靜物畫のように提示する。」と朱根玉について評したのはホンヒピョである。續けて彼はこう述べている。「彼の体驗は至極韓國の土俗的な生だ。彼はそのような自身の体驗世界、しかし今は消えてしまって新しい世代にはかえって見慣れない世界、すわなち故郷喪失者が經驗する流浪に執着する。それを表現する方式は禪詩を連想させるくらい簡潔で超越的だ。その短い話の糸口を通して彼は時にはある事物のイメージを表したり、また時にはある情感のこもった心境をかくしたりする。」情感のこもった心境即ち熱い朱詩人の心のうちが節制されたイメージの中に潜んでいるのである。

３．本質を見抜く冷たい視線

　啄木は歌について、自分の心にあった形式で詩を作ればいいと言う。元來、短歌という詩型は一行書きのもであるが、啄木は不便だと感じるものは改善を試みることを勸めている。一行に書き下すのが不自然に感じられる場合は、歌の調子によって二行にも三行にも書き換える。感情にしっくりそぐう詩にするために必要のない拘束に縛られなくてもいいという理屈だ。自由に歌う。忙しい生活の間に心に浮かんでは消えていく刹那刹那の感じを愛惜する心が人間にある限り、歌は滅びることがなく、それによって刹那の生命を愛惜する心を満足させることができると言っている。

　形式に從順であるように見えて、様々な拘束から解放されているという点で朱根玉詩人の素節と通じている。そしてたぶん、朱根玉詩人もだれよりも人間に對して社會に對して、また自然に對して愛惜をもっているために、そのような形式を必要としたのではないだろうか。朱根玉詩人は定型詩についてこう語っている。「結局、自由詩は定型から脱して韻律のないものではなく、かえって定型詩より優れた韻律を作り出すために不断の努力を傾けなければならない。言い換えれば自由詩より拘束的だということを想起しなければならないだろう。」

　不便だと感じるものは改善を試みるのがよしとする改革的な啄木は、一瞬の間に心に浮かぶ自分の氣持を大切にし、それを表現するために短歌が適当であると言っているが、韓國のように自由詩が中心である現代詩の中で、定型詩に固執する朱詩人は一種の特殊な存在である。しかし、形式に縛られているように見える素節は實は自由に詩人が一瞬に過ぎ去ってしまいかねない人間としての命を愛する心を表現できる隠された機能を有しているのである。

　　人がみな
　　同じ方角に向いて行く
　　それを横より見ている心

暗闇の中で
前の車に付いて行って
いっしょに落ちる海かな
　　　　　　－「同行」

　上の詩は啄木の詩である。啄木は時代の風潮を客觀的に眺める能力を
有していた。盲目的にみなが進んでいく方向に、考えの淺い人たちはま
たそれについていくしかない。現代の社會は情報にあふれた情報化社會
であるが、人々は情報の海に溺れてしまっていて、自分を見失ってし
まっている。しっかりとした主觀を持っていない人たちはやはり盲目的
であるしかないのである。「同行」で朱根玉はそれを鋭く指摘している。

幾重もの枝の間に
渓谷の水はほとばしり
我は遡り
　　　　　　－「臥雲里」

　朱根玉は社會とそこに生きる人々の様々な生き方を注視して、矛盾と
不條理を感じ、自分はそれに押し流されず社會の本質をつかむ方向に進
んで行こうとしている。

それもよし　これもよしとてある人の
その気がるさを
欲しくなりたり

　啄木もまた、ある時は回りの人たちをこう羨んでいる。多くの人々が
行く方向に進むのはやさしいことであるが、朱根玉詩人も啄木も、自分

をごまかすことなく眞實にそっていつも自分の内面に内面にとその視線を向けている。ただ流されてしまう日々を過ごすのではなく、心の中で絶えず眞へと向かおうとする本心の叫びに応じて詩と生活を一致させて行こうとする。そのような方向は、ただ′これもいいあれもいい′というふうに主体的な考えなく暮している大多數の人たちとは逆の方向で險しい道であるに違いないのである。

　　　　催涙弾を射っても
　　　　道ばたに立って咲く
　　　　ケイトウの花
　　　　　　　　　　　－「ケイトウの花」

　催涙彈については、少々説明が必要だろうが、私が最初に韓國を訪れていた1990年前後にあっても様々なデモが大學中心に行われていて、大學のそばを通りかかると警察が射った催涙彈によって急に息苦しくなり涙がでて眼も開けられないようになって苦勞した記憶がある。ケイトウの花のように朱根玉詩人も様々な社會的現象を彼の畑にしっかりと根を張って、默々と体験し記述していく。

　　　　秋の声まづいち早く耳に入る
　　　　かかる性持つ
　　　　かなしむべかり

　　　　するどくも
　　　　夏の来るを感じつつ
　　　　雨後の小庭の土の香を嗅ぐ

啄木の歌であるが、春の訪れも、夏の訪れもまた秋の訪れも、そして冬の訪れも、即ち時の流れとその氣配を誰よりもまず敏感に察することのできることが、幸でもあれ、また悲しみでもあるという歌である。

4．おわりに

現代の私たちの住む環境はだんだんコンクリートの壁に囲まれた冷たい空間になってきている。クールな環境は私たち人間にもクールになることを無言のうちにすすめている。人間關係もだんだん変って來た。

また私の話になるが、1980年代の終り頃にはじめて韓國に來たころ、私は本当に人々の溫かさを多くのところで感じることができた。バスに乘れば、立っている私の荷物を奪い取るかのようにさっと引っ張っては、立っている上に重い荷物をもつのは大変だろうと、引き受けてくれる。もちろん老人が乘ってくれば、若い者はすぐに席から立ち上がって席をゆずる。そんな韓國の風景を見ながら、金持ちの國といわれる日本の國民のこころの貧しさを恥じ、韓國人の心の豊かさに感動したものだった。

しかし、ここ數年で韓國は見る見る間に変った。だんだん日本にいた頃を思い出させるかのように、人々の互いの接し方もクールになった。自分さえよければいいという利己主義がはびこりはじめた。老人が乘り込んできたバスや地下鐵の中で寝たふりをしている若者の姿は今ではめずらしくもない普通のことだ。殺伐としたこの世の中で、朱根玉詩人の視線は相変わらず彼の望む方向へと世の中の流れとは反對の方向を固執している。

　　新築ビルの溶接工を
　　見上げている犬の
　　首の傷にも落ちる雪
　　　　　　　　　　　　　－「雪」

　韓國も次第に富んだ國となり、周辺の第三國家から多くの勞働力を輸
入するようになった。上の詩の登場人物である溶接工もまた、そのよう
な異國の人であるかもしれない。差別階級の人々を見つめる詩人の溫か
い視線が感じられるだけでなく、主人もなくきっと人間の手によって理
由もなく傷つけられたどこへも行くあてのない野良犬。そんな最も差別
されて無視されている存在のその傷が冷たい雪によって傷口がしみるこ
とさえも見逃すことのできない朱根玉詩人の限りなく溫かい視線。

　　蒸し暑さに　コンクリート
　　裸足で歩いてみる
　　脇道の足跡
　　　　　　　　　　　　　－「裸足」

　上の素節を見ると、朱根玉詩人がただ哀れみの視線をもって眺めるだ
けの傍觀者ではないことがわかる。文明が産み出した便利さを追求する
あまりに、本当に価値のあるものが何かを忘れて行く現代人。しかし、
朱根玉詩人はそのような没個性を促すコンクリートに象徵される都會の
中で、しっかりと自分の素足で足跡を刻んでいく。忘れられかけてし
まっている本当に大切なものに對する關心を持つように働き掛ける詩人
の訴えを受け止めるのは讀者の役割であろう。
　「産業時代といわるる近代の文明は、日一日と都會と田園との間の溝

渠を深くして來た。今も深くしている。これからも益々深くするに違いない。そうして田園にいる人の都會思慕の情が日一日深くなり、都會に住む者の田園思慕の情も日一日深くなる。かかる矛盾はそもそも何處に根ざしているか。かかる矛盾は遂には一切の人間を思慕すべき何物をも持たぬ状態に歩み入らしめるようなことはないだろうか。」と石川啄木が心配しているように、朱詩人も同じような憂慮の念を持ちつつ、時代の流れに逆らうように見える道ではあるとしても、目前に實感している矛盾を解く信念を持って、一歩一歩着實な道を選擇しているのである。

　ソンジェヨンは、石川啄木の短歌が詩人自身の鋭敏な感性と叙情を表出しているとしたら、朱根玉は徹底に自我を節制し、観照的な態度を見せているところが、朱詩人の詩の特徴であると指摘している。私が見る啄木と朱詩人の大きな共通点は、もちろん詩のスタイルもそうであるが、二人とも詩と生活を本心が望む方向へ一致させるように努力しているところである。

　朱根玉詩人の詩は朱詩人の心に潜む熱情と冷たく鋭い眼差しのまざったちょうど人間の体温を感じさせる溫かさを持っている。飾り氣のない正直な朱詩人の人柄がそのまま詩に現れている。時には人間の矛盾を、時には社會の矛盾を告白または暴露しながら、人間らしく生きることを教えてくれている。

　　　包丁も抱けば
　　　体温がしみこみ
　　　憎愛の心がみな通じます
　　　　　　　－「包丁」

　包丁は人々の身体の糧となる材料を人々の口にあうように、下準備する道具である。しかし、使いようによっては最も身近にある道具として、人を傷つけ死に追い込むこともできる武器でもある。このような包丁を朱根玉詩人は胸に抱いて、あたためる。すると命のない包丁でさえも、体温を通じて心を通わせることができるという。こんな熱い心を隠したまま、淡々と書き綴る詩人が朱根玉詩人である。彼の詩は熱くも冷たくもなく、ちょうど体温くらいの温かさで私たちに迫ってくる。そんな詩から私は朱根玉詩人の鋭く冷たい視線とかぎりなく熱いこころのうちを讀みとることを本稿で試みてみた。

Ⅲ. 내용미학분석

화해 또는 간결 무취의 선미

홍 희 표

1. 들어가는 말

주근옥(朱根玉)은 산 좋고 물 맑은 충청도가 내세울만한 향토시인이다. 김형원·박용래·박희선·김관식 등 선배시인을 배출한 그의 고향은 황산벌이 보이는 논산이며 지금까지도 한결같이 그 주변 일대를 돌며 삶 쓰기와 더불어 시류에 기웃대는 일없이 시 쓰기를 계속하고 있다. 저녁 노을이 유난히 짙어 놀뫼(黃山)라 부르던 내포평야의 중심 논산은 느긋하고 따스한 인정이 곳곳에 배어들어 있지만 역사의 아픈 상처를 눌러서 다져 담은 그리운 시인의 땅이다. 신라와 당나라의 연합군이 백제를 공략하고 신라 군사 5만 명이 부여를 향해 진격해 왔을 적에 백제의 계백이 군사 5천명을 이끌고 그들과 맞서 마지막 씨움인 황산벌 씨움을 벌이다기 피를 쏟고 모두 죽은 한 서린 역사의 땅이다.

주근옥은 황산벌의 충청도내기이다. 충청도내기의 아름다운 별칭은 '청풍명월(淸風明月)'이요, 또 다른 하나의 애칭은 '충청도 양반'이다. 그 심성이 그리도 맑고 깨끗하고, 몸가짐 또한 명월과 같다 해서 이른바 충청도를 양반의 고장이라 일컬었다.

그러나 충청도내기는 "해유-, 가유-, 하슈-"하는 정겨운 충청도 사투리가 뿜어내는 말씨가 길 듯이 행동이 느리고, 우유부단하며 결단성이 없다고 그 결점을 말하기도 한다. 물론 21세기의 스피드 감각으로는 매우 답답하고 멍청하리만큼 우둔해 보일는지 모른다. 그렇지만 느린 대신 비교적 속단하지 않고, 모질기보다는 둥글어 좌충우돌하지 않는 특징이 있다.

"부드러우니 구부러지고 휠지언정 결코 꺾이지 않는 강인함이 있는 것이다. 끊어지지 않으려고 때로는 고무줄처럼 늘어났다가 도로 오므라드는 신축성이 있기도 하고, 부들부들한 가죽처럼 질긴 끈기와 인내가 있기도 하다."[1] 다시 말하자면 외유내강의 성품을 충청인의 성격과 말씨에서 찾을 수 있다는 것이다. 그 전형적인 시인이 바로 주근옥이다. 그는 문단 데뷔도 지천명이 지난 1987년에 《시문학》지로 하였다. 그리고 지금까지 두 권의 시집을 상재했고, 세 번째 시집 출간을 기다리고 있다.

그는 침묵의 시인이며 과작의 시인이다. 그러나 백제의 맑은 빛이 오늘까지 흐르듯 시 쓰기의 자세는 여전히 경건하다. 필자가 알기로는 그는 1960년대 고교시절부터 본격적으로 시를 쓰기 시작해 《학원》지에 「석상, 소녀, 노을」로 박두진의 추천으로 작품이 발표된다. 그 무렵 이 고장에서 《학원》지에 작품을 발표한 학생 시인으로는 이덕영·주근옥·송유하·홍희표 등이 있다. 또한 그는 일간지 《중도일보》에 「꽃피는 마음」 등을 발표하고, 서라벌 예술대학(현 중앙대)고교 문예콩쿠르 시부문에서 「온실」로 당선 1석을 당당히 차지하는 유망한 학생시인으로 두각을 나타낸다.

그러다 그는 삶의 터전에 매달려 문학동네와 일정한 거리를 두었다. 그러나 그는 다만 문학동네와 거리를 두었을 뿐 시 쓰기를 포기하지는 않았다. 주변환경에 허명을 팔지 않고 견딤과 버팀 속에 많은 시간이 흘러갔다. 그렇지만 변함없이 도시공간보다는 농촌배경을 토대로 한 진지하면서 가볍지 않은 중용의 시 쓰기는 계속 이어갔다. 즉 자신의 시 쓰기와 삶의 일치를 추구했던 것이다. 오늘날 대중소비사회는 인간을 엇비슷하게 만들

---

1) 도수희, 「충남의 언어」, 『향토문화』, 충남대학교, 1985, 50쪽.

고, 또한 유행병에 물들게 하지만 그는 오로지 자기만의 시 쓰기의 즐거움을 찾으려고 방황했던 것이다.

주근옥은 『산노을 등에 지고』(1987)와 『감을 우리며』(1988)의 두 권의 시집에서 정겹고 소박한 충청도 사투리로 회고적 에스프리를 바탕으로 한 향토적 정서를 보여주었다. 그러나 이번 세 번째 시집 『번개와 장미꽃』에서는 그것을 바탕으로 하면서 선가(禪家)의 체취가 물씬 풍기는 절실한 심인(心印)의 노래를 보여주고 있다. 그는 스스로 『주근옥 소절집(素節集)』이라고 지칭해 놓고 있다. 이제는 충청도적 유현한 정신 세계가 선적 이미지로 승화되어 가고 있는 것을 볼 수 있다.

이 논고는 주로 주근옥의 세 번째 시집 『번개와 장미꽃』을 중심으로 그의 시정신의 연원과 선시적(禪詩的) 정신주의와 충청도적 인정주의의 시세계와 초록 생명이 길을 지키는 환경파수꾼으로써 시사적(詩史的) 위치를 살펴보고자 한다.

2. 시정신의 연원

주근옥 시인의 시정신의 연원은 어디인가. 첫 번째로 화해와 중용의 바탕 위에서 생성된 충청도적 향토성과 시적 기질이다. 그것은 예절 바름과 점잖음을 말과 행실의 규범으로 삼은 옛 백제의 땅에 사는 사람의 성품에서 우러난 것이다.

"말하자면 겉으로 티 내지 않고 뽐내고 나서지 않으면서 제 할 일을 다하는 것이 이 곳 사람들이 살아가는 태도이며 어디까지나 은근함 속에서 조화의 멋을 찾을 줄 아는 것이 이곳 사람들이 성품이라 하겠다.[2]

---

2) 박계홍, 「화해와 중용의 바탕」, 『충청남도』, 뿌리깊은 나무, 1983, 64쪽.

　충청도 내기의 기질 중 가장 대표적인 것이 '완만함'인데, 충청도 사람이 행동과 말이 차분하다는 것을 모르는 사람은 거의 없을 것이다. 차분하다는 것은 덤비지 않고 신중하게 일을 처리한다는 뜻이 되겠는데, 세속도시 바쁜 사람살이 속에는 굼뜨고 느린 것으로 비치기 쉽다. 그 속에서 유유히 흐르는 금강의 물줄기 같은 주근옥의 시정신이 생성된 것이다.

> 이십이 훌쩍 넘어 제대하고
> 면서기 시험에 어렵게 합격했다
> 먹고살기 위하여
> 주눅이 들어도 암 소리 안하고
> 말술을 퍼먹으면서 비틀거려도
> 고독은 이 땅 위에 없는 것
> 　뒤꿈치에 힘주고 서서 바라보는 하늘
> 아직도 학교 서무실에 근무하면서
> 창 밖을 기웃거린다
> 하하 호호 웃고 있는 풀꽃들과 만난다
> 이름을 빌려 살면서 써보는 시를
> 한번도 자랑으로 여긴 적이 없다
> 지금 밖에는 무화과가 익는 소리
> 나는 아직 나를 자백해 본 적이 없다.
> 　　　　　　　　　　　　　　　－「밖을 보며」3) 전문

　자전적인 그의 시 「밖을 보며」에서 척박한 20대의 내면 풍경을 엿볼 수 있다. 그러나 주눅이 들고 말술을 퍼먹으면서도 화자는 한번도 '나를 자백해 본적'이 없다고 당당히 절규한다.

　21세기는 지구화와 지방화의 시대다. 국민국가의 존재가 대단히 약해지면서 한편으로는 지구화와 다른 한편으로는 지방화라는 양극단의 시대로

---

3) 주근옥, 『산노을 등에 지고』, 시문학사, 1984, 33쪽.

변화하고 있다. 동시에 현대는 철저한 지방화시대이다. 지방자치단체나 지방기업을, 그리고 지방문화 등, 정부보다는 기업이 더 중요해지고, 개인이 중요해지는 시대가 21세기의 특색 중 하나이다.

개방의 물결과 함께 찾아든 우리 것에 대한 무관심은 이제 더 이상 방관되어서는 안될 중요한 과제가 되었다. 우리 것에 대한 사랑, 관심, 어쩌면 고리타분하고 고지식한 것이 현대인으로서의 감각엔 뒤떨어진 지방화적인 골동품적 고집이 더욱 간절한 이때 정신적 세계화를 지향하는 주자의 한 사람이 주근옥 시인이다. 자칫 지역감정의 문제가 되기 쉽고 지나친 향토색의 반영으로 문학으로서의 독자층 형성에 다소 위험 부담이 될 수 있는 여지를 담고 있을지 모르지만, 구수한 충청도 향토어, 토박이말의 사용이 주는 잊혀져가는 것에 대한 그리움의 심성을 새삼스럽게 불러일으킨다.

이것이 진정한 뿌리 찾기의 정신이며 우리 정신의 세계화로 가는 척도라 생각된다. 곧 '가장 지방적인 것이 민족적인 것'이고, '가장 민족적인 것이 세계적인 것'이라는 동심원의 논리로 확대해 갈 수 있기 때문이다.

세계적인 이름난 작품들을 훑어보면 대개가 작자 자신의 고향이 무대이거나 자연 속에 배태된 자전적인 성장사이다. 그 속에서 인류 공통의 영원한 명제를 끄집어낸다. 고향을 사랑하는 것은 근원을 사랑하는 것이고, 그 근원에는 흙과 어린 날의 체험이 있는 것이다. 고향 속의 향토와 거기에 배인 서정은 어쩌면 시의 원천이라 할 수 있겠다.

> 멍덕딸기 흐무러질 무렵
> 뜬눈으로 밤을 새운다
>
> 무너진 돌담으로 서서 바라보는
> 느티나무의 끝
> 까치 둥우리 속에 누웠을까

누구의 이름으로도
불려지지 않는 사람아
겨우내 털장갑으로 손톱을 감추고

우리는 서로 바라보고만 있었지
메추리가 물어오는 빛으로
동이 트고

나는 맨발로 집밖에 서서 기다린다
멍덕딸기 흐무러질 무렵
– 「멍덕딸기」⁴⁾ 전문

무너진 돌담의 고향집 앞에는 느티나무가 있고, 그 가지 위에는 까치 둥우리도 있다. 멍덕딸기 흐무러질 무렵에 불려지지 않는 그 사람도 있다. 아무리 세월이 흐르고 현실의 중압이 무겁게 뒤덮을 때도 돌담의 고향집과 더불어 잊혀지지 않는 그리움은 생생하게 꿈틀거리고 있다.

두 번째로, 주근옥의 시정신의 연원은 충청도적 유현한 정신세계가 3행 시란 독창적인 형식을 통해 선적(禪的)이미지로 형상화되어 가고 있다는 것이다. 그러나 그 징후는 그의 두 번째 시집 『감을 우리며』에서부터 이미 볼 수가 있었던 것이다.

햇살 받으며
서울행 철로 위를
까치가 걷는구나
– 「철로(鐵路)」 전문

청문회가 시작되자

---

4) 주근옥, 위 시집, 시문학사, 1988, 11쪽.

　　수상기 옆에 앉아
　　나리꽃도 엿들어
　　　　　　　　　　　　－「나리꽃」전문

　그러면 주근옥이 스스로 소절집(素節集)이라 명명한 그 동기를 그의 자서에서 직접 찾아보자.

　"素節은 기본적으로 ①短二音步/長二音步/長二音步 ②長二音步/長二音步/長二音步 ③長二音步/長二音步/短二音步, 이와 같은 3가지 외형적 구조를 갖고 있으면서 字數律의 엄격성에 구애되지 않는 유연성을 견지한다. ①의 行은 聽者의 주의를 환기시키고, ②는 자연스러움 ③의 三行은 빠른 결말에 이르도록 하는 효과를 기대한다. 음운적으로는 울림도가 높은 音素의 사용에 유의하고, 단어의 선택에 있어서는 의미상의 內包性보다는 外延性에 특히 유의했다."

　언뜻 보면 우리 시조를 절반으로 잘라댄 느낌이 들기도 한다. 그러나 소절은 여느 평범한 형식이 아니다. 주근옥 나름대로의 시의 가장 순수한 기본 형태를 만들려고 한 것이다. 즉 소절은 선험적 관념론이 아니며, 형질(形質)의 단순한 물리적 종합도 아니다. 그러니까 절제 속에서 긴장과 의미의 생성이 어떻게 이루어지는가 그 과정에 주근옥은 시선을 집중하고 있다.

　그러나 필자는 주근옥의 소절(素節)과 일본의 하이쿠(俳句)가 어떤 상호 영향관계가 있다는 견해이다. 일본문학사에서 단시형(短詩形)문학이 차지하는 양과 질적인 중요성은 과히 주목할 만하다. 주지하다시피 8세기 일본 최고의 가집은 『만엽집(萬葉集)』에서 5음, 7음의 기본 리듬이 도입된 후, 중고(中古)시대의 『고금와카집(古今和歌集)』이르러 5 · 7 · 5, 7 · 7음으로 독립한 야마토(大和), 즉 일본의 노래 와카(和歌)가 정착된다.

　이후 "중세로 접어들면 일종의 돌림노래인 렝가(連歌)가 성행하고, 다시 정통 와카의 고정된 소재들을 벗어난 하이카이 렝가(俳諧連歌)로 이어져,

근세에서는 5·7·5만의 세계 최단시 하이카이(俳諧) 즉 하이쿠(俳句)가 읊어지게 된다. 이러한 흐름에서 가장 핵심이 되는 부분은 5·7·5, 7·7이라는 정형화된 자수율로, 이 음수율을 반복하거나 축약하는 방향으로 변형 발전되어 왔다."5)

하이쿠는 흔히 우주의 질서와 인간 정서가 혼연 일체롤 합일되어 선(禪)적인 경지를 표현하고 있다. 그러면서 하이쿠는 의미를 배제한다. 그것은 선불교의 공(空)사상과 연맥된다. 이번 주근옥의 소절집 『번개와 장미꽃』에서 볼 수 있는 간결화하면서도 불필요한 부분을 삭제하고 핵심만을 남겨놓아 단순화, 형식화한다. 그 독특한 표현형식도 선불교의 공사상과 합일되기 때문이다.

한계상황에 부딪친 서양의 합리주의와 물질문명에 대한 반동은 현대인들에게 동양정신으로 눈길을 돌리게 하였다. '빛은 동양에서'라는 말을 가장 절실하게 실감할 수 있는 동양정신의 정수는 선(禪)이다. 선은 신이나 영혼, 무한한 사후(死後)의 삶을 이야기하지 않는다. 일상적인 삶 속에서 우리가 만나는 비밀(사물의 참모습)을 보여준다.

선은 늘 보통의 상식을 뒤엎는 전도(顚到)의 이성으로 들어가 우리가 정신적·생물학적으로 살고 있지, 논리적으로 사는 것이 아님을 보여준다. 이것이 바로 배고프면 밥먹고, 졸리면 잠자는 '평상심이 곧 도'(平常心是道)라는 것이다. 선은 인간이 내면표출의 궁극이면서 또한 그것은 언어의 의미가 가 닿기에 결코 편리한 지점은 아니다. 분명 선은 체득되고 그리고 확실하게 체험되는 것이면서도 이미 말해진 선은 선이 아니라는 상황언어의 조건을 갖는다.

시와 선의 관계는 일반사물의 경우와 마찬가지로 특수한 의미는 성립되지 않지만 시가 갖는 섬세한 내용상 선의 관계는 그것이 그대로 시가 되어버

---

5) 최재철, 「일본 시가문학의 특징」, 『문학과 창작』, 1997년 4월호, 225쪽.

리는 경우가 많다. 물론 시가 선은 아니다. 그러나 인간의 내면의식이라는
두 가지 구조는 가장 접근된 현장언어의 전형(典型)이라고 말할 수 있다.
선은 언어를 수단으로 또는 목적으로 취하기를 거부한다. 단지 체험적 존재
로 거기 끊임없이 존재할 뿐이다. 말하자면 무수한 형태로 존재하는 상황의
식을 말하는 것이다. 결코 관습적 개념은 아니다.

"선은 성격상 함축되고 간결한 일상언어를 필요로 한다. 그것은 현상(平
常)과 파경으로 이어지는 무아의 세계, 파격과 섬세, 체험의 일상화로 나눌
수가 있다. 선에서 파악된 진리는 그 시대, 그 사회에 올바른 원리로 작용해
야만 살아있는 진리가 될 수 있다."[6] 시에서 선을 말함은 아마도 시가 지닌
응축과 긴장의 미학이 그것을 담아내기에 지극히 적절하기 때문이다.

선불교의 공(空)사상은 주근옥에게 3행시를 해명하는 귀중한 열쇠를 제
공한다. 그러나 공사상에 입각할 때, 우리 앞에는 그야말로 어떤 차별의식도
개입될 수 없는 절대 평등의 세계가 펼쳐진다. 불립문자라는 선의 종지
앞에 주근옥의 3행시가 앞으로 어떻게 자기 부정(Self-negation)과 동시에 자
기초월(Self-transcending)의 모습을 보여줄지, 지켜볼 수밖에 없다.

3. 시적 공간

3.1. 잊혀진 사물 깨우기

주근옥의 시는 간결하다. 그의 시 쓰기에 있어 일체의 잡스러운 수식은
허용되지 않는다. 그의 인간됨이 그렇듯 그의 시도 말수가 적다. 그저 무심
(無心)하게 사물과 세계를 본다. 그리고 정갈하게 그가 본 그대로를 우리에
게 던져준다. 우리는 그러한 그의 시를 통해서, 한 세계와 만난다. 거기에는

---

6) 이원섭, 「현대사회와 선」, 『현대문학과 선』, 불지사, 1992, 29쪽.

인간과 인간의 만남이 주는 거대한 외경스러움이 없다. 그는 자연스럽고도 담백하게 우리가 그것에 다가갈 것을 권유한다. 그 만남은 늘 자연을 매개로 하여 이루어지기 때문이다. 주근옥은 세상의 잊혀져 가는 사물들을 환기시키면서, 시 읽는 사람에게 그것들을 시적 현실로 주지시킨다.

> 하늘엔 별
> 모깃불 피워놓자
> 날아드는 풍뎅이
>
> — 「풍뎅이」 전문7)

　시 한 편치고는 너무 짧다. 그러나 그의 시 쓰기는 이런 식이다. 그는 이 짧은 3행시 시구를 통해서, 많은 사람들이 잊고 살아가는 과거의 서정을 일깨운다. 그의 시편들은 압축되어 있다. 그는 짤막한 시행(詩行)을 통해서 자신이 경험한 세계를 한 폭의 정물화(靜物畵)처럼 제시한다. 그 경험의 세계는 위 「풍뎅이」에서 잘 드러내고 있듯이 가히 향토적 정경이 촉촉하게 묻어난다. 그의 체험은 지극히 한국의 토속적 삶이다. 그는 그러한 자신의 체험 세계, 그러나 지금은 사라져서 새로운 세대에게는 오히려 낯선 세계 즉 고향상실자가 겪는 유랑에 집착한다. 그것을 드러내는 방식은 선시를 연상시키리 만큼 간결하며 초월적이다. 그 짧은 화두 같은 말을 통해서 그는 때로는 어떤 사물의 이미지를 드러내기도 하며, 때로는 어떤 정감 어린 심경을 감추기도 한다.

　「풍뎅이」는 시골의 풍경을 한 장면으로 드러낸다. 여기에 어떤 서술적 상황이나 시인의 감정이 개입되어 있지 않다. 그는 사물의 이미지를 중시하면서 그저 드러내 보여줄 뿐이다. 그의 시에는 3행의 단시가 압도적이려니와, 「풍뎅이」는 그러한 단시의 전형을 보여준다. 그러나 그것은 우리 전통시

---

7) 주근옥, 위 시집, 시문학사, 1988, 81쪽.

가 문학인 시조와는 근본적으로 다르다. 자수나 율조, 그리고 시적 정감이 있어서도 판이하게 다르다. 그는 이 짧은 시행 위에 시상을 집중시킨다. 그러기에 그의 시에서는 시적 착상이 중요하다. 한 순간 머릿속에 스쳐 가는 단상이 한 편의 시가 된다. 그의 시는 그러기에 호흡이 짧다. 그 짧은 호흡을 그는 긴장된 장면의 포착으로 메운다.

> 사립문 살며시 밀자
> 너와지붕 짓밟고 서서
> 살구꽃은 포효하느니
>
> — 「살구꽃」 전문8)

> 호박잎 따다가
> 소리나서 보니
> 비도 흉내 나네
>
> — 「빗발」 전문9)

위의 두 시 역시 「풍뎅이」와 마찬가지로 3행으로 이루어져 있다. 간결한 어구로 긴밀하게 짜여진 위 시들은 시상을 집중시키는 응결의 미학이 담긴다. 그것은 긴장된 장면을 포착하여 형성화한 데서 가능하다. 이러한 긴장미를 갖추자니 형식적 제약은 필연적으로 요구된다. 주근옥의 3행시의 시 형식적 실험성과 그것의 가능성은 여기서 찾아질 일이다. 응축된 구조에 긴밀하게 담긴 시어는 시적 여백과 여운을 남기는 힘으로 강건하게 작용한다.

주근옥의 시는 바로 그 여백의 미학을 잘 살려낸다. 그 여백 속에는 잊혀진 세계와 풍물이다. 그곳에는 따스한 인간들의 나눔이 있으며, 농촌의 아늑

---

8) 주근옥, 위 시집, 시문학사, 1988, 29쪽.
9) 주근옥, 위 시집, 시문학사, 1998, 32쪽.

한 정경이 있으며, 자연의 사심 없는 풍경이 있다. 그는 그러한 공간과 시간을 우리에게 제시한다. 물론 그것은 시인의 의식에 의해 굴절되지 않는다. 그는 있는 그대로 현상만을 제시한다. 그의 의식은 마치 백치와도 같이 투명하다. 그는 결코 허욕을 부리지 않는다.

일상적 생활 속에서 시의 재료를 취하여, 그것을 우리에게 핵심만을 정제하여 보여준다. 거기에 시인의 사욕(私慾)이 매개되지 않았기에 오히려 담백하다. 그러면서도 은근하게 시인의 사색의 깊이와 방향이 삽상하게 머문다. 시인이 살아오면서 생활 속에서 얻어진 대상에 참 의미를 부여하고자 하는 그의 시인의 의지가 은밀하게 풍긴다.

설움도
땡감인가

소금물
독에 넣고

누나는
우립니다.

– 「감을 우리며」 전문10)

3행시를 변용한 듯한 위의 시는 시인의 의식을 은밀하게 내비친 대표적 작품이다. 우선 이 시는 그의 시편 중에는 길다. 물론 그것은 행을 연(聯)으로 늘려 놓은 데서 온 착시 현상일 수 있다. 이러한 형식의 변이를 통해서 그는 3행시의 새로운 형태를 모색한다.

형식의 변용을 거쳐 그는 서정적 자아의 의식을 노정 시키고자 한다. 이숭원은 이것을 멋지게 읽어낸다. "감의 떫은맛을 제거하기 위해 소금물에

---

10) 주근옥, 위 시집, 시문학사, 1998 47쪽.

감을 담가 두는 것을 보면서 시인은 누나의 가슴속에 맺혀 있는 설움, 혹은
더 나아가서 우리들 모두의 가슴에 도사리고 있을 슬픔의 감정을 연상한다.
그것은 곧 감의 떫은맛을 우려내는 일이 누나의, 혹은 우리들의 슬픔을
거두어내는 일이 아닌가 하는 생각으로 전화된다.”11) 이렇듯 감을 우리는
장면에는 시인의 감정과 사유가 중첩된다. 감을 우리는 행위에서 인간의
운명적 존재함을 발견한다. 그러나 그것을 그는 쓸쓸하게 인식하지 않는다.
주근옥에게 가난이나 슬픔 등은 삶의 한 현상이지 결코 궁핍이나 비참이
아니다. 그는 다만 그것을 삶의 한 편린으로 담담하게 받아들일 뿐이다.
그리하여 그의 시는 고요하다. 그 고요함은 전통적인 한국인의 삶을 수식
없이 드러내는데 제격이다.

　소박한 그의 복고적 취향은 그 이면에 따뜻한 연민의식을 또한 감추고
있다. 그 연민은 물론 정한의 인식에서 오는 것이 아니다. 그것은 지극한
사랑에서 오는 것으로, 그는 사라진 과거를 고집스럽게 집착한다.

　　　덜 떨어진 개구리의 입
　　　그 위엔 눈 녹는 소리
　　　그 위엔 별 초롱초롱
　　　　　　　　－「별」 전문12)

　청각과 시각을 접합하여 표현의 묘미를 살린 이 작품은 그의 연민의식의
일단을 드러내기도 한다. 그의 연민의식은 향토에 깃들인 회고적 정한의
토로에서 출발한다. 자연에 대한 그의 깊은 애정과 경외심은 자기 동정을
통해 가난하고 서럽게 남아있는 농촌의 생활상의 한 단면을 보여주면서
그들이 남긴 풍물을 통해 잃어버린 시간을 그리워하는 자기연민의 노래로

---

11) 이숭원, 「작고 아름다운 인정의 세계」, 위 시집, 127쪽.
12) 주근옥, 위 시집, 시문학사, 1998, 87쪽.

다시 환원된다.

「별」은 개구리 소리를 청각적으로 환기시키면서, 한 사라져 버린 자연 풍경 속에서 그러한 시인의 연민의식을 드러낸다. 과거에 대한 회고는 어쩔 수 없이 돌아갈 수 없다는 한계에 대한 상심의 일단을 드러내는 것이어서, 그것은 근본적으로 연민의 심상을 드러내기 마련이다. 그의 이러한 심상은 인정에 바탕을 둔 자연과 화해의 삶에 근본 토대를 두고 있다.

> 청둥호박은
> 숟가락으로 긁지만
>
> 난 사십이 넘도록
> 이룬 게 없으니
>
> 흙바닥에 잔등이를
> 비빌 수밖에
>
> — 「瘦馬圖」 전문13)

자연에 대한 응시와 그에서 느끼는 친화력은 시인을 두루주의자처럼 겸손하게 만든다. 주근옥 시인은 「나팔꽃」, 「달팽이」, 「코스모스」 등에서 자연 대상을 의인화하며 표현한 바, 그 바탕에는 동화적인 천진함이 깔려 있었다. 그의 이러한 순진무구한 정신이 자신의 내면으로 향했을 때, 그것은 겸양의 덕성이 한없이 빛난다. 그의 동화적 상상력은 자연친화적 시심(詩心)에서 비롯하였거니와 그것은 순박한 서정과 평화지향적 시정신을 낳는다. 그는 인간의 고통과 비애를 따뜻하게 끌어안으려는 넉넉함을 지닌다. 외부세계에서 벌어지고 있는 인간의 갈등과 반목이 그의 시에는 새콤하게 화해되어 있다. 그는 그러한 미망스런 인간 세상의 어렵고 스산한 일들을

---

13) 주근옥, 위 시집, 시문학사, 1998, 14쪽.

맑게 정화하고자 한다. 그것은 잃어버린 세계, 잊혀진 사물에 대한 일깨움에서 비롯된다. 그리고 거기에는 지극한 사랑에서 오는 시인의 연민이 은근하게 백제의 둥근 달처럼 스며 있다.

3.2. 왜소한 존재 크게 보기

주근옥의 시는 주로 농촌을 배경으로 하는 한국의 전통적 정취를 불러오는 대상들을 드러내는 데서 이루어진다. 그것들은 삭막한 세속도시에서 살아가는 기성세대들에게 향수를 불러일으키는 대상들이다. 그런 점에서 도시에서 나고 자란 신세대들에게는 오히려 낯선 세계가 주근옥의 시가 담고 있는 시공간이기도 하다. 그의 시에 자주 나오곤 하는 '멍덕딸기', '보리꺼럭', '쑥뿌리', '보리개떡', 『솔방울』, '찔레꽃', '자배기'등의 토박이 시어는 그의 시가 어디에 뿌리내리고 있는가를 단적으로 대변한다. 그의 서정은 이렇듯 우리의 전통적 삶의 자락에서, 그에게 유년기와 청소년기의 삶의 둘레를 떠나지 못한다.

그것은 현대문명이 우리에게 남긴 상처처럼 마음의 심부에 간직되어 있는 것들이다. 도시의 비정한 삶이 우리에게 남겨준 영혼의 도피처이다. 주근옥이 이 향토적 세계를 살아가는 힘은 바로 그러한 도피의 공간이 마음속에 의뭉스럽게 간직되어 있기 때문인지 모른다. 그것은 어쩌면 시인에게 주어진 축복인지 모르겠다. 시인의 상상력은 지금은 사라진 과거의 자연적인 삶을 되살도록 이끈다. "상상력은 인간이 사라진 세계를 되살도록 움직이는 웅훈한 힘을 지닌다. 상상력은 시인의 내면에 관념으로 자라나는 추상적인 것과 구체적인 것을 종합하는 능력이다."14) 그의 도시적 삶이 낳은 관념은 농촌의 정겨운 풍경에 대한 회상을 통하여 화해된다.

그리하여 그는 시를 통해 사라져 가는 하찮은 존재를 빈틈없이 전경화한

---

14) 김준오, 『시론』, 문장, 1983, 122쪽.

다. 그의 체험에서 우러나오는 흙냄새 풍기는 시어는 진실한 세계의 목소리를 대변하면서 영롱하게 드러난다. 그의 시는 단순 소박하다. 그는 결코 야단스럽게 흥분하여 감정을 드러내지 않는다. 그는 차분하게 은은한 빛깔과 향기로 시의 진수를 보여주고자 한다.

"그의 삶의 토양에는 메마르고 각박한 인간상실 시대에 오히려 온정 어린 따스함이 서려 있다. 그는 흙속에 뿌리 박고 힘차게 자라난 싱그러운 新綠이다."15) 신용협의 주근옥 작품해설 「흙의 眞實 또는 自己와의 싸움」의 한 부분이다.

<blockquote>

산에서 낳아 산에서 목숨을 다하고도
참선하는 모습으로 서있는 소나무 구상나무
등속의 둥치를 도끼로 잘라 굴려다가 쌓는다
더 높이 날기 위하여 깃을 펴던 날
벼락으로 어깻죽지가 부러져도 굴하지 않고
새소리 물소리를 안으로 다스려 감은 나이테
옹이진 뼈마디를 잘게 쪼개어 쌓는다
그 맑고 깨끗한 정신에 불을 지른다

</blockquote>

– 「장작을 패며」 전문16)

위에 인용된 「장작을 패며」는 주근옥의 시인으로서의 세계와 사물에 대한 대응 태도를 잘 드러낸다. 아울러 그의 시적 상상력의 근원이 어디에 있는지를 잘 보여준다. 그의 시가 그의 고향에서의 체험에 밑바탕을 두고 있음은 이미 보아왔거니와, 위 시는 그러한 과거를 추억하는 시인의 정감과 시적 방법을 고스란히 드러낸다. 그의 시의 출발점은 늘 향토적 정염을 진득하게 전해주는 과거에 대한 기억에 의존한다.

---

15) 주근옥, 『산노을 등에 지고』, 시문학사, 1985, 120쪽.
16) 주근옥, 위 시집, 시문학사, 1985, 30쪽.

「장작을 패며」는 소재적인 면에서 일련의 그의 시와 동류로 분류될 수 있으면서도 그의 시세계에서는 다소 특이한 점이 있다. 이는 그의 시작 데뷔기인 초기작을 대표한다. 일본시가인 하이쿠를 연상시키는 지극히 짤막한 호흡을 지닌 그의 시편들은 거의 대부분이 어떤 한 장면만을 던져줄 뿐이다. 시인의 감정이나 의미 부여는 극도로 절제되어 있는 시를 그는 추구한다. 그러한 그의 시작 태도에 비추어 보았을 때 「장작을 패며」는 예외적인 작품이다. 이 시에서 시인은 '소나무'에 자신의 생애 혹은 인간 존재를 감정이입시킨다. 소나무에게서 서정적 자아는 거룩한 인간의 생애를 꿈꾼다. 그러나 그것은 결코 남에게 현시하기 위한 과장된 몸짓이 아니다. 시인은 하찮게 생멸하는 자연 속에서 인생의 존재 의미를 채근(採根)한다. 그리하여 그는 그러한 자연의 대상에게서 생의 참된 의미를 터득한다.

밤꽃 터는 비린내
목숨 터는 비린내
비린내 젖은 육신을
아랫도리만 입혀다오
반달곰이 물어뜯어
새살이 돋는 아픔
아픔만 가려다오

– 「대낮에」 전문17)

시는 본래 시인의 자기 고백이라 했던가. 자기의 내면을 그 치부까지 폭로할 용기가 있어야 시인이란 이름은 얻는 것일까. 고백이란 상처이고 아픔이다. 고백의 언어는 늘 그러하다. 이러한 아픔에 대한 인식과 치유과정을 거쳐 그는 담백하고 허정한 시세계에 이른다. 그는 성숙하지 못한 자신을

---

17) 주근옥, 위 시집, 시문학사, 1988, 34쪽.

‘비린내 젖은 육신’ 이라 한다. 그리하여 온갖 시련을 경험하고, 그 과정에서
‘새살이 돋는 아픔’ 을 맛본다. 그런 의미에서 「대낮에」는 시인의 내면의
갈등과 고통을 가장 구체적으로 드러낸 시이다. 그런 점에서 이 시는 「장작
을 패며」와 더불어 그의 시세계에 예외적으로 시인의 내면 성찰을 드러내
고 있는 작품이다.

> 멍석 위에 앉아
> 모깃불 피워 놓고
>
> 실타래에 감는 달빛
> 실에 꿰는 별빛
>
> 개구리랑 베짱이랑
> 나눠 먹는 보리개떡
>
>   – 「보리개떡」 전문[18]

그러나 주근옥 시의 중요한 흐름은 위의 시에 잘 드러나 있다. 그의 시는
감정을 은밀하게 감춘다. 그의 시는 담백하게 그저 제시할 뿐이다. 「보리개
떡」은 가난한 시절의 삶의 한 자락을 무심하게 그려놓고 있다. 그것은 하나
의 정경이다. 여기에는 시인의 어떤 감정이 배어있지 않다. 지나간 시절
우리네 농촌의 가난했으나 인정미 넘쳤던 삶의 자락을 사심 없이 보여준다.

이러한 주근옥의 시작법은 그의 겸허한 생활 태도를 그대로 드러내는
것이어서, 우리는 그의 시를 통하여 시인의 내면 풍경을 짐작한다. 그의
시에 드러난 고유한 한국적 삶에 대한 향수는 그의 심성이 지닌 자연 친화나
존재에 대한 절실함에 연유한다. 대량소비의 각박한 도시의 삶이 주는 인간
정신의 황폐화를 딛고 순수하고 청정하게 살아가는 방법이 무엇인지를 그

---

18) 주근옥, 위 시집, 1988, 75쪽.

의 시는 보여준다. 그것은 흙에 뿌리를 두고 살았던 과거의 우리로 돌아가는 것이다. 그러나 그의 시는 이를 또한 강렬한 언어로 절규하여 질정하지 않는다. 그는 허정하게 그것을 기억하여 우리의 추억을 가상 체험으로 자극할 따름이다.

그리하여 그는 세상의 하찮은 존재가 이 세계를 구성하고 있는 중요한 세상으로 부각시킨다. 사라져 버린 것들에 대한, 혹은 사라져 가고 있는 것들에 대한 그의 애정은 그것들을 우리들의 삶 앞에 다시 살아나도록 부추긴다. 물론 그것은 이제 시적 상상력의 역동성이 미치는 범위에서 가능하다. 우리에게는 그렇듯이 소멸해 가는 많은 것들이 있다. 그러나 세속에 시달리는 우리는 미처 발견하지 못하는, 주근옥은 그러한 대상들을 감지하여 무디어져 버린 우리의 현실 감각을 쇄신시킨다.

3.3. 보이는 관념 감추기

문학의 궁극의 목적은 소통이다. 소통에 대한 욕구의 대상이란 기본적으로 관념에 가까운 것이다. 그러나 문학은 관념이어서는 안 된다. 문학은 늘 구체성을 요구한다. 여기에 문학하는 자의 절박한 딜레마가 있다.

그런데 주근옥에게 그것은 문제되지 않는다. 그의 시는 본래 관념을 배제히는 지경에서 출발했기 때문이다. 좀 과장되게 말해서, 그의 시에는 관념이 없다. 그는 관념을 모른다. 그리하여 그의 시는 미적 형상화에 관한 한 전혀 문제점을 지니고 있지 않다. 그러나 역설적이게도 우리는 이것이 그의 고도의 관념 감추기임을 그의 시를 꼼꼼하게 읽은 사람들은 결국 찾아내고 말 것이다.

관념을 극도로 배제하고, 있는 현상을 그대로 소절(素節)로 노래한 시집이 『번개와 장미꽃』이다. 여기에 실린 시 전편은 모두 3행시다. 이미 제2시집에서 상당히 이에 근접하는 시형식의 실험을 거쳐, 이제 그는 자칭 소절집(素節集)을 채집하게 되었다. 이 소절집에 들어 있는 시들은 3행에 20자 안팎의 자수로 이루어져 있는데, 여기에는 결코 그 어떤 심경의 토로도 허용하지 않는다.

그는 소절을 통해서 절제와 긴장의 시학을 창조하고자 한다. 그것은 기지에 찬 시상(詩想)과 경쾌한 리듬에 의해서 가능할 것임을 그는 자각한다. 짧은 시행과 시구의 배열이니 만큼 관념은 철저하게 배제될 수밖에 없다. 이 적은 어구의 배열은 어떤 한 상황이나 장면을 집약해서 제시해야 한다. 언어의 절제는 그 사용된 언어의 함축적 의미가 강조되기 마련이다.

> 빗방울이 떨어지면
> 동그라미가 모여서
> 연꽃을 피우는가
> — 「연못」 전문

주근옥의 3행시는 착상이 매우 중요하다. 기발하게 포착된 세계의 단면 제시를 통해 인간과 우주의 심오한 진리에 도달하고자 함이 그의 3행시의 목표이다. 위에 제시된 「연꽃」은 그러한 좋은 예가 된다. '연꽃'은 불교적 상징이 강한 매재이다. 그것을 빗방울과 그것의 연못에서의 파문을 중첩 연상시켜 연꽃의 의미를 새롭게 부각시킨다.

이러한 그의 3행시는 일본의 전통시가 하이쿠(俳句)를 연상시킨다. 일본 시가문학의 가장 특징적인 장르는 역시 5·7·5의 17음으로 된 하이쿠이다. 이것은 세계에서 가장 짧은 단시형(短詩形)으로 알려져 있고, 오늘날 여러 나라에서 이에 대한 수용과 연구가 활발히 진행되고 있다.

이러한 짧은 시의 유래는 한 수가 31음으로 이루어진 와카(和歌)구 5·7·5음과 뒷구 7·7음으로 나누어 두 사람 이상이 돌아가며 읊는 데서 렝가(連歌)가 발생되었다. 주로 귀족계급의 풍류와 지적 교양을 나타냈던 것이

와카와 렝가였다면, 당시의 생활이나 귀족들을 풍자하고 기지와 웃음을 노래한 서민들의 노래가 바로 하이카이 렝가였다. 이것을 나중에 하이카이라 부르게 되었는데, 제일 첫 구를 혹쿠(發句)라 하여 그 돌림노래 중에서 가장 중요하게 여겼다.

"하이쿠의 가장 주요한 구비요건 중 하나가 계절어(季語)이다 계절어는 일본의 풍토와 문화 그리고 생활양식이 반영된 단어이며 일본인이면 누구나 공감하는 하나의 정서적인 공동체적 어휘이다. 근래에 들어와서는 계절어의 숫자도 사회의 제반 양상의 변화와 함께 달라지게 되었다."[19]

계절어는 또한 일본의 풍토와 그 곳에서 살아 온 일본인의 정서를 담은 말이기 때문에 외국인에게는 이해하기가 어려운 경우도 많다. 하이쿠에는 계절어와 단락어라는 기본요건 외에도 여러 가지 표현기법이 있는데 우선 단락어에 의해 나뉜 두 개의 표현에 각각 다른 사물이나 비슷한 사물을 배치하여 그 양자의 조화를 통해 시정(詩情)을 증폭시키기도 하고 전혀 새로운 시점을 창조하기도 하는 '배합' 이라는 기법이 있다.

古池や蛙飛びこむ水の音

한적한 연못/ 개구리 뛰어드네/ 물소리 첨벙 (최재철 옮김)

The old pond:
A frog jump in,-
The sound of the water. (R .H. Blyth 譯)[20]

가장 일본적이며 대표적인 마츠로 바쇼오의 하이쿠이다. '연못'이라는 배경이 있고, '개구리'가 주인공이며 '뛰어든다'는 동작과 '물소리'라는 음향

---

19) 최재철, 「일본시가 문학의 특징」 『문학과 창작』, 1997년 4월호, 228~9쪽.
20) 최재철, 「일본시가 문학의 특징」 『문학과 창작』, 1997년 4월호, 231쪽.

효과가 들어 있다. 이와 같이 하이쿠는 순간의 포착이고 이미지의 표출이다.

하이쿠는 아주 짧기 때문에 은유나 직유와 같은 비유법과 상징을 다른 시가보다 월등히 많이 요구하고 있다. 하이쿠에 있어 생략과 상징적 표현으로 인하여 이해하기 어려운 경우가 많다. 정경(情景)을 재현할 것. 심정(心情)에 동화할 것과 배후(背後)를 통찰할 것 등의 방법이 필요하다.

하늘은 눈보라
이불을 둘러쓰고
품속에 밥을 앙궈

     – 「밥을 앙구며」 전문

취해 비틀거리며
백일홍 꽃에 오줌누네
놀라 뛰는 개구리

     – 「낮술」 전문

주근옥의 소절집은 여러 가지 면에서 일본의 하이쿠와 유사점이 있다. 생략에 의한 간결하고 응축된 표현, 계절어의 제시, 몸으로 체득된 정서 등이 그것이다. 「밤을 앙구며」와 「낮술」에도 이러한 요건들이 잘 갖추어져 있다.

이런 하이쿠와의 영향 관계는 주근옥이 직접 일본 시가를 통해서 체득한 것보다는 선배 박용래 시인의 영향과 선사상을 통한 상호 연관 때문일 것이다. 이 「밥을 앙구며」에서 보듯 우주의 질서인 '하늘은 눈보라'와 인간의 정서인 '이불을 둘러쓰고'가 혼연 일체로 합일하여 '품속에 밥을 앙궈'란 선적인 경지로 자신의 내면의 심층을 밑바닥의 밑바닥까지 규명하려고 하는 것이다.

4. 나오는 말

주근옥의 시는 선시와 같은 우심한 모순어법과 긴장의 미감을 지닌다. "본래 선시란 선사들의 선적 체험, 이른바 선수행의 결과 체득된 오도의 경지를 한시의 형식에 담아 표현"[21]한 것이 주류를 이룬다. 이는 동양적 정서에 어울린다. 한국의 현대시가 한국적 정신을 탐착하고자 할 때, 선시는 동양적 사고를 가져다주는 한 방법일 수 있다. 우리는 고단한 현실에서 눈을 돌려 인간의 내면을 지향코자 하는 의지를 지닌다. 그럴 때, 시는 그러한 인간의 상처받은 영혼을 위안해 준다. 여기에 선시와도 같이 간결한 무취의 향내를 풍기는 주근옥의 시편들은 삭막한 세속도시 현대인의 감정을 정화시켜 준다.

시는 번잡한 수식에서 자칫 그것의 격조를 잃기 쉽다. 시의 품격은 시인의 깊은 명상과 관찰에 의해 빚어진다. 주근옥은 도시적 삶으로 보자면 사라져버린 옛것을 찾아 기억을 풀어놓는다. 그는 따뜻하고 정겹게 그것들을 떠올린다. 그의 시적 상상력은 은밀하고 담백하게 그것의 주위를 맴돌며, 우리에게 존재의 근원이 어디에 있는지를 일깨운다. 그의 시를 읽으면서 우리는 이반되어 있던 낯선 세계로부터 정체성을 얻게 된다. 그의 시는 그만큼 한국인이 원형적으로 지니는 심성의 핵심에 가 닿고자 한다.

주근옥의 고유한 여러 시적 재능에 감동하면서도 필자는 그의 소극적인 현실 상황 인식에 견해를 조금 달리하고 있다. 새로운 세기를 앞두고 나타나는 일련의 징후들, 예컨대 국민국가의 약화를 낳은 세계화, 극소전자 혁명에 기반한 정보사회, 영화-비디오-광고 등으로 상징되는 새로운 대중문화 양식, 환경-평화-여성해방운동으로 대표되는 신사회운동, 그리고 무엇보다도 탈중심화된 주체의 등장 등, 여기에 시인들은 어떻게 대응해야 할 것인가.

---

21) 최순열, 「왜 선시인가」, 『현대문학과 선시』, 이원섭 편저, 불지사, 1992, 154쪽.

역시 시인도 시대적, 사회적 인간으로서 현실을 외면하거나 비껴갈 수 없는 역사적 예민한 존재이다. 역사적 인간으로서의 미래적 투시와 도덕적 성실성과 용기가 새삼스레 필요한 것이다.

주근옥의 선시적 정신주의와 충청도적 인정주의가 좀더 부패한 현실과 타락한 꿈을 응징하고 구원하는 초록 생명의 길, 우리시의 숨결과 혼결, 살결을 아우르는 인간과 자연의 길, 그리고 이상적 세계를 향한 전망을 제시하는 굵은 언어와 주제들로 이어지기를 바란다. 그래서 역사에 대한 부채와 사회적 채무의 무게를 떨쳐버리지 말며 한없이 자유로운 시 쓰기를 당부한다.

현재 한국문화는 퇴폐·향락·폭력 등 대량 소비적인 천박한 자본주의와 저질 사회주의가 결합한 모습을 하고 있다. 20세기가 끝나 가는 시점에 각박한 도시의 삶이 던져주는 인간 정신의 황폐화를 딛고, 청정하게 살아가는 방법이 무엇인지를 주근옥의 시는 우리에게 수줍게 보여준다. 그것은 흙에 뿌리를 두고 살았던 과거의 순정한 우리로 돌아가자는 것이다.

자연을 사랑하고 자연 속에서 자연과 동화되는 삶을 사는 데 충실했던『월든』의 작가 소로우는 스스로를 '자연의 관찰자'라고 말했다. 그러나 지난 70년대 이후 환경에 대한 인식과 활동이 국제적으로 일어나면서 자연주의자 또 환경운동의 선구자로서 소로우의 성가는 높아간다. 콩코드와 월든은 환경운동의 발상지로서 국제적 주목을 받고 있다.

필자는 소로우의 대칭점에 주근옥 시인을 자랑스럽게 놓고 싶다. 자연파괴 행위는 나무를 훼손하고 식수를 오염시키는 것으로 끝나지 않는다. 그것은 인성을 파괴하여 난폭성을 유발하고 윤리의식을 마비시켜 더불어 사는 이웃을 실종시키는 사회해체 행위를 덧없이 유발시킨다.

주근옥 시인의 시정신의 연원은 화해와 조화와 중용의 바탕 위에서 생성된 충청도적 향토성과 시적 기질이다. 공업화·산업화한 도시뿐인 이 세상에서 지역 개발과 세수 증대란 이름으로 자행해온 자연에 대한 폭력과 파괴, 그리고 환경오염 문제를 화두로 삼으면서 시 쓰기로 그것을 더욱더 환기시켜야 할 것이다. 주근옥 시인의 역할은 그 자연파괴 행위를 막는 환경파수꾼으로써 어떤 고귀한 임무이다. 하나밖에 없는 지구를 지키는 환경·생명운동은 그것이 참다운 시인의 열린 길인지도 모른다.

문토불이(文土不二), 생명 윤리를 지키는 진정한 한국시만이 외국시에 당당히 맞설 수 있다는 올곧은 염원과 실천을 우리는 주근옥 시인에게 볼 수 있는 기대와 들을 수 있는 설렘을 가지고 싶다.

초기시의 반문명성

송 기 한

1. 새로운 서정의 탐색

주근옥은 늦깎이 시인이다. 40이 넘어 시인으로 데뷔했으니 늦어도 한참 늦었다. 요즈음 시인으로 데뷔하는 연령대가 점점 낮아지고 있는 추세에 비추어 보면, 주근옥의 문단 생활은 더욱 늦어 보인다. 그럼에도 그의 문학적 열정만큼은 다른 어떤 시인들 못지 않다. 데뷔이후 짧은 시기에 무려 다섯 권에 이르는 시집을 발간해 내었으니 말이다.

주근옥은 성실한 시인이다. 그는 문단의 편가름이나 문학적 시류에 쉽게 휘말리지 않고 그 자신만의 독특한 주관을 바탕으로 독자적인 시 세계를 성실하게 일구어내었기 때문이다. 그는 1980년대의 문단적 거대 담론이었던 민중·민수의 세계나 포스트모던의 해체적 흐름과는 무관한, 흔히 새로운 서정이라 불리는 전통적 서정의 세계를 올곧게 탐색해 왔다. 그것이 그의 첫시집인 『산노을 등에 지고』에서 보이는 자연과의 교감이다.

실상 시에 있어서 자연에 대한 동화라든가 자연의 서정화 같은 영역은 80년대의 시대적 특수성을 고려하면 매우 소중한 것이라 할 수 있다. 이는 소련 동구의 해체로 상징되는 거대담론의 퇴조 현상과 그에 따른 대안 담론의 모색과 무관하지 않기 때문이다. 잘 알려진 것처럼 90년대 벽두부터 불기 시작한 문단의 중심화두는 새로운 서정에 대한 가열찬 모색이었다.

여기서 새로운 서정의 모색이란 어떤 신기루와 같은 정서나 대상의 탐색이
아니라 거대담론 속에 감춰진 미시화된 담론들을 어떻게 새로운 패러다임
속에 질서화시킬 것인가와 관련되는 문제였다.

그러한 문학적 흐름들을 짚어가다 보면, 80년대의 거대화된 권력 밑에
움츠리고 있던 자연의 서정화와 같은 작은 주제들은 매우 중요한 시사적
의미를 갖는다고 할 수 있다. 그것은 곧 90년대의 시사적 흐름과 무관하지
않기 때문이다. 주근옥 시인이 보여준『산노을 등에 지고』의 시사적 의미는
바로 여기에 있다. 그의 시들은 어떤 거대화된 주제 속에서 유영하거나
헤매이지 않는다. 그는 그러한 미로보다는 자신을 둘러싸고 있는 작은 부분
들이나 환경들을 예의 주시하고 그 속에서 이를 의미화시켜 나간다. 그
가운데 주근옥 시인이 가장 전략적으로 구사하고 있는 이미지나 소재들이
바로 자연이다. 시집의 제목도 그러하지만 시집 속의 작품 목록들 또한
그러하다. 가령,「명덕딸기」,「수수꽃다리」,「백일홍」,「찔레꽃」,「따가새」,
「쌀벌레」 등에서 보듯 자연 그 자체나 자연의 일부를 시의 소재로 삼고
있는 것이다.

2. 자연의 세 가지 의미 층위

『산노을 등에 지고』에서 주근옥 시인이 보여준 자연의 서정화는 세 가지
층위로 의미화된다. 첫째는 반문명주의와 자연에의 친화, 다음은 그러한
자연의 속에서 길어올려지는 자기 수양, 그리고 마지막으로는 자연과의
완전한 동화 혹은 합일화된 삶의 희구 등이 바로 그것이다.

우선 시인의 자연 예찬은 반문명주의나 반물질주의와 같은 현대의 제반
병리현상에 그 뿌리를 두고 있다. 그의 그러한 의식들은 생래적인 영역에

속하는 것으로 보인다.

> 서울에 와서
> 같이 살자 하지만
>
> 십년 동안 저축했더니
> 겨우 엽서 값이라네
>
> 흙과 물과 햇살과
> 바람하고만 살라네
> ─「엽서」 전문

　인용시는 짧은 시이긴 하지만 주근옥의 시세계에서 많은 사유를 담지하고 있는 작품이다. 이는 시의 내용적 측면 뿐 아니라 형식적 측면에서도 그러하다. 주근옥 시인이 즐겨 사용하는 형식적 특징 가운데 하나는 잘 알려진 대로 단형체 양식이다. 이 양식은 순간의 정서를 감각화시키는 데에는 매우 효과적인 구실을 한다. 그러나 현대의 복합적인 감수성을 담아내기에는 어느 정도 한계가 있는 것도 사실이다. 그럼에도 시인은 단형체의 그러한 양식들을 고집스럽게 차용한다. 왜 그러할까. 이는 아마도 다양 다기한 근대성의 감각을 하나의 단일한 감수성으로 되돌리려는 시인의 치열한 시정신과 맞물리는 것은 아닐까. 자아와 세계가 갈등하지 않는 인식 속에서 짧은 단형체의 형식들은 얼마든지 가능하다. 선비정신에 바탕을 두고 있는 시조의 양식화는 잘 알려진 대로 그 대표적 사례에 해당된다.

　인용시 「엽서」는 반문명주의와 반물질주의적 사유를 압축적으로 제시하고 있는 작품이다. 우선 이 작품이 반도시적이라는 점에서 그러하고 또한 비욕망적이라는 점에서 그러하다. 이러한 사유들은 한국 근대화의 상징이라 할 수 있는 서울의 의미화에서 비롯한다. 그렇다면 서울이 한국 사회에서 갖는 의미는 무엇일까. 잘 알려진 대로 서울은 한국의 수도 그 이상의 어떤 함의를 갖고 있다. 즉 서울은 근대의 상징이면서 물질 문명의 바로미터가 되는 것이다. 따라서 그곳에 편입되느냐 아니냐의 문제는 단순한 정주(定住)의 차원에 놓이지 않는다.

인용시에서 보듯 시인은 근대의 상징이라 할 수 있는 서울에 대해 상당한 거부감을 가지고 있다. 그리고 그 토양에서 자라난 근대의 입벌림 또한 거부한다. 시인은 근대의 권력이라든가 물질주의와 같은 욕망적 사유로부터 한걸음 비켜서서 이를 관조한다. 그러하기에 주근옥의 시에서 욕망의 팽창을 읽어내는 것은 쉬운 일이 아니다. 뿐만 아니라 그는 그 스스로를 드러내는 것 또한 의도적으로 거부한다. 가령, "이름을 빌려 살면서 써보는 시를 / 한번도 자랑으로 여긴 적이 없다"(「밖을 보며」)거나 "내 무엇을 더 바라랴 / 시래기 한 타래와 무우말랭이"(「국 한 사발」)로 만족하는 삶의 태도가 바로 그러하다. 이렇듯 그의 사유의 저변에서 물질에 대한 어떤 자의식이나 욕망의 팽창과 같은 것들을 읽어내는 것은 거의 불가능하다. 시인의 이러한 삶의 자세를 두고 소시민 의식의 발로나 허무주의로 비판할 수도 있을 것이다. 사실 시인의 첫시집 『산노을 등에 지고』에서 이러한 사유의 끈들을 붙잡아내는 것은 어렵지 않은 일이다. 시집의 곳곳에서 소시민적인 삶의 편린들을 쉽게 목격할 수 있기 때문이다.

> 이슬 젖은 옥잠화여
> 얼굴에 책임을 져야 한다는 말이
> 자꾸 마음에 걸립니다
>
> 평소 제 얼굴을 보며
> 살 수 없는 노릇도 노릇이지만
> 게까지 마음 쓸 여유가 없으니

그저 안타까울 뿐입니다

가꾸며 사는 일 분수를 지키는 일
모두가 사치로만 여겨지는 때가 있습니다

억지를 부린다고 꽃샘바람처럼
떼를 쓴다고 되는 것도 아닐 바에야
만들어지는 대로 살 수밖엔 없습니다

그래도 거울 앞에 앉아서
새치를 뽑고 수염을 밀며
아내의 무릎을 베고 눕는
순간만은 빼앗지 말아주오

서로 심장의 고동소리 헤아리며
이슬 한 방울로 떨겠습니다

-「거울 앞에 앉아서」 전문

인용시는 매우 솔직한 시이다. 여기서 솔직하다는 것은 의식의 과잉이나 욕망의 팽창과는 무관하다는 뜻을 담고 있다. 시인은 자연적인 삶, 아니 자연스런 삶 이외의 모든 것은 사치로 느낀다. "억지를 부린다고" 혹은 "떼를 쓴다고" 삶이 만들어지는 것도, 목표가 완성되는 것도 아니라고 보는 것이다. 다만 그러하더라도 "거울 앞에 앉아서 / 새치를 뽑고 수염을 밀며 / 아내의 무릎을 베고 눕는 순간만"은 빼앗지 말라는 지극히 평범한 일상인의 자의식을 드러낸다. 욕심도 욕망도 성취도 갈등도 없는 지독한 소시민 의식인 것이다.

그러나 이러한 의식은 흔히 통용되는 허무주의와는 매우 다르다고 할 수 있다. 일체의 모든 것을 무로 돌리는 것이 허무주의라고 한다면, 주근옥 시인이 보여준 허무 의식은 이와 매우 다른 곳에 자리하고 있기 때문이다. 시인은 모든 것을 부정하거나 무로 되돌리지 않는다. 그는 단지 욕망이 없을 뿐이고, 집착이 없을 뿐이다. 대신 시인은 우주의 이법이라든가 자연의 질서를 겸허히 받아들이려 한다. 그의 시세계를 적극적 허무주의로 해석하려고 하는 것도 여기에 그 이유가 있다. 그는 모든 것을 부정하는 아나키즘적 자세를 취하지 않는다. 그의 사유의 끝은 자연에 순응하려는 비욕망적 태도에 닿아 있다. 시인의 이같은 자세는 "만들어지는 대로 살 수밖에 없읍니다"라는 표현에 잘 나타나 있는바, 이러한 의식이야말로 우주의 질서와 이법에 순응하려는 가장 적극적인 자세이고 그것으로부터 걸러지는 염결한 자기수양일 것이다.

멍석 위에 앉아
모깃불 피워놓고

실타래에 감는 달빛
실에 꿰는 별빛

개구리랑 베짱이랑
나눠 먹는 보리개떡
　　　　　　－「보리개떡」 전문

　근대에 들어 자연을 서정화하고 의미화하는 작업은 이 이전의 방식과는 상당한 차이가 있다. 근대가 만들어낸 위대한 업적 가운데 하나는 자연에 대한 기술적 지배이지만, 여기에는 근본적인 모순 또한 존재하는 것이 사실이다. 곧 근대가 인간에게 준 가장 큰 불행은 인간을 자연으로부터 분리시켰다는 점이다. 근대에 들어 자연을 서정화하는 작업의 일차적 의미는 일단 여기서 찾아야 한다. 근대에 의해 분해된 자연과 인간의 분리를 어떻게 다시 결합시킬 것인가, 그리고 이들을 어떻게 조화시켜 과거와 같은 합일된 삶으로 이끌 것인가의 문제는, 자연을 잃어버린 근대적 인간의 숙명적 과제가 아닐 수가 없다.

이러한 당면 과제는 아마도 경계에 대한 해체 혹은 영역에 대한 구분의 세계가 무화되거나 사라져야 가능하다는 것이 필자의 판단이다. 근대의 제반 양상들은 인간의 영역을, 자연의 영역과 분리시켜 외따로 만들어내는 데 아주 탁월한 재주를 보여 왔다. 근대에서 배태된 여러 모순과 더불어 이제는 그러한 경계내지 구분의 세계는 사라져야 한다. 그럴려면 인간적인 것과 자연적인 것이 따로 존재하거나 의미화되지 말아야 한다. 자연과 인간이 하나가 되어야 까닭이 바로 여기에 있다.

주근옥 시인이 이번 시집에서 보여준 자연에 대한 세 번째 사유는 인간과 그것과의 완전한 동화 혹은 합입화된 삶의 회구이다. 「보리개떡」에서 드러나는 인간과 자연의 의미망이 바로 그러하다. 우선 이 시의 의미역을 따라가 보자. 시적 자아는 어느 여름날 멍석 위에 앉아 '보리개떡'을 먹는다. 그러나 그의 행위는 인간의 영역에만 국한되는 행동이 아니다. 개구리와 베짱이도 '보리개떡'을 함께 먹는 존재로 부각되기 때문이다. 말하자면 자연 역시 인간과 마찬가지로 똑같은 행위를 하는 것이다. 인간적인 영역이 따로 있고 자연의 영역이 따로 있는 것이 아니다. 모두 일체화된 세계, 조화로운 세계를 살아가는 것이다. 자연과 인간이 분리되지 않고 이렇듯 하나로 되는 세계야말로 근대인들의 영원한 이상일 것이다.

3. 자연의 서정화의 시적 의미

주근옥은 시를 가볍게 쓰지 않는다. 이는 그의 선비적 기질에서 나오는 것이기도 하지만, 다른 한편으로는 문단이나 시류에 편승하여 시를 쓰지 않았다는 말과도 통한다. 그의 시에서 현대적 감수성을 비롯한 시대의 문맥이나 흐름들을 읽어내는 것이 쉽지 않다. 그럼에도 그의 시들은 정서의 폭을 넓게 그리고 깊이 울려준다.

자연이라는 보편의 감수성을 주근옥은 그 나름의 감각으로 훌륭하게 우려내었다. 그것은 자연의 이법, 우주의 질서에 순응하려는, 소박하면서도 적극적인 자세에서 길어올려진 것이다. 여기에다 그는 고향의 질감을 덧붙여 정서의 폭 또한 깊게 배가시켰다. 이러한 상상력은 우리 시사에서 매우 소중한 영역이다. 널리 알려진 것처럼 1980년대 한국 시사는 양극단으로 나뉘어져 있었다. 주체의 지나친 강조와 이에 따른 집단적 영역으로의 확대 현상이 그 극단의 한 끝이라면 다른 한끝은 주체의 피괴와 중심의 해체였다. 그러나 이 모두는 서정시 본래의 영역과는 무관한 것들이다. 90년대들어 신서정으로 표현되는, 서정시 본래의 영역에 대한 향수와 회복운동은 그 반작용에 대한 결과라 할 수 있다. 주근옥 시인이『산노을 등에 지고』에서 보여준 자연이나 고향에 대한 서정화는 그러한 서정적 회복운동의 단초가 되고 있다는 점에서 그 의의가 있다고 하겠다.

완고한 기호의 세계

남 기 택

1

주근옥 시집 『갈대 속의 비비새』(현대시, 2002)가 지닌 무게는 가볍고도 무겁다. 그의 시편들은 대개 쉽게 읽혀지지만 깨달음으로 가는 긴 사유의 고통을 반드시 수반한다. 이는 장문의 「자서」를 통해 드러나듯이, 그만한 고통의 산물로서 기호주의자 주근옥과 그의 시가 만들어지는 생래적 맥락이기도 하다. 그렇게 우리는 주근옥의 시를 통해 자연의 활력과 문득 눈부시는 삶의 혜안을 접하게 된다. 그의 시가 보여주는 경쾌하고도 속 깊은 행보는 식을 줄 모르는 열정과 실험의식에 바탕하고 있다. 시인은 어느덧 환갑을 바라보는 완숙의 경지에 이르렀지만, 시작에 임하는 자세와 시정신만큼은 그 어느 젊은 사유보다도 치열하고 의욕적임을 한 눈에 알 수 있다. 다함 없는 에너지와 정열이 오늘 주근옥의 시를 있게 하는 원동력일 것이다.

주근옥의 시는 현실에 대한 천착에 바탕하고 있다. 그에게 현실은 시의 막이 열리는 무대와도 같다. 다단한 삶의 형상은 주의 깊은 관찰과 상상력에 의해 기호화되고, 그리하여 그 무대는 흔한 통속극의 장과는 먼 거리를 지닌다. 무대는 곧 마당일 터 주근옥 시의 마당은 삶의 굴곡과 외양들이 전통적 정서와 세련된 연출로 펼쳐지는 상징의 장이라 할 수 있다. 주근옥의 시선은 완곡하면서도 지극한 자기 중심의 질서로 판들을 정리하고 이합집

산을 주관하고 있다.

2

그런 맛과 구조를 전형적으로 볼 수 있는 시가 시집 첫 장에 실려 있다. 「빈 마당」이 그것인데 이 작품은 한 판 인생이 돌아가는 역학과 역설적 의미에 대한 관망을 담고 있는 작품이다.

> 대처로 다 나가고
> 빈 마당에 사내가
> 옹기를 갖다 놓는다
> 대문으로 들어와 뒷문으로 나가고
> 뒷문으로 들어와 개구멍으로 나가고
> 무너진 흙담을 밟고 넘어와
> 큰 옹기 안에 작은 옹기
> 큰 옹기 앞에 더 큰 옹기
> 꽉 꽉 들어찬 마당 옹기 사이로
> 게걸음치며 요리조리 헤매다가
> 사내는 하나씩 들고 나간다
> 빈 마당에 달빛이 쏟아지지만
> 자꾸 흘러 넘친다
>
> — 「빈 마당」 전문

이 시에 나타난 것처럼 '빈 마당'이란 우리 삶이 펼쳐지는 무대의 의미를 지닌다. 삶은 그렇게 "대문으로 들어와 뒷문으로 나가고/뒷문으로 들어와 개구멍으로 나가"는 부정의 과정일 수 있고, "큰 옹기 안에 작은 옹기/큰 옹기 앞에 더 큰 옹기"가 놓인 혼동 속이며, "게걸음치며 요리조리 헤매다가" 결국 "하나씩 들고 나"가야 할 지양과 고투의 과정이기도 하다. 그렇다면 '빈 마당'에 놓인 인생이기에 우리는 그 삶의 무대에 외롭게 놓인 슬픈 에필로그의 주인공에 그치는 것인가. 그러나 죽음과 같은 인간의 선험적 한계를 인정하는 것이 아닌 듯 「빈 마당」에는 '달빛'이 드리운다. 한 인간을 둘러싼 모든 관계가 소원해지더라도 항상적으로 넘쳐흐르는 달빛은 자연의 하나인 인간이 그것처럼 한결같아야 한다는 강밀한 은유일 수 있다. 「빈 마당」에서 펼쳐지는 '사내' 곧 시인의 모노드라마는 이처럼 혼란의 여정 속에서도 여명을 암시하며 기호들의 한 판 축제를 열어 나간다.

그 자세는 지극히 겸손하다. 이어 논의해야 할 내면화와 구조화의 긴밀한 연관과 같은 정치함과는 상대적으로, 어떤 작품을 통해서든 그것을 풀어놓는 겸양의 자세를 쉽게 만나게 된다. 그러나 그것은 먼 산 위의 유유자적과는 다른, 모든 차이를 원칙 없이 인정하는 다원주의와는 다른 태도임을 또한 우리는 볼 수 있다.

> 솔새 한 마리가 어깨에 똥을 떨어뜨리고
> 참 별것이 다 놀고 간다고 생각하는 날은
> 그래 일조 원을 먹고도 똥 냄새가 나지 않는
> 사람보다 그래도 미물 냄새가 나는 내가
> 파릇파릇 속잎이 돋아나는
> 감나무 등걸에 기댈 수 있는 내가
> 나를 바라보며 속으로라도 중얼중얼 욕할 수 있는
> 내가 내가
> …(중략)…
> 푸른 홍시 하나가 되어 홍시 하나가 되어
> 다 파먹힐 수만 있다면
>
> — 「솔새의 똥을 받으며」 부분

그 차이는 무엇인가. 위의 작품에서 볼 수 있는 것처럼 주근옥 시의 화자는 "일조 원을 먹고도 똥 냄새가 나지 않"음을 조롱하는 비판의 자아요 "나를 바라보며……욕할 수 있는" 반성적 자아이며, "파릇파릇 속잎이 돋아나"고 "감나무 등걸에 기댈 수 있는" 소통의 존재이고, "다 파먹힐 수만 있"도록 바라는 탈주체의 관점에 선 그것이다. 일상의 우연을 시화하는 맥락에서 이와 같은 다양성의 차원이 교차되는 흥미를 느낄 수 있는 것은 주근옥 시의 매력이자 의미심장한 의도이기도 하다. 일상적 소재처럼 그 시의 문법이란 게 편안한 느낌으로 다가오는 것 역시 현실에 착목한 입론의 미덕임을 간과해선 안 된다.

이러한 관점이 흔한 통속극의 그것과는 다른 것임은 위에서도 전제한 바 있지만 이를 교감하고 증거하는 것이 남은 과제일 텐데, 여기서는 소위 몰(mole)적인 주체중심주의를 벗어나는 데 있는 주근옥 시의 발생적 맥락만을 우선 주목하기로 한다. 그의 시편들 속에는 주된 화제로서 다양한 자연의 형상들과 주체의 양태(mode)들이 등장하고 있다. 그리하여 주근옥 시의 퍼소나는 "지천명을 넘기고/이순을 바라보는 나이에/나는 아직도 일 학년"(「다시 일 학년이 되어」)인 듯하고, "아버지, 처음으로 느끼는/체온이 뼛속으로"(「櫛來」) 느끼며, "하나 더하기 하나는 몇입니까/나는 오십이 다 되어/처음 자신 있게/―하납니다"(「더하기」)처럼 동일성의 논리를 부정하는 존재로 변모된다. "하늘과 산과/호수 위에도//노을은 지지 않고/내 앞에 앉아"(「내 앞에」) 노는 형상은 어떠한가. 인간을 중심으로 자연을 이원화하고, 개체의 사유로써 대상을 동일화하는 방식과는 이질적인 주근옥 시의 수사를 역시 보게 된다. 이러한 친자연적이고 탈주체적인 형상들로써 주근옥 시의 입론이 전통적인 목가적 상상력에 그치지 않는 '계산된' 태도임을 느낄 수 있는 것이다.

3

실로 그 과정은 시적 소재의 외형상 친밀함과는 이질적이며 의도적인 주근옥식의 내면화를 기도하고 있다. 한편 그것은 수박값을 흥정하는 전복된 계산을 통해서 소극화되기도 한다.

> 수박 한 통에 얼마랑가
> 이천 오백 원짜린디
> 이천 원만 주시게라
> 이왕이면 삼천 원 받으쇼잉
> 농담 말고 가져가시게라
> 삼천 원 아니면
> 안 가져가겠당께
> …(중략)…
> 깎아준다는디도 안 판다니
> 두 사내가 수박을 밟고 서서 씩씩거린다
> ―「수박」부분

덜 받겠다는 수박 장수와 더 주겠다는 손님이 입씨름을 벌이는 이런 장면은 분명 전도된 풍경이다. "깎아준다는디도 안 판다니" 라는 비문법 역시 이 작품의 전도성을 읽는 또다른 재미일 수 있다. 단순한 오기(誤記)일 수 있는 이 행은, 사투리의 외형 이외에도 '팔다'를 '사다'로 혹은 '깎아주다'를 '더주다'로 교체하는 일상적 어법의 파괴를 통해 자동화된 사고를 지연시키는 효과를 수반하는 바 오히려 '명기(明記)'가 되기도 한다. 요컨대 「수박」에서는 보편화된 자본의 논리와 이로 인한 세상사의 각박함을 상상의 풍경으로써 위안받고자 하는 심정을 엿볼 수 있으며, 그것이 곧 이 작품이 주는 웃음의 의미일 것이다.

　또한 주근옥 시는 짐짓 관찰자의 시점으로 삶의 허망함을 비극화되기도
한다.

> 그 짐이 점점 커져 가게를 사서 부려 놓고
> 그 비단가게 더 점점 커져 읍내에서 제일 큰
> 극장이 되고, 대전의 빌딩이 되고
> 슬슬 바람도 핀다는 유언비어가 나도는 어느 날
> 그는 쓰러졌다, 남들 다 가는 평양구경 본처 상봉 못하고
> 빌딩의 주인은 그의 부인 이름으로 바뀌고
> 소달구지 끌고 매형 집을 오가던 그의 처남은
> 극장 주인이 되었다, 달아 달아 노오란 강냉이
> 시멘트 물 바닥에 낳은 개구리 알 속의 보름달아
> 　　　　　　　　　　　　　－「튀밥 장사 어 서방」 부분

　젊은 날의 모든 고생을 바쳐 오른 "빌딩의 주인" 자리를 제대로 영위하지
못한 채 쓰러져갈 수밖에 없었던 기구한 '어 서방'의 인생은 결코 어 서방만
의 것이 아니다. 여기서 상징적으로 드러난 인생의 아이러니가 어찌 특정
인물만의 그것일 수 있겠는가. 물론 이 작품에는 오랜 세월 같이 한 삶을
통해 관찰된("우리 집 앞마당 판잣집에 살던 어 서방") 시적 진실이 있다.
화자는 그러한 삶의 이력을 개인의 묘비명으로 한정하지 않는다. 종결부에
서 처리되고 있듯이 이 작품은 "시멘트 물 바닥에 낳은 개구리 알 속의
보름달"처럼 흔한 풍경을 있는 그대로 묘사하며, 그에 담긴 슬픔의 정조를
회색의 색채로 강조하고 있는 것이다. 이러한 시적 문맥에서 감추어진 시선
과 외화된 형상 사이에는 치밀한 계산이 존재한다. 안팎의 현실을 적절히
조율하는 거리화된 포즈야말로 시를 주조하는 주근옥의 태도라 할 만하다.

　도깨비 채송화 개망초꽃

간월도에도 월리사 마당에도
달은 없고 승용차만 서 있구나
횟집에 앉아 국물을 마시며
이마의 땀을 닦는 사람아
거울 속의 내 머리통인가
조금은 찌그러졌구나

– 「달달 무슨 달」 부분

　따라서 주근옥 시의 풍경은 단지 풍경으로 그치지 않는다. 달이 사라지고 승용차만 가득 찬 문명의 마당인 풍경을 묘사하는 위 작품에서도 시인의 현실 감각을 볼 수 있다. 전도된 풍경을 바라보는 화자의 착잡한 심정은 "거울 속의 내 머리통인가/조금은 찌그러졌구나" 라는 독백으로 표현된다. 이렇게 자연과 문명이 만나고, 그들이 화하여 펼치는 현실의 이상과 반목이 정제된 형식을 통해서 상징화되는 것이 주근옥의 주된 시법 중 하나이다. 또한 여기서 주목되는 것은 언어와 사유 자체가 찌끄러질 수 있다는 모티프이다. 언어라는 기호는, 이를 주조하는 인간의 사유라는 의식 체계는 결코 완전한 것일 수 없다. 주근옥 시의 기호들이 항상적 미결을 수반하면서도 그것을 통해 새로운 의미를 지향하는 것 역시 결국은 찌그러진 거울과 그 속에 비친 머리통처럼 완전할 수 없는 언어와 사유를 인정하는 태도로부터 출발하는 것이 아닐까.

　그러한 계산이 닿는 피치 못할 대상으로 정체성의 영역을 들 수 있다. 우리는 시집 곳곳에서 주근옥의 시적 자아가 당면한 아픔의 깊이를 체감할 수 있다. 예컨대 「더하기」, 「밤을 새우고」, 「오십견」, 「러닝셔츠」 등의 작품을 통해서 자아의 정체성을 확인하고자 하는 시적 고뇌를 들을 수 있다. 그럼에도 불구하고 지극한 자존과 결백의 삶을 「솔새의 똥을 받으며」, 「내 앞에」 등의 시편들은 고백하고 있다. 유년의 기억이나 추억의 풍경으로 오늘의

삶과 자기 정체성을 반추하는 형식이 눈에 띄는 것도 동궤의 문제의식에서
비롯된 것이라 하겠다(「다시 일 학년이 되어」, 「강을 바라보며」, 「松風庵에
가고 싶네」). 그러나 그것은 앞에서도 살펴본 바 있듯이 완성된 자아라는
지향점을 향하지 않는다. 오히려 탈개체적이고 비동일화를 인정하는 관점
에서 정형의 한계를 벗어나고자 하는 고투의 흔적들이 곧 자성(自省)의 시
편들이라 하겠다. 그러기에 더욱 괴롭고 한 편의 결론은 여지없이 미끄러진
다. 그 절정은 환상의 무대 위에서 펼쳐지는 심리극이라 하겠는데 「문」은
전형적 예시가 될 수 있다.

사내가
첫째 문에서 나와
둘째 문으로 들어가고
셋째 문에서 나와
넷째 문으로 들어가고
다섯째 문에서 나와
여섯째 문으로 들어가고
일곱째 문에서 나와
두리번거린다

누군가
첫째 문을 열고 부르셨습니까
둘째 문을 열고 부르셨습니까
…(중략)…

사내는 차례차례
쫓아가 무릎 꿇고 빈다
그 분 어디 계십니까
손가락질만 해 주십시오
눈짓만이라도 해 주십시오

　　일곱 개의 문이 쾅 닫힌다
　　사내는 금시 허물어진다
– 「문」 부분

　　이와 같은 「문」의 전개는 이상(李箱) 이래 자아의 혼란과 심리적 고뇌를 다루는 일반적 문법 중 하나가 되어 왔던 게 사실이다. 그럼에도 불구하고 분명한 것은 이 작품이 이상과 같은 철저한 자의식의 세계로 한정되지 않는다는 사실이다. “일곱 개의 문”이 지니는 상징 역시 「문」만의 것이지만, 그 외에도 이 시는 “서서히 무대가 밝아지며/상상의 아파트 현관문을 사이에 두고” 있노라는 배경이 가시적으로 제시되는가 하면, 무대의 주인공은 노숙 생활을 하고 돌아온 해고 근로자 ‘이억만’과 남편을 알아보지 못하는 아내 ‘하말순’임이 명명되고 있다. 이들의 이야기는 비록 환상의 무대 위에서 “일곱 개의 문이 쾅” 닫혀버리는 절대 단절을 경험하지만, 그러한 단절을 계기하는 현실적 삶이 또한 구체적 형상으로 매개되어 있다는 점에서 사회극적 요소를 지니기도 하는 것이다. 남편과 아내가 서로를 알아보지 못하는 “상상의 현관문” 앞에서 우리는 이억만과 함께 “계속 문을 쾅쾅 두드”리며 정체성을 찾아나가고자 한다.

　　이처럼 주근옥의 시선은 현실의 내면화를 통한 긴장의 시편들을 빚어내고 있다. 시집의 말미에 실린 장시 「풀무가 序詩」는 역사와 민속 정체성으로 관심의 영역이 이전해간 결과라고 하겠다. 이 작품은 8연 289행에 이르는 규모의 민족 서사시라 할 수 있다. 민족의 역사와 설화를 바탕으로 하고 있으며, ‘서시’의 뉘앙스를 넘어 장구한 민족의 알맹이 정신을 시 속에 형해시키고자 한 야심찬 의도를 담고 있다. 그리하여 이 작품은 1연의 단군 탄생으로부터 고주몽, 혁거세, 문무왕과 김유신, 서동과 선화 공주, 왕건, 전봉준에 이르는 파란한 역사의 정신을 그리게 된다. 그 과정에서 운율을 지키려는 패턴이 반복됨으로써 시적 긴장이 떨어지는 것도 사실이다. 그럼에도 불구하고 한 판의 주술로써 민족의 정체와 기상을 담아내려 하고 있으며, 종연에 이르러서는 전봉준의 죽음을 형상화하면서 "오오 파랑새가 된 넋/새야 새야 파랑새야/전주 고부 녹두새야/어화어화 어너리 넘자 어여라/저 건너 불머리 쾅쾅 굴러라" 하는 여전한 진행형의 담금질을 종용하고 있다.

「풀무가 서시」와 같이 일견 과잉한 듯한 주근옥의 의도는 무엇을 의미하는가? 한 편의 시에 민족의 역사를 통째로 그려내며 풀무의 노래를 시도하는 과감함이 지닌 효과는 무엇인가? 이는 시를 읽는 독자로 하여금 기호를 넘어서는 잉여의 의미를 상상하게 만드는 주근옥 시의 장치라 할 수 있다. 현실을 반향하는 내면은 하나의 정체를 반성하며 오히려 그것을 해체한다. 또한 역사를 관통하며 언어가 담지 못하는 미결의 의미를 지향한다. 주근옥 시는 이른바 기교와 재기가 범람하는 오늘의 시단에 울리는 만파식적(萬波息笛)의 가무를 의도하고 있는 것이다.

4

이제 우리는 이 시집에서 가장 중심이 되는 작품들인 단시에 대해 생각해야 한다. 소절(素節)이라 일컬어지는 3행의 단시들은 『감을 우리며』(1988) 이래 시인의 주된 관심 대상이 되어 왔다. 이들 작품은 대개 2음보 1행의 지극히 짧은 형태로서 전통적 율격과 위배되면서도 의도적으로 자수를 제한하는 엄격한 정형의 형식을 시종일관 유지하고 있다. 그리하여 자연과 풍경을 있는 그대로 형용하되 의미의 단절과 비약을 도모한다. 짧은 행간 사이에는 묘사의 의미망을 넘어서는 무엇, 즉 기의적 차원을 넘어서 새로운 의미 연쇄를 허여하는 기제가 내포되어 있는 것이다. 짐짓 평범하면서도

정해진 기의에 닿지 못하는 기표들의 연쇄 효과를 의식한 시화가 2부에
집중된 3행 단시들의 집합이라 할 수 있다.

    쓰러진 팔레스타인 시체
    머리 위로 스쳐 지나가는
    수녀님의 가린 코와 입과 눈
- 「코와 입과 눈」 전문

    이 작품은 팔레스타인의 비극을 "스쳐 지나가는" 수녀의 모습에 대한
형상화이다. 짧은 형식의 정제된 표현 속에는 유사 이래 그쳐본 적이 없는
인종과 국가간의 대립이 소재화되고 있으며, 종교적 형이상학과 현실 사이
의 어찌할 수 없는 간극이 설정되어 있다. 지금도 걸프만에서 쏘아올리는
미 항모의 미사일들은 성지 바그다드를 초토화시키고 있다.
    「돌멩이」에서의 소년의 비극 역시 유사한 '간극'을 담고 있는데("이스라
엘 총구 앞에서/힘껏 던지려고 벌린/소년의 팔과 돌멩이"), 이러한 현실을
바라보는 태도는 철저한 형식화의 의도에 의해 내밀도의 긴장으로 응축된
다. 그런 긴장은 정형의 틀이 지니는 세계관의 한계를 벗어나고자 한다는
점에서 현재적 담론으로 기능할 수 있다. 소위 내용과 형식의 이분법이
깨어지는 새로운 표현을 지향하고 있는 차원인 것이다. 이처럼 그의 기표체
계는 전(前)기표적이고 반(反)기표적인 기호체계를 지향한다. 주근옥의 시
편들은 이렇듯 현실의 내면화라고 하는 긴장의 조율이 전제되어 있다.
    「코와 입과 눈」이나 「돌멩이」 등은 현실의 모순과 비극을 다루고 있는데,
그 외 자연에 대한 관찰과 묘사가 3행 단시의 주종을 이룬다 하겠다.

    신축 빌딩 용접공을
    올려다보고 있는 누렁이

목덜미 상처에도 눈발이
— 「눈발」 전문

「눈발」은 주근옥의 3행 단시가 전개되는 방식을 전형적으로 보여주고 있다. 여기서 눈발이 날리는 풍경은 '신축 빌딩 용접공'과 그를 '올려다보고 있는 누렁이' 사이의 긴장 속에서 전혀 색다른 내용으로 전화된다. 또한 그 누렁이의 '목덜미 상처'에 담긴 아픔의 흔적이 새로운 의미망을 개방한다. 따라서 「눈발」의 눈을 매개로 한 장면은 겨울날 흔히 볼 수 있는 설경의 의미를 넘어 용접공과 누렁이, 그리고 누렁이의 상처가 인과하는 새로운 의미의 영역을 추상화한 풍경이라 할 수 있다. 이러한 잉여적 의미의 생산이야말로 정형의 형식이 결코 한정하지 못하는 새로운 표현의 차원이라 할 수 있겠다.

창살에 붙은
배추벌레 고치에도
고드름이 매달려
— 「고드름」 전문

「고드름」 역시 외형상 드러나는 고드름에 대한 묘사가 주된 의도라 보기 어렵다. 고드름이 매달리는 대상은 "창살에 붙은/배추벌레 고치"라 하여 제목이 주는 상투적 지각작용으로부터 낯선 경험을 감각케 하는 것이다. 2행까지의 묘사 대상으로부터 3행의 단절을 시도하는 방식 역시 「누렁이」와 유사한 구조라 하겠다. 일상적 풍경을 소박하게 담는 겸양의 태도에는 내심 완고한 의도가 담겨 있다. 그 속에서 「고드름」은 새롭게 주조되고 있는 것임을 재삼 확인할 수 있다. 그것이 겨냥한 효과가 무엇인가는, 시인들에게 드문 일이긴 하나, "사실적인 랑그 차원의 사전적 의미를 잠재시키고 그 심층에 새로운 의미를 만들어낼"(「자서」) 목적을 두고 있음이 이미 고백되어 있다.

2부에 실린 어떤 시들을 보더라도 표현과 의미의 상당한 격차를 느낄 수 있다. 소절이 주는 정제된 느낌은 기존의 언어관, 즉 기표의 제국을 겨냥한 치열한 게릴라전이 지극히 정제된 형식을 통한 교전임을 느끼는 형국이 아닐 수 없다. 이러한 구조와 효과는 「도마뱀」에서도 반복된다.

전기 철조망에
걸려 죽은 도마뱀
뱃가죽에도 가랑비

－「도마뱀」 전문

이 작품의 제목은 '도마뱀'이지만 전기 철조망에 걸린 비극적 운명과 그 배면에 뱃가죽을 적시는 가랑비가 등장한다. 역시 2, 3행에 걸쳐 "도마뱀/뱃가죽"의 생략된 조사라든가 "뱃가죽에도 가랑비"라는 급박한 의미 전환 혹은 명사형 종결은 얼마든지 이어질 또다른 풍경을 상상케하는 독특한 효과를 낳고 있다.

이처럼 3행 단시의 주조를 이루는 자연과 풍경의 소재들은 그것들이 놓인 자리와 기존의 퍼스펙티브를 가볍게 뛰어넘으며 새로운 의미를 생성해내고 있다. 그것이 짧은 정형의 형식을 통해 선문답처럼 이루어지고 있는 것은 주근옥의 시를 읽는 또다른 재미임이 분명하다. 또한 그러한 비약의 체험은 문명의 그늘에 가린 종달새의 운명처럼 무엇인가의 결여를 동반하고 있다. "강물이 불어오르"고 "강물 안으로 밀리"며 "뻐꾸기를 올려다보" 아야 하는 "갈대 속의 비비새"처럼(「갈대 속의 비비새」) 주근옥의 선시들은 변하지 않는 정형의 형식에 갇힌 듯하지만, 경계의 속에서 경계를 넘어서는 새로운 삶과 시를 찾고자 한다.

주근옥 단시의 전략은 그리하여 정형을 통한 새로운 생성을 추구하는 것이라 할 수 있다. 이는 시적 묘사와 진술의 일반적 차원, 즉 시적 화행(話行)을 의도적으로 배제하면서 새로운 의미를 겨냥하는 방법이라고도 볼 수 있다. 여기서의 생성, 즉 정형의 형식이 결코 한정할 수 없는 미결의 의미망은 주근옥의 시가 굳이 화행의 효과를 거부하는 주된 이유가 될 수 있겠다. 그는 소위 자유시를 쓰면서도 지극한 정형성을 추구한다. 지금 다루는 소절의 시편들이 바로 그것이다.

언표행위(enunciation)에 대한 관심은 기표의 물질성, 즉 언어 이외의 것을 기표로 환원하는 '기호의 전권'을 거부한다. 사실 시는 동질적 체계로서의 언어, 정보적 매체로서의 언어를 뒤집는 '시적 언어'를 매체로 하며, 그리하여 개별적 화행으로서 혹은 무궁하고 독자적인 의미로서 그 근대적 존재 이유을 지닌다. 물론, 시적 의미와 시인의 상상력 사이에 궁극적 동일성을 상정하는 낭만주의로부터 일체의 객관적 문학성을 전제하는 형식주의적 관점이 실재하며, 그리하여 다성(多聲)이 원천봉쇄되는 부르주아적 장르로서 시의 선험적 한계를 선언하는 바흐친식의 비판이 무성하기는 하나, 근대 이래 시의 역사가 개별적 화행 추구의 역사였음을 부정할 수는 없을 것이다.

따라서 주근옥의 단시들이 내포하는 문제의식과 효과는 이중의 부정을 함의하게 된다. 정형을 통한 의미의 생성이 한 축이라면 화행 역시 언어를 매개하고 있다는 회의가 또다른 그것이다. 결국 언어는 완전할 수 없다는 믿음이 주근옥의 시가 발생하는 주요한 이론적 실천적 근거가 된다. 그러한 회의와 더불어 시에 대한 믿음, 시적 '표현'에 대한 완고한 믿음을 결합해야 하는 난제가 주근옥의 소절 시편들에서 풀리고 있음을 우리는 볼 수 있다. 일견 완곡한 어법의 근저에 수이 눈돌리지 않는 고집스러운 시선이 있다. 그의 시편들은 갈대 속에 웅크린 겸양의 낮은 자세로 그려지지만, 한껏 날아오를 비비새의 몸짓처럼 웅대한 비약을 지금 이 순간도 꿈꾸고 있다.

5

　주근옥의 시에 대한 열정과 새로운 형식을 찾는 탐색은,『갈대 속의 비비새』로 보건대, 그치지 않는 여정으로 계속될 것이다. 때로는 삶 속에 한 편의 요술상자처럼 "얏 하는 순간" 어느덧 "이제 육십 년이 다 되"(「상자」)어버리는 허망함이 왜 없으랴. 하지만 "무를 뽑아낸/구멍 속"의 그 허허로운 틈 사이로 "눈송이가/날아"(「무」)듦을 직시하는 자세야말로 주근옥의 시를 존재케하고 새롭게 추동하는 샘과 같다. 부정 속에 긍정이 있고 정형을 통해 미결의 의미망을 허여하는 그 극한의 절제된 노력을 통해 새로운 시의 경지를 기대해 본다.

　과연 그의 시들은 내용과 표현이 기의와 기표 관계로 환원되지 않는다는 들뢰즈식의 입론을 철저히 추구하고 있는 듯하다. 그리하여 그의 시들은 기표의 제국을 벗어나는 데 성공하고 있는가? 내용과 형식으로 환원되지 않는 새로운 표현의 영역을 3행단시를 비롯한 계산된 기호들은 거느리고 있는가?

　이에 대한 결정을, 지금 이 자리에서, 기대한다는 것 역시 하나의 형식논리임을 주근옥의 시들은 암암리에 증거한다. 인간의 언어를 비웃으며 기호들의 자유를 향하는 자와 그 시들에게 어떤 선언이 가능하겠는가. "신록을 보며 걷다가/화염에 불이 붙어/날뛰는 노파"(「신록을 보며」)의 열정과 신기만이 그 '날뛰는' 기호들의 배치를 응시할 뿐이다.

　결코 쉽지 않을 그 여정에 잠시 틈나는 때가 있다면, 보다 따스한 겸양의 미덕을 부디 이론으로부터 풀어놓기를 우리는 바란다. 다소 어눌하고 솔직한 면면이 때로는 사람 사는 모습의 생기를 느끼게 하듯이, 두 번 세 번 완고하게 겹쳐진 기호의 그늘은 전혀 다른 식의 계기, 예컨대 정을 그리는 동기가 되기도 할 터이다. 더더욱, 본의와는 전혀 다르게, 우리는 역시 그의 기호들이 소위 보편적 문체로 유지되고 있음을 본다. 기의로 환원되는 기표의 위상을 재고하자는 형상들이 오히려 중심의 형식을 거느리고 있는 아이러니. 그의 시가 소절만을 집중하지 말아야 할 하나의 이유가 되지 않을까 하는 우문을 지니게 되는 것이다.

채움과 비움, 욕망의 경계에서의 '문'

민 명 자

1. 문의 이중성

문은 열림과 닫힘의 행위를 수반함으로써 개방된 공간과 폐쇄된 공간을 구획한다. 그러므로 하나의 세계와 또 하나의 다른 세계의 경계에서의 문은 보편적으로 소통과 단절의 양면성을 상징하게 되며, 많은 시에서 자아와 대상 사이의 고뇌를 표출하는 기표로 자리한다. 그러나 그 기의의 양상은 각기 다르게 구현된다. 문의 열림과 닫힘, 소통과 단절 등 일견 너무도 '당연한 보편성'이 '당연하지 않은 가치'를 얻게 되는 것은 이렇게 각기 다른 기의에 의해서이다. 이 글에서 시에 나타난 "문"의 의미를 살피고자 하는 이유도 바로 그런 점에 있다.

예를 들어 목월 박영종의 시 「문」[1]에서 하나의 기표로서의 "문"은 자아와 절대자의 사이에서 소통의 매개항으로 자리한다. 이 시에서 문은 현실의 삶과 신앙적 삶의 경계에 자리하며, 화자는 열린 문에서는 불안과 위로의 이중적 정서를, 닫힌 문에서는 고독과 절망의 정서를 드러낸다. 문의 열림은 接神을 말하기 때문에, 신앙의 결핍과 현실적 삶의 모습을 절대자에게 드러내게 되는 자아는 자괴감을 느끼면서도 한편으로는 위로를 받으며, 문의 닫힘은 接神으로부터 멀어지는 일이기에 절망과 고독을 느끼게 되는 것이

---

1) 박목월, 『박목월 시 전집』, 서문당, 1984. p.240.

다. 목월의 또 다른 시 「문」[2]에서도 화자는 "문"을 통해 절대자와 대면한다. 이 때 문의 열림은 빛과 밝음의 세계로의 진입이다. 자괴감은 사라지고, 앞의 시에서 단절과 절망의 기표로 자리했던 닫힌 문은 이제 축복의 대상으로 전환된다. 이 시에서의 닫힌 문은 어둠의 저편에 속해 있지만 그것은 "열리기 위하여 닫혀 있는 문"이며 "항상 빗장이 뽑혀 있는 문"으로 가능성을 열어두는 문이기 때문이다. 이 두 편의 시를 통해 시인이 얼마나 "문"이라는 기표에 대해 천착했는가를 알 수 있으며, 또한 하나의 기표를 통해 표출되는 자의식의 변이양상을 볼 수 있는 것이다.

한편 미당 서정주의 시 「꽃밭의 독백」[3]에서의 "문"은 우주의 순환적 질서와 관계한다. 시인은 "꽃아. 아침마다 開闢하는 꽃아./…중략…/나는 네 닫힌 門에 기대 섰을 뿐이다./門 열어라 꽃아. 門열어라 꽃아./벼락과 海溢만이 길일지라도/門 열어라 꽃아. 門 열어라 꽃아."라고 외친다. 마치 '열려라 참깨'라고 주문을 외듯 꽃에게 문을 열라고 다그친다. 娑蘇 斷章이란 부제가 붙은 이 시에서 시인은 신라의 시간으로까지 거슬러 올라가며, 문은 小我에서 大我로 나아가는 잉태의 매개항으로 자리한다. 꽃이 개화를 하고 씨를 맺어 씨앗이 되고, 그것이 다시 새로운 꽃의 생명으로 태어나는 과정은 우주적 순환질서 안에 놓이는 일이다. 그것은 "벼락과 해일"을 수반하는 통과의례의 과정인 동시에 하늘이라는 광대한 지평으로 나아가는 개벽의 길인 것이다. 그것은 또한 인간이 탄생에서 죽음에 이르는 과정과 같은 맥락에 놓이며, 그 닫힌 문 옆에 기대어 서있는 화자는 꽃과 동일한 소우주로써 개화와 더불어 대우주로 나아가게 된다. 말하자면 開門과 開花는 같이 열림의 구조 안에서 開闢으로 나아감으로써 세계의 확장에 기여하게 되는 것이다.

---

2) *Ibid*, p.475.
3) 서정주, 「꽃밭의 獨白-娑蘇 斷章」, 『미당 서정주』, 문학사상사, 2002. p.78.

　이외에 많은 시인들의 시에서도 기표로서의 문은 각기 다른 양상을 표출한다. 이 글에서 중점적으로 살피고자 하는 주근옥의 시 「문」4)에서 시인은 "문"을 통해 절대자와 대면한다. 그러나 목월의 시에서와 달리 그 양상은 소통이 아니라 단절로 끝난다. 또한 "문"은 반복적이고 연속적인 인간 삶의 표상으로, 그리고 우화적 공간과 현실적 삶을 가로지르는 기표로 자리한다.

2. 하나에서 일곱으로

　주근옥의 시 「문」은 全文이 1과 2로 구성되어 있다. 1의 장에서 화자는 문을 통해 출입을 반복하며, 이러한 반복행위는 "첫째 문"에서부터 "일곱째 문"까지 수의 상징을 통해 더욱 구체화 된다. 數는 원시인들이 가축의 수를 세기 위한 생존수단으로 막대기에 눈금을 새기기 시작한 이래 오늘날까지 인간의 삶과 불가분의 관계를 맺어 왔다. 테크놀로지의 시대를 사는 현대인들의 생활에서 수와 연관되지 않은 것은 없다. 최첨단의 온갖 문명기기들이 수에 의해 조작되고, 우리는 시간이라는 숫자의 지시에 따라 하루를 시작하고 마감한다. 우리가 미처 인식하지 못하는 음악의 세계에도 수는 관여한다. 이미 오래 전, 세상 만물의 존재형식을 수의 체계로 보았던 피타고라스는 數에마다 여러 가지 의미를 부여하면서 음계마저도 수의 비례로 풀었으며, 바흐의 평균율 역시 수의 체계에 기초하기 때문이다. 미술에서도 구도의 기하학은 수와 연관되어 있다. 성서에서도 수의 상징에 대한 이해가 전제됨으로써 묵시문학과 예언문학을 비롯한 역사문학과 모세 오경 등을 이해할 수 있으며, 문학작품의 경우 단테의 『신곡』은 치밀한 계산 하에 상징적 의미를 부여하기 위해 수가 사용되었다. 이렇듯 수는 수학, 과학

---

4) 주근옥, 『갈대 속의 비비새』, 한국문연, 2002. p.20.

등 가시적인 분야는 물론이거니와 종교와 음악, 문학 등 정신세계에 이르기
까지, 어떤 형태로든(구체적/상징적, 가시적/비가시적이든 간에) 인간의 삶
곳곳에 스며들어 의식, 무의식 속에서 작동하면서 인간의 삶을 지배한다.
그러므로 작가들이나 학자들이 수의 본질과 형이상학적 의미에 관하여 그
다지 염두에 두지 않을지라도 후세의 해석학자들에게는 어떤 의도된 상징
으로 읽힐 수 있다는 점에서 수에는 무의식적인 구조들이 존재하는 것이
다.5) 그렇다면 주근옥의 시에서 數로 상징되는 일곱 개의 문은 어떤 의미를
갖는 것일까. 우선 시 「문」1의 장부터 살펴보기로 한다.

    1
    사내가
    첫째 문에서 나와
    둘째 문으로 들어가고
    셋째 문에서 나와
    넷째 문으로 들어가고
    다섯째 문에서 나와
    여섯째 문으로 들어가고
    일곱째 문에서 나와
    두리번거린다

    누군가
    첫째 문을 열고 부르셨습니까
    둘째 문을 열고 부르셨습니까
    셋째 문을 열고 부르셨습니까
    넷째 문을 열고 부르셨습니까
    다섯째 문을 열고 부르셨습니까
    여섯째 문을 열고 부르셨습니까

---

5) 졸고, 「박목월 시의 상징성 연구」, 충남대학교 석사학위 논문, 2002. pp.15~17. 참고.

일곱째 문을 열고 부르셨습니까

사내는 차례차례
쫓아가 무릎 꿇고 빈다.
그 분 어디 계십니까
손가락질만 해 주십시오
눈짓만이라도 해 주십시오
일곱 개의 문이 쾅 닫힌다
사내는 금시 허물어진다

- 시 「문」 中 1의 章

화자는 지루하리만치 문에서 나오고 들어가는 행위를 반복하고 있다. 그 반복적인 행위를 강조하기 위해 시인은 의도적으로 수를 사용하고 있다. 숫자 7은 상징적으로 완성을 향해 나아가는 수를 의미한다. 종교적인 측면에서 7의 상징적 예를 보면 석가모니는 태어나자마자 사방으로 일곱 걸음을 걸었으며, 7년 동안 구도의 고행을 했고, 명상수행에 들어가기 전 보리수나무를 일곱 바퀴를 돌았다. 불교에서 말하는 극락은 일곱 천계로 되어있으며, 현세의 성불을 이루기 위해서는 일곱 가지의 종교적 품행이 요구된다. 미트라교도들 역시 영혼이 일곱 천구를 지나 신에게 도달하는 것으로 믿었으며, 이러한 과정은 신자들이 일곱 개의 문을 지나는 상징적인 과정으로 표현되었다. 성서에서 세상은 7일 만에 창조되었다. 7은 하느님이 안식하는 날을 의미하지만, 시간의 무상함을 나타내기도 한다. 고대 그리스 七賢 가운데 한 사람으로 꼽혔던 솔론Solon은 인간의 일생을 7년씩 10단계로 나누었다.[6] 이렇듯 7의 수에서 추출할 수 있는 상징성은 대체로 신과 인간의 관계, 그리고 시간의 순환성과의 관계이다. 숫자 7이 흔히 완성의 수, 무한의 수로

---

6) Franz Carl Endress · Annemarie Schimmel, 오석균 역, 『수의 신비와 마법』, 고려원 미디어, 1996. pp.132~158 참고.

여겨지는 것은 신의 숫자 3과 인간의 숫자 4의 결합이기 때문이다.

위의 시 "첫째 문"으로부터 "일곱째 문"까지에서도 역시 신과 인간과의 관계, 시간과의 관련성을 배제하기 어렵다. 첫째 문에서부터 일곱 째 문까지의 반복에서 월요일부터 일요일까지의 시간을 도출해 내는 것은 어쩌면 이 시의 의미를 너무 협소하게 만드는 것인지도 모른다. 왜냐하면 일주일이라는 한정된 시간규정은 인간의 시간을 하나의 마디로 구분한 것에 지나지 않기 때문이다. 그러나 이러한 반복적·연속적인 시간들은 고리를 이루며 인간의 삶 전체의 시공간과 결합함으로써 그 의미를 확장한다. 이 시의 "첫째 문"에서는 탄생이라 불려지는 인간 삶의 시작을 읽을 수 있다. 인간의 삶은 그 과정 자체가 하나하나의 문을 통과하는 일이다. 그러므로 일곱 개의 문의 출입은 인간이 삶을 살아가면서 거쳐야 하는 통과의례의 과정인 동시에 죽음의 순간까지 시공을 확장하는 일이 된다. 그러기에 시에서 출입의 행위는 반복, 지속될 수밖에 없다. "일곱째 문"은 끝마디인 동시에 또 하나의 새로운 시작인 것이다.

화자는 각각 그 일곱 개의 문을 지날 때마다 누군가가 불러주기를 기다린다. 그 것은 화자가 "그 분"으로 지칭하는 절대자의 구원의 손길이다. 화자는 고된 현세의 삶에서 지표를 찾기 위해 "손가락질", "눈짓"만이라도 해달라고 간곡하게 무릎을 꿇고 빌어보지만 그가 갈구하는 "그 분"과의 교통은 이루어지지 않는다. 그것은 "일곱 개의 문이 쾅" 닫히는 절대적 절망이며, 그럼에도 불구하고 삶은 지속되어야만 한다. 그 일곱 개의 문을 지나는 것은 화자가 현세의 삶을 가면서 끊임없이 나오고, 들어가고, 부르고, 빌고, 허물어지는 동사의 반복이며 현재진행형의 과정이다. 이러한 과정에서 절대자와의 단절은 가족간의 관계마저도 해체의 위기로 이끈다. 시 「문」 2의 장을 보기로 한다.

3. 우화적 현실과 익명의 삶의 경계에서

1의 장에서 절대자와의 소통에 실패한 화자에게 현실의 삶은 한편의 연극이 벌어지는 무대로 인식된다. 그 무대에서 화자를 비롯한 가족은 모두 배우가 되며, 화자의 배역은 가족에게조차 존재를 인정받지 못하는 익명의 이방인이다.

> 2
> 어둠 속에서
> 초인종 소리가 울린다
> 누구세요, 누구세요 하는 여자의 음성
> 다시 급하게 울리는 초인종 소리
> 나야 나, 나라니까
> 나라니 도대체 누구세요
>
> 서서히 무대가 밝아지며
> 상상의 아파트 현관문을 사이에 두고
> 두 사람의 모습이 나타나기 시작한다
> 의심스러운 표정을 짓고 있는 여자의 얼굴
> 짜증스러운 표정을 짓고 있는 사내의 얼굴
> 그는 해고 근로자
> 노숙생활을 하다가 돌아왔다
> 여자가, 짜장면 아저씹니까
> 아니 이 여자가 나야 당신의 남편 이억만
> 이억만, 이억만, 이름은 맞는데
> 목소리가 아니에요
> 이봐 그 동안 외박했다고 화가 난 모양인데
> 그럴만한 사정이 있었어 급한 출장이었어
> 그래도 아니에요 저의 남편은

쉰 목소리가 아니에요 또랑또랑하거든요
어제 한숨도 못 자서 그래 목이 쉬었나 봐
그럼 내 이름을 대 보세요
다시 짜증스럽게
이봐 하말순 여사 당신 뭐 잘못 먹었어
왜 이래 이거 당신 맛이 간거야
하말순 이름은 맞아요
그럼 문을 열면 되잖아
그래도 아니에요
그럼 얼굴을 확인하면 되잖아
여자는 잠시 머뭇거린다
사내는 현관문을 탕탕 두드린다
여자가 조심스레 상상의 현관문을 연다
얼굴만 겨우 내밀고
사내의 얼굴을 바라보다가 문을 쾅 닫는다
놀란 가슴을 쓸어담으며
모르는 사람예요 가 주세요
그렇지 않으면 경찰을 부르겠어요
황당한 사내는 계속 문을 쾅쾅 두드린다

– 시 「문」 中 2의 章

이 장에서 화자는 분명 "나", "이억만"이라는 주체이다. 그러나 현관문을
사이에 두고 그 안에 있는 아내에게 인식되는 그는 "누구", "모르는 사람",
"사내"이다.

여기에서 잠시 한편의 우화적인 이야기 하나를 연상해 내게 된다. 이
시는 <해님과 달님이 된 오누이>의 이야기와 유사한 구조로 구성되어
있다. 구전이 되다 보니 각 지방마다 표현상 약간의 차이가 있긴 하지만
전해지는 이야기들에서 공통적으로 추출해낼 수 있는 코드는 산골 외딴집,
목소리, 문, 얼굴, 그리고 구원이다. 이 시와의 유사점을 살펴보기로 한다.

①이야기의 공간은 산 속 외딴 집이며, 시에서의 공간은 아파트이고 동시에 무대다. 외딴집은 마을과 유리된 공간이며 아파트 역시 현대의 산물로, 비친화적인 공간이다. 그리고 무대는 허구의 세계이며 이야기의 공간 역시 허구의 세계이다. ②이야기에서는 아버지가 등장하지 않고 어머니가 떡 장사를 한다. 떡은 물질의 표상이라 할 수 있으며, 이는 가장의 부재를 말한다. 시에서도 가장으로서의 화자는 해고 근로자, 노숙자로 가정에 부재하는 아버지다. 노숙자는 길에 머무는 자, 가정으로부터도 해고된 자다. 노숙자는 아내의 욕구로 표상되는 "짜장면"을 해결해 주지 못한다. ③이야기에서 어머니는 집을 향해 고개를 하나씩 넘어온다. 고개를 넘는 것은 시에서의 문의 통과와 등가를 이루며 이것은 공히 통과의례적인 상징성을 갖는다. ④이야기에서 어머니의 모습을 가장하고 집에 당도한 호랑이에게 아이들이 먼저 요구하는 것은 목소리이다. 어머니와 변별되는 호랑이의 목소리는 쉰 목소리이며 호랑이는 그것을 하루의 고단함으로 핑계 댄다. 시에서의 화자 역시 쉰 목소리이며 그 이유는 "한숨도 못 자서" 고단했기 때문인 것으로 표현된다. ⑤호랑이는 계속 문을 열어달라고 하지만 아이들은 의심한다. 시에서의 화자 역시 아내에게 문을 열어 달라고 하지만 아내는 의심한다. ⑥호랑이가 아이들에게 보여주는 것은 밀가루를 묻힌 손이다. 시에서 화자가 보여 주는 것은 얼굴이다. 신체의 일부를 보여준다는 점에서 같다. ⑦이야기와 시의 구조에서 허상의 어머니인 호랑이와, 허상의 남편인 노숙자는 간곡하게 구원을 빌어보지만 실패한다. 호랑이는 질긴 동아줄을 내려달라고 빌어보지만 결국 썩은 동아줄을 받아 하늘로 오르다가 추락하고, 시에서의 화자는 문의 열림을 간구하지만 문은 쾅 닫히고 만다. 호랑이의 추락과 문의 닫힘은 구원의 실패이며, 이는 대상과의 관계에서의 단절을 의미한다.

그렇다면 시인은 왜 이와 같은 우화적 모티브를 차용했을까? 우화적 이야기와 유사한 시의 구조와 발상에서 시인의 현실인식을 생각해 볼 수가 있다. 시인에게 있어 현실은 우화적 공간으로 인식되고 있는 듯하다. 한편의 우화와도 같은 현실에서 시의 배경은 "무대"로 설정되며, 그 안에서 움직이는 배역들의 괴리와 모순들이 기표들의 상충으로 표출된다. "이억만"과 "하말순", "쉰 목소리"와 "또랑또랑"한 목소리, 사내가 대면하고 있는 "현관문"과 여자가 생각하는 "상상의 현관문", 그리고 "이름"과 "목소리" 등이 그것이다. 이러한 이질적인 기표들은 자아와 대상, 자아와 자아 사이의 괴리와 모순을 드러내면서 문의 열림과 닫힘의 구조를 통하여 단절로 나아간다. 이 중 괴리가 가장 확연하게 드러나는 부분은 "이름"과 "목소리"에서이다. 시에서 사내는 "이름"은 맞는데 "목소리"는 틀린 존재다.

여기에서 익명의 "여자"와 "사내"로 구현되는 이들의 본래 이름, "하말순"과 "이억만"을 생각해보자. "하말순"이라는 이름은 목구멍에서부터 치받쳐 올라와 자조적으로 내뱉어지는 소리 "하"와 토속적이고 순종적인 이미지를 연상하게 하는 "말순"이 서로 부딪치면서 묘한 부조화를 일으킨다. "이억만"은 물신적인 이미지를 강하게 풍긴다. 억, 만이라는 음절은 富를 향해 질주하는 현대인의 물신적 욕구를 강하게 드러내지만 시에서 화자의 꿈은 이루어지지 않는다. 즉 화자의 이데올로기를 대신하는 "이억만"이라는 이름은 실종되고 "쉰 목소리"로 대변되는 해고근로자, 노숙자만이 실체로 남는다. 아내가 바라는 것은 허상의 남편이 아니라 인간의 가장 기본적인 욕구를 채워 줄 "짜장면 아저씨"다. 그러나 사내는 노숙생활을 하다가 돌아와서도 아내에게 "급한 출장이었"다고 변명할 수밖에 없는, 무기력한 가장일 뿐이다. 따라서 순종적인 이름을 가진 "하말순"은 순종적이지 않고, 부를 추구하는 "이억만"은 꿈의 실현에 좌절당하면서 아내라는 타자에 의해 "모르는 사람"이 된다. 그러므로 이 시에서 이름은 역설적인 기능으로 배치되어 단절의 기제가 되는 것이다. 시인은 이러한 역설적인 익명성을 통해 현실을 우회적으로 비판하면서 짙은 페이소스를 드러내고 있다.

현실에 대한 우화적 인식은 그의 시 「더하기」에서도 엿볼 수 있다.

<blockquote>
사람들이 날 에워싸고
하나 더하기 하나는 몇입니까
내가 답하기 전에 누군가 하납니다
하나 더하기 하나는 몇입니까
또 답하기 전에 누군가 하납니다
하나 더하기 하나는 몇입니까
사람들이 일제히 하납니다
초등학교 일 학년 은사
김경희 선생님께서 웃으며
하나 더하기 하나는 몇입니까
나는 오십이 다 되어
처음 자신 있게
—하납니다
</blockquote>

－「더하기」 전문

이 시에서 연상할 수 있는 우화는 외눈박이 원숭이의 이야기이다. 외눈박이 원숭이들만 사는 마을에 두 눈을 가진 원숭이가 들어가면 두 눈을 가진 원숭이가 오히려 비정상적인 취급을 받게 된다. 즉 "하나 더하기 하나"는 "하나"라고 말하는 사람들이 더 많은 현실에서 정답을 말하는 사람은 바보가 된다. "하나 더하기 하나"는 둘이 진리라고 생각하는 사람에게는 이러한 군중의 힘은 미시파시즘적인 권력으로 작용한다. 그 앞에서 화자는 무기력하다. 그러나 나이 "오십이 다 되어" 화자는 "자신 있게" "하나"라고 답하게 된다. 그러므로 "자신 있게"라는 표현은 다소 역설적으로 들린다. 공식대로라면 "하나 더하기 하나"에 대한 답은 끝까지 둘이어야 하기 때문이다. 그러나 달리 생각하면 인생이라는 변화무쌍한 화두 앞에서 "하나 더하기 하나"

는 하나가 될 수도 있고 백이나 천이 될 수도 있다. 인생은 수학공식이 아니며 교과서대로 살아지는 것이 아니기 때문이다. 그렇게 생각한다면 질문 자체가 무의미해지는 것일 수도 있다. 그러므로 화자는 삶을 긍정하며 그 질문으로부터 자유로워지고 싶었는지도 모른다. 따라서 ”자신 있게“라는 표현은 아직도 불확실한 자신에 대해 다짐을 하는 것이며, 지천명의 나이에 하늘의 명이 무엇인가를 통찰하며 삶을 포용하고자 하는 순화된 정서를 표출하는 것으로 보인다. 그것은 “초등학교 일학년”으로 상징되는 순수의 시절부터 평생을 화두처럼 따라다니며 자신을 속박했던 질문들로부터 자유를 얻는 일이기도 하다.

그러나 그러한 자유가 항구적으로 지속되지는 않는다. 시 「다시 일학년이 되어」에서 이러한 질문들은 다시 반복되기 때문이다. 화자는 지천명의 나이를 지나 “이순을 바라보는 나이에” “다시 일학년이 되어” 선생님이 “낭랑한 목소리로/다시 한번 교과서를 읽어”주기를 바란다. “선생님이 주신 꽃구슬”을 잃어버린 화자가 꼭 갖고 싶어 하는 것은 “알록달록 크레용”이다. 여기에서 잃어버린 것과 갖고 싶은 것, “선생님”과 “그분”(시 「문」)은 동류항이 된다. “꽃구슬”은 여의주를 연상하게 한다. 혼탁한 세상을 맑게 하고 악을 제거한다는 여의주, 그와 같은 “꽃구슬”을 잃어버린 화자는 세상을 아름답게 칠할 수 있는 “알록달록 크레용”을 찾아 여전히 “가갸 거겨 고교 구규” 더듬으며 길을 간다. 그러므로 질문은 끝난 것이 아니라 앞으로도 지속적으로 반복될 것임을 시사한다. 질문에 대한 답을 얻는 것은 또 하나의 문을 통과하는 일이다.

궁극적으로 시인이 우화적 모티브를 통해 추구하는 것은 아름다운 세상이다. 그러므로 그러한 세상을 저해하는 불순한 현실을 비판하면서, 그러한 현실 앞에서 갈등하며 무기력할 수밖에 없는 자아의 성찰과 더불어 자아와 대상, 대상과 대상 사이의 해체와 단절에 대한 절망과 화해의 염원을 동시에 표출하고 있다고 볼 수 있다. 여기에서 극심한 단절의 양상은 목월의 시와 비교되는 부분이기도 하다. 주근옥의 시는 목월의 시와 간혹 유사한 심상을 보이기도 하지만 가족에게서 조차 "누구"라는 익명으로 남을 수밖에 없는 가장의 모습이 다르게 나타나는 것이다. 목월의 시 「가정」[7]에서도 가장의 고뇌는 깊다. 그러나 현관의 내외를 경계로 현관의 안에는 가족이 머물고, 현관의 밖에는 눈과 얼음의 길로 표현되는 사회가 자리했다. 시인은 "十九 文半"의 신발을 가족들의 "文數가 다른 아홉 켤레의 신발" "옆에" 나란히 벗어 놓음으로써 적어도 가족들과는 하나가 되는 동질감을 느낀다. 그러나 주근옥의 시「문」에서는 현관을 경계로 아내와 남편마저도 유리되어 있다. 그렇게 본다면 목월 시와 주근옥의 시는 서로 다른 자리에서 가족을 보고 있다. 목월의 시에서의 가장의 모습은 가정대 사회의 구도 속에 존재하지만 주근옥의 시에서 보이는 가장의 모습은 가정과 사회, 나아가서는 가족과 가족의 관계에서마저도 지극히 이질적이며, 소통이 불가하다. 가정 내의 타자로써 극심한 불화와 단절의 고독을 경험해야 하는 것이다. 세계와의 관계 속에서의 고독한 자아에 대한 표출은 「빈 마당」에서 "대문", "뒷문", "개구멍"을 통해서도 나타난다.

4. 대문에서 뒷문으로

시 「문」 1과 2를 통해 화자는 자아와 대상과의 사이에서 극단적인 해체와 단절을 경험했다. 그리고 삶의 시간과 과정이 하나에서 일곱의 문을 통해 반복·확장되었다. 그러나 「빈 마당」에서 문은 공간적으로 축소의 양상을 보이며 반복적·회귀적으로 진행된다.

---

7) 박목월, 앞의 책, p.125.

대처로 다 나가고
빈 마당에 사내가
옹기를 갖다 놓는다.
대문으로 들어와 뒷문으로 나가고
뒷문으로 들어와 개구멍으로 나가고
무너진 흙담을 밟고 넘어와
큰 옹기 안에 작은 옹기
큰 옹기 앞에 더 큰 옹기
꽉 꽉 들어찬 마당 옹기 사이로
게걸음치며 요리조리 헤메다가
사내는 하나씩 들고 나간다
빈 마당에 달빛이 쏟아지지만
자꾸 흘러 넘친다

-「빈 마당」 전문

이 시에서도 나가고 들어오는 행위는 반복된다. 그러나 기표 상의 문은 "대문"에서 "개구멍"으로 점점 축소의 양상을 보인다. 인간의 탄생은 "대문으로 들어"오는 것과 같은, 넓고 새로운 세계로의 진입을 의미하지만 그러한 세계로의 진입은 이미 현세에서의 세계의 축소를 예견하고 있다. 현세를 살아가는 일은 유한한 시간을 조금씩 소비하는 일이며, 삶에 침잠할수록 자유를 잃어가게 되기 때문이다. 그러므로 인간이 처음 탄생할 때 주어지는 無雜의 빈 마당은 훼손되고 영역은 축소된다. 따라서 문은 대문→뒷문, 뒷문→개구멍으로 축소된다. 그러한 축소공간으로의 이행과정에서 화자가 하는 일은 "무너진 흙담"을 드나들며 빈 마당에 옹기를 부리는 일이다. 구멍이나 담은 문의 변용이다. 그러므로 "무너진 흙담"은 이미 문으로서의 기능을 못 할 만큼 닳아진, 허물어진 경계다. 무너진 경계의 안에 위치하는 빈 마당은 화자에겐 노스텔지어의 공간이다.

"대처"와는 대립되는 빈 마당은 화자가 삶의 옹기들을 하나씩 부려놓을 수 있는 원초적, 근원적 공간이며 생성의 공간이다. 원초적 공간에 대한 향수는 근원적 존재에 대한 향수이며 태초의 완전성에 대한 향수이다. 기독교적으로 그 것은 낙원에 대한 향수라고 할 만하다.[8] 화자가 그 빈 마당 안에 부려 놓는 옹기는 현실적 자아인 화자 자신이며, 삶의 苛烈한 덩어리들이다. 옹기의 본질은 흙이며 고온의 불에 구워져야 형상이 빚어진다. 인간 역시 흙에서 나서 흙으로 돌아가는 피조물로써 옹기와 동일선상에 놓인다. 이러한 피조물로써의 인간은 하루하루 삶의 苛烈한 덩어리인 옹기들을 만들며 살아간다. 삶의 부산물인 옹기가 욕망의 기표라면 인간 역시 그 자체로 하나의 옹기가 되며, 욕망의 기표다. "사내"는 그 옹기들 사이를 "게걸음치며 요리조리 헤메" 다닌다. 삶은 이러한 행위의 지속적·반복적 과정이다. 채우려고 안간힘 쓰는 것이 욕망이라면 비우려고 애쓰는 것 역시 또 다른 이름의 욕망이다. 그래서 인간의 삶은 하나씩 늘어나는 큰 옹기, 작은 옹기, 더 큰 옹기들을 빈 마당에 채우고 또 비우면서 "하나씩 들고 나"가는 과정이다. 종국적으로 완전한 빈 마당이 되는 것은 죽음에 이르러서야 가능하다. 죽음으로 옹기는 흙의 심상으로 환원되면서 비로소 대지인 빈 마당과 일치를 이루게 되는 것이다. 그러므로 빈 마당은 有를 내포한 無의 공간으로 남으면서 유한한 인간은 떠나고 "달빛"만이 남아 흘러넘치게 된다. 따라서 현세의 화자에게 빈 마당은 영원한 노스텔지어의 공간으로 남을 수밖에 없다. 달은 또 하나의 구멍, 영구한 생성의 문으로 그 자리에서 "흘러 넘"치면서 다시 새로운 존재의 생성을 기다린다.

탄생에서부터 죽음까지, 인간의 삶은 구멍에서 나서 구멍으로 돌아가는 과정이다. 즉 어머니의 자궁에서 나서 천공으로 돌아가는 일이다. 천공, 푸른 하늘, 창공, 창천은 또 하나의 구멍이다. 천공으로 돌아가는 일, 즉 죽음은 현세에서는 개구멍으로 가는 것과 같이 허망한 일이다. 개똥밭에

---

8) Mercea Eliade, 이동하 역, 『성과 속 종교의 본질』, 학민사, 1983, p.71.

굴러도 이승보다 저승이 낫다는 말은 현세를 사는 인간의 죽음에 대한 보편적 인식을 잘 보여준다. 그러나 다른 한편 죽음은 인간에게 주어진 모든 제약을 초극하여 확장된 또 하나의 구멍으로 나아가는 일이다. 그 구멍의 기표가 바로 "달"이다. 화자의 개구멍에 대한 인식은 근본적으로 빈 마당과 결부되며, 빈 마당에 쏟아지는 "달빛"을 통해 초극과 생성의 희구를 보여주는 것이라 할 수 있다. 달은 차고 기울고 사라짐을 반복함으로써 생성과 소멸의 순환법칙에 따른다. 주근옥의 시 곳곳에서 달은 생성의 기표로 나타나는데 특징적인 것은 달이 현세의 물질적 기표와의 대비를 통해 나타난다는 점이다.

시멘트 바닥 고인 물에 뜬 달을 밟으며
우리 집 앞마당 판잣집에 살던 어 서방 얼굴을
떠올린다. 연무대 포로 수용소에서 탈출한 그는
보름달만한 호떡을 팔아도 돈이 되지 않아
목숨보다 귀한 노란 결혼 금반지 빼어 팔아
대구에 가서 튀밥 기계 사다가
읍사무소 뒷마당에서 뻥뻥 튀밥을 튀다가
놀란 가슴을 쓸어 담으며 허겁지겁 쫓아 온
읍사무소 직원에게 쫓겨 우리 집 마당에 와서
겨우 허락을 받고 뻥뻥 튀밥을 튀기며 웃던 얼굴
한 번도 공짜로 집어주지 않던 그 얼굴
이제는 돈을 모았는지 앞마당에 판잣집이라도 지어
이슬이나 가리고 살게 해 달라고 사정하더니
그래도 많이 남는 것은 비단장사라고 하며
평양에서 하던 비단장사가 최고라고 하며
장돌뱅이가 되었다. 헌 자전거에 비단을 싣고
연산 인내 갱갱이 돌고 돌다가 밤늦게 돌아와
달빛 드는 방에 쭈그리고 앉아 부대를 풀어 놓고

구겨진 돈 펴 세고 있던 그는 저녁도 냉수로 때우고
아침도 선 돌밥으로 때우고 점신도 거르다가
하루는 이혼하고 혼자 산다는 여자를 데려와
퉁퉁 불은 국수를 내며 냉수를 떠 놓고
혼례를 올렸다. 싱글벙글 어 서방은
이제 마차에 비단을 싣고 콧노래를 부른다.
그 짐이 점점 커져 가게를 사서 부려놓고
그 비단가게 더 점점 커져 읍내에서 제일 큰
극장이 되고, 대전의 빌딩이 되고
슬슬 바람도 핀다는 유언비어가 나도는 어느 날
그는 쓰러졌다. <u>팔아먹은 것보다 더 큰 금반지를 끼고</u>
그는 쓰러졌다. 남들 다 가는 평양구경 본처 상봉 못하고
빌딩의 주인은 그의 부인 이름으로 바뀌고
소달구지 끌고 매형 집을 오가던 그의 처남은
극장 주인이 되었다. <u>달아 달아 노오란 강냉이</u>
<u>시멘트 물 바닥에 낳은 개구리 알 속의 보름달아</u>
—「튀밥 장사 어서방」 전문(* 밑줄 필자)

　위의 시에서 "시멘트 바닥 고인 물에 뜬 달을 밟으며"는 일견 정희성의 시 「저문 강에 삽을 씻고」에서의 "샛강 바닥 썩은 물에/달이 뜨는구나"와 유사한 심상을 보인다. 그러나 위의 시가 특징적인 것은 앞에서 언급한대로 "달"의 심상이 현세의 물질적 기표와 대비되어 나타난다는 것이다. "시멘트 바닥 고인 물에 뜬 달을 밟으며", "보름달만한 호떡", "달빛 드는 방에 쭈그리고 앉아 부대를 풀어 놓고", "달아 달아 노오란 강냉이", "시멘트 물 바닥에 낳은 개구리 알 속의 보름달아"라는 표현이 주목된다. 즉 "달"은 "시멘트 바닥", "호떡", "부대", "강냉이"등 현세의 물질적 기표와 대비됨으로써 초극과 희망, 생성의 기표로 자리함을 알 수 있다. 이 외의 다른 시에서도 달은 "염색 공장 그늘 웅덩이/별도 뜨고 달도 뜨네(「장구벌레」)", "썩은 물에

도 달이 뜨는지(「강을 바라보며」)”, “달은 없고 승용차만 서 있구나(「달달 무슨 달」)”와 같이 표현되고 있다.

이 시에서 “달”과 등가를 이루는 것으로 “노란 결혼 금반지”를 들 수가 있다. 즉 금반지의 노란 색= 달의 노란 색, 반지의 둥근 모양=달의 둥근 모양, 그리고 결혼의 생성과 소멸의 의미=달의 생성과 소멸의 의미 등의 등가가 그것이다. 여기에서 중심이 비어있는 반지의 형상이 또 하나의 구멍을 상징한다고 볼 때 그 반지를 팔아 “튀밥 기계”를 사는 어서방의 행위는 삶으로의 침잠을 향한 하나의 구멍을 지나는 일이 된다. 그리고 종국에 가서는 어서방은 죽음이라는 또 하나의 더 큰 구멍, 문을 통과하게 된다. 어서방의 죽음이 “팔아먹은 것보다 더 큰 금반지를 끼”는 일에 비유되는 점으로 미루어 시인에게 반지와 달이 등가로 자리함을 알 수 있다. “더 큰 금반지”를 끼는 일은 큰 금반지와 같은 형상의 달과의 결합, 승천이며, 영원하고 새로운 세계의 문을 여는 일인 것이다.

이 시에서 역시 앞에서 인용되었던 시들에서와 같이 이름, 무대의 설정, 회귀적 심상과 같은 몇 가지 공통분모를 발견할 수가 있다. 우선 이름을 살펴볼 때 이 시에서 화자, 어서방은 시 「문」에서의 “하말순”과 유사한 심상을 갖는다. 기가 탁 차오르는 느낌을 갖게 하는 “하말순”의 음절 ‘하’와, 인생이 눈 깜짝할 사이에 ‘어’하고 지나가 버리는 것을 표현한 것 같은 “어서방”의 ‘어’가 그러하다. 또한 시 「문」에서 “이억만”은 문의 닫힘으로 주체를 상실했으며, 이 시에서 어서방은 금반지를 끼는 것으로 주체를 상실한다. 그리고 그들의 자리를 대신하는 것은 하말순과 어서방의 부인이다. 다음 시 「문」에서는 시적배경이 무대로 설정되었고, 이 시에서는 극장이 시적 배경의 한 요소로 설정된다. 인생을 한 편의 드라마로 보는 관점을 읽을 수가 있다. 다음 회귀적·노스텔지어의 심상이 공통적으로 드러나는 데 시 「빈 마당」에서는 “빈 마당”이 그러했고, 이 시에서는 “평양” “본처”가

"빈 마당"을 대신한다. "본처"는 본래적인 것인 것을 가리키며, 결국 "본처"에게 돌아갈 꿈을 실현하지 못한 어서방에게 "본처"는 "빈 마당"처럼 향수로 남을 수밖에 없는 것이었다. 또한 어서방이 "달빛 드는 방에 쭈그리고 앉아" 삶의 보따리인 "부대를 풀어 놓"는 행위는 「빈 마당」에서 달빛이 흘러넘치는 빈 마당에 옹기를 부려놓는 것과 같다.

　이러한 공통적 요소들이 만나는 지점은 물신주의에서이다. 시인은 어서방의 직업을 "튀밥"장사로 설정함으로써 현대인의 허세적, 허구적 욕망을, 그리고 물신 주의에 대한 비판의 시각을 보인다. 결국 이 시의 마지막 행인 "시멘트 물 바닥에 낳은 개구리 알 속의 보름달아"에서는 이제까지의 시인의 모든 관점이 통합된다고 볼 수 있다. 시인은 "시멘트"로 대변되는 물질문명의 기표를 통해 현대인의 건조한 속성들을 비판하지만 "물", "알", "보름달" 등 생성의 기표를 배치함으로써 생성과 희망의 문고리를 놓지 않는 것이다.

5. 문을 닫으며

　이상 주근옥의 시를 중심으로 시에 나타난 문의 의미를 고찰해 보았다. 지금까지 많은 시인들이 그래 왔듯이 앞으로도 "문"은 많은 시인들이 자아와 세계와의 관계를 천착하는 기표로 자리할 것이다. 목월이 "문"을 통해 절대자와 대면함으로써 세계와 자아와의 관계를 천착했으며, 미당은 "문"과의 대면을 통해 우주적 순환질서와 자아와의 확장을 기했다. 주근옥 역시 "문"을 통해 절대자 또는 자아와 대면하지만 그 기의의 양상은 다소 다르게 나타났다. 송재영의 표현대로라면 주근옥은 그의 「풀무가 서시」에서 "동부여 건국신화, 서라벌 계림과 박혁거세에 얽힌 설화, 신라 신문왕과 만파식적에 관한 설화, 백제 무왕의 탄생과 선화공주의 설화적 로맨스, 궁예의 파란만장한 일대기와 고려 왕조의 건립에 따른 불교의 부흥, 그리고 신궁 이태조에서 전봉준에 이르기까지"[9], 시에서 많은 이야기를 차용하고 있다. 그렇다면 시 「문」이나 「더하기」에서 보여주는 우화적 모티프 또한 우연은 아닌 듯 하다. 그의 시적 공간이 무대이거나 극장인 것도 그것과 무관하지 않다. 결국 모든 신화나 설화 우화까지도 그에게는 시적 모티프가 될 수 있으며 그러한 이야기들이 총체적으로 인간의 근원을 찾아간다는 점에서 주근옥이 시에서 궁극적으로 추구하는 것이 무엇인가를 가늠하게 한다. 그는 현실 속에서의 인간의 성찰, 그리고 현실의 정점에서 이상적, 근원적 세계를 꿈꾸며, 동시에 미래를 조망한다. 그러한 것들이 그의 시어들을 통해 자아와 대상과의 관계 속에 모색되며, 그 중심에 "문"과 그 변용의 기표들이 매개항으로 자리하는 것이다. 그와 더불어 반복과 상징, 대비의 기법은 그가 대면하고 있는 대상과 대화하는 방편이 된다. 대화는 단절과 고독으로 끝나지만 주근옥의 시는 희망적이다. 그는 현대인의 건조함과 허구적 욕망을 자조적으로 비판하지만 한편으로는 생성의 기표들을 염두에 두고 있기 때문이다. 그러기에 시인은 생성을 위해 부단히 문을 넘나든다. 그것은 고독과 단절에 대한 거부의 몸짓이다. 시 「문」에서 "문"과 숫자의 상징을 통해 보여주었던 확대와 반복의 양상, 「빈 마당」에서의 "문"의 축소와 회귀적 양상들, 이 모든 것은 궁극적으로 시인이 그에게 주어진 문을 통과하는 과정의 표출이었다.

　주근옥의 시들을 텍스트로 대하면서 스스로에게 가장 컸던 질문은 작가의 의도와 독자의 의도에 대한 것이었다. 과연 이 텍스트의 독해가 시인의 의도에 얼마만큼이나 근접할 수 있을 것인가? 그러나 작품이 일단 독자에게 텍스트로 넘어오는 순간 그것은 이미 독자의 몫으로 남겨진다는 점에 무게를 두었다. 반면에 주근옥의 시가 다소 관념적이고, 목월이나 정희성의 시와

---

9) 송재영, 「시의 틀과 말의 변주」, 『갈대 속의 비비새』, 한국 문연, 2002, p.111.

유사한 심상의 패턴을 보이는 것이 시인에게 한계로 남을지, 아니면 한 걸음 상승 확장된 세계로 남을지, 그 것 또한 온전히 시인의 몫이다. 그는 시 「다시 일학년이 되어」에서처럼, 앞으로도 계속 그가 대면할 세계들과의 접점에서 채움과 비움을 위해 문을 두드릴 것이다. 그것은 내적 자유를 획득하기 위한 두드림이다. 그러므로 그의 두드림은 현재진행형이며, 동시에 미래진행형이 될 것이다.

충만한 '순간'이 지닌 미적 형상

박 슬 기

1. 주근옥, '지나치게' 서정적인 시인의 출현

1980년대를 풍미했던 정치적 저항이 6월 혁명으로 대폭발하였던 1987년, 주근옥은 세 편의 작품이 추천완료되어 등단하였다. 시가 정치 사회 현실을 향하여 치달을 즈음에 등단한 시인치고는 '지나치게' 서정적인 시인의 출현이었다. 첫 시집『산노을 등에 지고』에서 보여주었던 향토적인 소재와 토속적인 삶의 세계는 그의 시가 80년대 우리 시단의 두 경향과 일정한 거리를 두고 있었음을 보여준다.

1980년대에 우리 시의 목표는 무엇이었을까. 시가 본질적으로 세계와 주체의 화합에 근거하고 있다는 입장[1]에 선다면, 이 질문은 시적 주체에게 세계는 어떠한 방식으로 인식되었는가로 바꾸어 던져져야만 한다. 1980년대를 풍미했던 시단의 양 경향은 바로 시가 어떻게 세계를 인식하고, 그 세계에 어떻게 대항하려하는가에 대한 응답으로서 나타난 것이었기 때문이다. 1980년대란 서구의 현대를 따라잡기 급급했던 한국이 비로소 서구의 걸음과 동일한 걸음으로 나아가기 시작했던 기념비적인 시대였다. 1970년대를 거쳐온 비약적인 경제 발전과 이를 바탕으로 일어났던 1980년대의 거센 민중운동은 바로 1980년대를 그러한 시대로 만들어놓은 원동력이었

---

1) E. Staiger, 이유영외 역,『시학의 근본개념』, 삼중당, 1976. p.76.

다. 따라서 이 시대는 역사를 이끌어 온 도구적 이성의 성취가 눈부셨던 시대인 동시에, 그 도구적 이성이 가져온 역사 '발전'에 대한 회의가 은밀히 자라났던 시대이기도 하다. 반이성적 담론을 기반으로 하여 현대적 세계에 대한 미적 저항을 추구했던 쪽이 해체시의 계열이라면, 폭력에 직접적으로 맞서고자 했던 것이 민중적 저항시로 나타났다2). 어느 쪽에서건, 시가 더 이상 세계의 조화로운 통일성을 드러낼 수 없다는 지극히 '현대적'인 시적 인식을 보여주고 있었다고 할 수 있다.

이 시기에 한 시인이 '지나치게' 토속적이고도 소박한 자연의 아름다움을 노래하며 등장한 것이다. 박태기꽃, 찔레꽃 등 각종 들꽃의 이름들과 꽝꽝나무, 청개구리 등 시골에서나 만날 수 있는 미물(微物)들이 버젓이 시의 제목으로 실려 있는 이『산노을 등에 지고』(시문학사, 1987)는 시가 본원적으로 지니고 있는 '자연'과 인간이 조화된 세계를 뛰어난 미적 형상으로 성취해내고 있다. 이 시집의 미학적 성취는 이미지의 조화, 언어 구사의 세련됨에서 나오는 것이기도 하지만, 더욱 더 중요한 것은 이 시집이 우리 시가 잃어버렸던 서정적 세계에 대한 향수를 지니고 있으며, 그 세계를 탁월하게 미학적으로 형상화하고 있다는 점에 있다.

2. 자연의 미적 복원으로서의 '꽃'

등단했을 당시, 그의 나이는 43세였다. 시인으로 등단하기에는 늦은 나이라고 볼 수 있다. 그러나 그의 詩作의 시작은 16세에 첫 작품을 발표하고, 18세에 서라벌 예대의 문예 콩쿨에서 시를 당선하는 등 일찍 시작되었다.

---

2) 문홍술, 「해방 후 50년 시동인지의 역사」,『시원의 울림』, 청동거울, 1998. pp.100~107. 참조.

그러면 그는 약 20년 동안 무얼 했던가. 그는 생활 전선에 뛰어 들었다. 시인의 꿈이라는 이상적 삶과 면서기로서의 현실적 삶은 그의 삶의 지평에서 첨예하게 대립하는 두 가지 영역으로 나타난다.

> 이십이 훌쩍 넘어 제대하고
> 면서기 시험에 어렵게 합격했다.
> 먹고 살기 위하여
> 주눅이 들어도 암소리 안하고
> 말술을 퍼먹으면서도 비틀거려도
> 고독은 이 땅 위에 없는 것
> 뒤꿈치에 힘주고 서서 바라보는 하늘
> 아직도 학교 사무실에 근무하면서
> 창밖을 기웃거린다
> 하하호호 웃고 있는 풀꽃들과 만난다.
> 이름을 빌려 살면서 써보는 시를
> 한번도 자랑으로 여긴 적이 없다
> 지금 밖에는 무화과가 익는 소리
> 나는 아직 나를 자백해 본 적이 없다.
>
> — 「밖을 보며」

　시인의 꿈을 접고 생활을 영위해야만 했던 자의 고단함은 이 시에서 물씬 풍겨나오고 있다. 자신의 밖의 세계의 차가움은 시인을 주눅들게 하지만, "암소리"할 수 없는 무기력함과 무능력함 뿐이다. 그러나 그러한 삶의 어려움이 현실적 논리와 타협하도록 만들지는 않는다. 그는 말술을 마시고 비틀거려도 "고독은 이 땅위에 없는 것"이라는 인식에 도달하고 있기 때문이다. 고독이란 의식에 의미(meaning)과 감정(feeling)의 차원으로 존재하는 것이다. 현대적 삶에서 고독이란 자연적 총체성과 분리된 상태인 인간의 근원적인 삶의 조건[3]이라고 했을 때, 고독은 의미의 차원에서 존재하는 것이다. 이

때 고독은 분리된 주체를 회복시키고, 다른 주체나 대상과 연결을 지으려는 강력한 동경으로 구성된다. 그러하기에 고독은 단순히 물질적 세계에 대한 동경이나, 사회질서의 편입에 대한 욕망으로 환원될 수 없다. 그것은 오히려 그 세계와 등을 진 상태에서 발생하는 인간의 근원적 조건에 대한 첨예한 인식 아래에서만 가능한 것이다. 그래서 시인은 "고독은 이 땅위에 없는 것"이라고 중얼거린다. 현실적 삶의 질서는 인간의 본래적 자아를 성찰하는 것마저 막아버리는 세계이기 때문이다.

시인은 꿈의 질서와 삶의 질서의 경계선에서 "비틀거리"고, 그의 고독은 꿈을 막는 삶의 질서를 깨뜨리려는 적극적인 의식에서 나온 것이라고 할 수 있다. 관계 회복에 대한 강력한 동경으로서의 고독이 이 땅위에서 없다는 인식은, 현실적 삶의 질서를 거부하는 적극적 현실 의식이며 그러하기에 그는 "뒤꿈치에 힘을 주고 서서" 하늘을 바라볼 수 있는 것이다.

1980년대적 현실에서, 주근옥이 단지 주변의 사소하고 소소한 토속적 세계를 탐닉했다고 해서 단순히 그가 '소박한 인정시'를 창작했다고 보기는 어렵다. 깃발을 들지 않는다고 해서, 저항하지 않는 것은 아니기 때문이다. 그는 오랜 기간의 삶의 어려움을 거쳐오면서, 삶을 제약하는 물질적 세계에서 벗어나기를 꿈꾸는 동시에, 그 자리에서 잃어버린 세계를 회복하기를 꿈꾼다.

그래서 "십년 동안 저축했더니/겨우 엽서 값이라네/흙과 물과 햇살과/바람하고만 살라네"(「葉書」)는 구절은 단순히 은일자연의 선포라고 보기는 어렵다. 그에게 현실은 늘 "면서기 출장간다/면장 군서기 고래고래 소리치면/굽실거리고//사람들과 동이술 마시며/왜 못 사나/왜 못 생겼나"(「목매기」)에서 처럼 그를 짓누르는 것으로 나타나고 있으며, 이러한 현실에 대한

---

3) B. L. Mijuskovic, *Loneliness in Philosophy, Psychology, and Literature*, Assen, The Netherlands: Van Gorcum & Cop., 1979, pp.15~21.

첨예한 대립의식을 보여주고 있기 때문이다. 인용시에서 보듯 '학교 사무실'과 '학교 밖'이라는 세계의 가운데, 창문을 사이에 두고 그는 '적극적'으로 서 있기 때문이다.

따라서 그가 하늘을 보는 것과 동시에 바라보는 "풀꽃"들은 그의 시에서 특별한 의미를 지닌다. 이 꽃들은 지금 그가 있는 세계의 '밖'에 있는 것으로서, 그가 지향하는 세계를 담지하고 있는 사물들이다. 『산노을 등에 지고』에 실린 시의 17편이 꽃이나 나무의 이름을 제목으로 달고 있다는 사실, 그리고 그렇지 않은 시도 많은 경우 꽃이나 나무를 모티프로 하여 쓰여지고 있다는 사실은 이 '꽃'의 의미가 그의 시에서 얼마나 중요한지 알 수 있다. 그러나 중요한 것은 이 때 '꽃'이 단순한 애호나 희구의 대상으로 나타나는 것이 아니라, 상실된 자연의 표상으로 등장하고 있다는 사실이다.

> 허물 벗는 햇살
> 앞자락에 묻히네
>
> 꽃그늘 밀고 가는 여울물소리
> 시새움 캐어내는 새소리
>
> 그 틈으로 새어 나오는
> 권태의 사향처럼
>
> 나비 등에 실려온 지평선
> 탱자꽃 속으로 몰려가네
>   ─ 「탱자꽃」

이 시에서 탱자꽃은 형상화의 주된 대상으로 등장하고 있지 않다. 오히려 시인이 묘사하고 있는 것은 탱자꽃을 둘러싼 소멸의 분위기이다. 소멸의 분위기의 형상화에 기여하는 것은 '묻히네', '꽃그늘'과 같은 어두움의 이미지이다. 탱자꽃을 둘러싸고, 햇살은 점점 사라지고 햇살이 사라지면서 꽃그늘은 여울물 속으로 사라진다. 이 시는 그림자가 사라지는 바로 그 '틈'을 형상화하고 있다. 햇살이 사라지고, 어두워지면서 여울물 소리가 점점 커지는 바로 그 시간의 경계선에서 '권태의 사향'과 같은 '지평선'이 출현하고 '지평선'은 탱자꽃 속으로 압축된다.

즉, 이 시는 사라짐과 출현이 동시적으로 일어나는 순간을 묘사하고 있으며, 그 모든 순간을 압축하는 사물은 탱자꽃이다. 이러한 자연의 묘사는 확실히 고전적인 의미에서 자연의 묘사와는 차원을 달리한다. 고전적인 의미에서 자연의 묘사는 자연의 사물을 모방하는 데 그 초점을 맞추는 것이었다. 이 때 자연은 고전적인 전범으로서, 모든 미학의 완성태로서 나타나며 예술은 다만 '이미' 현현한 이데아를 모방한다. 이 때 '자연의 모방'이라는 고전적인 자연의 미학은 그 자연의 전범성에 의해 정당화되는 듯이 보이지만, 실상 그것은 이미 인간의 미적 활동성의 주체적 수행을 전제로 한 것이었다. 즉, 자연은 질문될 때만 대답할 수 있으며, 미적 감각이 그것에 대해 표명하는 것만을 전체의 형상으로 되돌려 줄 수 있는 것4)이다.

그러나 이 시에서 '지평선'은 해가 소멸하는 그 '순간'에 갑작스럽게 '출현'한다. 지평선이라는 시어가 주는 아득하고 먼 느낌을 상기한다면, 이 지평선은 현재의 시적 주체가 도달하기 어려운 먼 시원의 세계를 상징한다. 예술의 미학을 진리의 '출현'이라는 측면에서 파악했던 하이데거의 시선5)을 빌려오지 않더라도, 이러한 '지평선'의 '출현'은 탱자꽃이 은닉하고 있었던 총체적인 자연의 세계의 출현과 동일하게 여겨질 수 있는 것이다.

그러나, 이 '지평선'이 '나비의 등에 실려' 출현한다는 점에서 이 시의

---

4) 한스 로베트르 야우스, 김경식 역, 『미적 현대와 그 이후』, 문학동네, 1999. p.25.
5) M. Heidegger, 오병남 외 역, 「예술작품의 근원」, 예전사, 1996.

미학은 장엄함이나 숭고와 그 차원을 달리 한다. 자연을 장엄함으로서 신화화하는 기획은 계몽의 것으로서, 이것은 역시 자연을 타자화하는 데서 더 나아가지 않는다. 숭고함의 감정은 결국 그 거대한 자연을 파악할 수 없음과 그 파악할 수 없는 이성의 위대함을 깨닫는 것6)으로 돌아오기 때문이다. 그러나 이 시에서 시간의 틈에서 소생한 '나비'가 떠밀고 오는 '지평선'은 크고 거대한 것이면서 동시에 한 마리의 나비의 등에 실릴 수 있을 만큼 작은 것이기도 하다. 다시 말하면, 지평선을 등에 질 수 있을 만큼 나비가 큰 것이기도 한 것이다.

바로 이렇게 이 시에서 자연은 단순히 큰 것으로서 묘사되거나 시적 주체가 감탄하는 것으로 존재하는 것이 아니라, 매우 작은 것이 떠안고 있는 세계의 진리, 그리고 매우 작은 것들이 공생하고, 그것을 보는 '나'와 결코 분리되지 않은 총체성의 세계이다. 그리고 지상의 가장 작은 꽃들인 탱자꽃이 품고 있는 지평선이란 결국 현대의 시간에서 가능하지 않은 자연의 총체성을 품고 있는 것이라고 할 수 있다.

그러나 이러한 세계는 자연의 사물에만 있는 것이 아니다. 이 시가 탱자꽃의 아름다움을 묘사하는 데 바쳐져있는 것이 아니라, 탱자꽃의 아름다움을 이루는 주변의 분위기를 형상화하고 있는 것처럼 시인은 모든 작고 사소한 자연의 사물과 인간의 주변에서 그러한 분위기를 만난다. "멍석 위에 앉아/모깃불 피워놓고//실타래에 감는 달빛/실에 꿰는 별빛//개구리랑 베짱이랑/나눠 먹는 보리개떡"(「보리개떡」)은 바로 그러한 총체성의 세계가 구현된 장면이라고 할 수 있을 것이다. 달과 별과 개구리와 베짱이가 함께 모여 조화롭게 공존하는 것, 보리개떡을 나눠먹는 그 가난한 아름다움은 물질적이고 현실적 세계를 거부한 시인이 형상화해낸 자연의 미적 복원의 장면이라고 할 수 있을 것이다.

---

6) I. Kant, 이석윤 역, 『판단력비판』, 박영사, 1974. p.129.

3. 총체적 자연이 현현하는 '순간'

총체적 자연의 매개자인 '꽃'은 그러나 언제나 그러한 현현의 매개자로서 나타나는 것은 아니다. 가령, 「백일홍」이라는 시에서 백일홍, 「쑥뿌리」에서 쑥은 서러움의 표상이며, 「민들레꽃」이나, 「온실」에서 꽃은 사회의 폭력으로 상처받은 인간과 자연의 상징으로 등장한다. '꽃'이 「탱자꽃」에서처럼 자연의 총체성을 온전히 담지하고 있는 것으로 등장하기 위해서는 반드시 그 '꽃'을 발견하는 시간의 개념과 밀접하게 관련이 되어 있기 때문이다. 앞서 「탱자꽃」에서도 해가 진 직후인 '틈'의 시간에 꽃은 그 지평선을 품고 있는 존재로 드러났다. 이러한 꽃이 출현하는 시간은 지속의 시간이 아니라 언제나 '순간'의 시간이다. 그것은 '틈'(「탱자꽃」)이며, 불안정한 자리로 드러난다. 가령, 「수수꽃다리」에서 "아시죠 당신은 이 자리가/왜 서늘한가, 흔들리는가를"이라고 질문했을 때, 흔들거림, 서늘함이라는 불안정한 기호들은 수수꽃다리가 화자에게 주는 분위기를 환기하고 있다. 따라서 화자는 정확하게 무엇인지 알 수는 없지만, "수수꽃다리를/잡고 있노라면 가슴 저려요"라고 고백한다. 서늘하고, 흔들리는 자리에서 수수꽃다리가 지니고 있던 은밀성은 화자의 가슴에 전달되고 있는 것이다.

> 수국이 핀다
> 참새 새끼 노오란 주둥이
> 짹짹 날고 싶은 날갯죽지
> 파닥거려 날아간 만큼의 간격
> 어쩌다 성큼 뛰어간
> 그 간격
> 여리디여린 마음 쓰임 쓰임 순간으로 잎을 열어
> 딱 딱 딱 벌린 주둥부리
> 바람도 돌아와 혀끝 건드리고

햇살 들여다보며 목젖 건드리는
영원,
수국 저 스스로 진저리친다.
                                    -「수국」

　수국을 묘사한 이 시는 다른 어떤 꽃을 대상으로 한 시보다도 아름다운 시다. 아주 작은 꽃들이 모여 큰 한 송이의 꽃을 구성하고, 그 큰 한 송이의 꽃은 또 다시 모여 수국을 구성한다. 아주 작은 꽃잎들이 모인 그 간격을 시인은 어린 참새가 날기 연습을 할 때 날아가는 그 잠깐의 비행에 비유하고 있는 것이다. "파닥거려 날아간 만큼"의 간격, 어쩌다 좀 더 큰 간격은 "어쩌다 성큼 뛰어 간" 간격이다. 이 시를 읽다보면 어린 참새의 날개짓만큼이나 어린 수국의 꽃잎들을, 너무 여려서 안타까운 순간을 만나게 된다.

　그러나 이렇게 여리고 안타까운 순간은 '바람'이 돌아오고 '햇살'이 건드리는 영원의 시간이다. 바로 이 지점에서 이 '순간'의 시간이 현대의 시간 질서에서 일탈해 있는 시간임을 알 수 있다. 이것은 일직선으로 전개되는 현대의 시간에서 정반대로 나타나는 '무시간성'이다. 수국이 피는 과정으로서의 시간은 '건너 뛰'는 것으로 생략된다. '건너 뜀'이라는 시공간적 도약에서 우리는 지속은 지속이 없는 순간들로 이루어지는 것[7]이라는 바슐라르의 통찰을 만나게 된다. 그러나 이 때의 '지속'은 일직선적으로 전개되는 시간의 도도한 흐름이 아니라, 오히려 지속이 내포하고 있는 순간, 순간이 내포하고 있는 영원으로 읽혀진다. 이러한 시간은 영원히 현재이며, 그 영원히 현재인 순간은 그러나 시간의식이 중지되는 시간[8]인 것이다. 바로 이러한 현재의 순간이 '절대적 현존'이 출현하는 순간이다.

　버지니아 울프가 그 자신의 순간을 '한순간에 대한 도취'라는 양식으로,

---

7) G. Bachelard, 이가림 역, 『순간의 미학』, 영언, 2002. p.32.
8) K. H. Bohrer, 최문규 역, 『절대적 현존』, 문학동네, 1998. pp.232~236.

이러한 순간에 일상적인 자아의식은 배제된다고 고백한 것[9])처럼, 이 순간은 전율을 동반한다. "수국, 저 스스로 진저리친다"는 구절은 바로 그 순간에 현현한 영원성을 만나고 전율[10])하는 화자의 모습을 반영하고 있는 것이다. 이 때의 전율은 공포와 불안이라는 개념형태로 나타나는 전율[11])과는 다르다. 그것은 한 작은 자연의 사물에서 갑작스럽게 '영원'의 '순간'을 만난 화자의 떨림이다. 이 '영원'의 순간은 아직 존재하지 않은 것, 혹은 가능한 상태에 대한 암호[12])로서 나타난다. 탱자꽃의 아름다움이나 수국의 아름다움은 그 자체로 그것이 진리여서가 아니라, 그것을 둘러싸고 있는 분위기, 나비와 하늘, 바람과 햇살과 같은 자연의 다른 아름다움이 한 순간에 현현하기 때문에 발생한다. 이러한 '순간'에 자연의 아름다움은 비로소 그것을 바라보는 주체와 화해하고, 그 화해의 순간을 드러낼 수 있는 것이다.

『산노을 등에 지고』에서 이러한 화해의 순간이 시간적 형식으로 나타날 때 그것은 '노을'의 시간으로 나타난다. 시집의 제목에서 나타나듯, 이 시집에 실린 시들의 시간적 배경은 대부분 저녁무렵이다. 낮과 밤이 교차하는 바로 그 '순간'의 시간인 것이다. 시 「노을」에서 "하늘 뒤덮는 노을"과 그 속을 횡단하는 "나비 한 마리"나 의 대비나 「가을 옆에서」에서 "산노을 등에 지고 떠나가'는 "목이 시린 달팽이"는 바로 그러한 순간의 시간을 발견하고 그 속에서 화해하는 시적 주체의 모습을 가장 잘 드러낸 사물이라고 볼 수 있을 것이다.

주근옥의 시에서 이러한 '순간'의 시간, 화해의 '순간'들은 그러나 자연의

---

9) Virginia Woolf, *Augenblicke, Skizzierte Erinnerung*, Frankfurt a. M. 1981. p.92. 위의 책, p. 241.에서 재인용.
10) 전율을 낭만주의 문학이 선취하고 이후에 양식화된 현대성의 형식으로 본 보러의 경우, 그는 현대성이라는 말을 미적 모더니티라는 의미에서 사용하고 있는 듯하다.
11) 특히 이러한 개념의 전율은 보들레르나 벤야민, 버지니아 울프 등에게서 '충격'이라는 현대의 매혹적인 지각 양식을 총괄하는 개념으로 사용된다.
12) 아도르노, 홍승용 역, 『미학이론』, 문학과 지성사, 2002. p.124.

사물과 시적 주체 사이에서만 일어나는 사건이 아니라는 점은 강조될 필요
가 있다. 그것은 이 순간이 현현시키는 그 조화로운 세계가 그리는 풍경은
따뜻하고 가난한 세계인 것이다.

　　① 쇠똥벌레가 굴려가는
　　이슬 한 쪽의 우룃소리

　　굴려가는 해와 달무리
　　그 푸른 지린내

　　가시밭의 원추리꽃
　　코를 벌름거리고 있네
　　　　　　　　　　　　　　－「원추리꽃」

　　② 퉁가리 속에서
　　고구마는

　　햇살의 무거리 쓸어담고
　　대숲의 싸락눈 소리 쓸어담고

　　나가서 죽은 외사촌 누나의
　　설움도 쓸어담고

　　억울함은 황석어로 곰삭히며
　　펑펑 눈이 쏟아지는 밤에

　　고구마는
　　감질날 일 하나로 웅크리네
　　　　　　　　　　　　　　－「고구마」

인용한 두 시는 주근옥의 시에서 보여주는 화해의 세계의 두 양상을 잘 보여주고 있는 시편들이다. 「원추리꽃」에서는 쇠똥벌레가 굴려가는 것이 우주적 세계임을 보여주고, 그 우주적 세계와 하나가 되는 원추리꽃의 모습을 보여주고 있다. 이 시에서 쇠똥벌레가 굴리는 것은 '우릿소리'이며, '해와 달무리'이다. 쇠똥벌레가 원래 굴리는 것이 쇠똥임을 감안하면, 이 때 똥이라는 가장 낮고 천한 사물은 우주의 위엄이 한 순간에 나타나는 '우릿소리'로, 하늘의 존재인 '해와 달무리'로 변할 수 있게 된다. 작은 쇠똥벌레가 보여주는 큰 우주 앞에서 "가시밭의 원추리꽃"은 "코를 벌름거리"면서 그러한 우주의 순간에 동참하게 되는 것이다.

「원추리꽃」에서 이러한 화해의 세계는 쇠똥벌레와 원추리꽃이라는 자연의 작은 사물들을 통해서만 나타나고 있다면, 두 번째 인용한 「고구마」는 그 세계의 영역을 확대하고 있다. 이 시에서 고구마는 "햇살"도, "눈소리"도 모두 쓸어담고, "나가서 죽은 외사촌 누나의 설움"까지도 끌어안고 있는 사물이다. 이 시의 아름다움은 고구마 한 알에서 자연과 인간의 세계를 모두 바라보고 있는 시인의 따뜻한 시선에서 나온다. 원추리꽃과 고구마가 내포하고 있는 세계는 자연을 객체로 바라보거나 타자로 바라보는 것이 아니라, 자연과 인간, 대자연과 작은 사물들이 하나되어 있는 가장 충만한 시원의 세계인 것이다.

4. 反현대적인 자연의 미학

주지하다시피, 1980년대 우리 시단의 미적 기획은 1980년대적인 현실을 어떻게 타개해가는가에 집중되어 있었다. 사회의 이면에서 작동하고 있던 도구적 이성의 기획을 꿰뚫어보고, 언어적 실험시나 해체시등을 통해 종국에는 주체의 해체로까지 나아가려했던 한 경향이나, 자연과 인간, 사회와 인간의 폭력적 관계를 거부하고 비폭력적 관계의 구성으로 나아가려했던 한 경향은 이러한 타개의 몸부림이었다고 할 수 있다. 자연의 사물과 시골의 세계에 안주한 것처럼 보이는 주근옥의 시는 그러나 이러한 경향들이 보이고 있던 난점에 대한 돌파구를 보여주고 있다는 점에서 상당한 주목을 요한다.

말하자면, 현대에 대한 근본적인 거부는 자연과 인간의 관계를 재설정하는 자리에서 시작해야 하는 것이기 때문이다. 특히 미적인 영역에서 인간과 자연의 재화해가 이루어질 수 있다고 한다면, 그것은 그 근거를 자연의 타자존재(Anderssein)와 자기 존재(Selbstsein)에서 구할 것을 요구[13]한다. 자연을 객체로 규정짓는 일을 그만두고, 동시에 주체를 추방하는 것을 그만두고, '나뉘어질 수 있는 존재(Dividuum)'으로서의 개인과 자연을 그대로 인정하는 것, 그것은 바로 반현대적인 자연 미학이라고 이름붙일 수 있는 것이다. 이 때 자연은 어떤 보편적인 동일성을 현현하고 있는 매개물로서 등장하는 것이 아니라, 그래서 그 자체로 영원한 한 사물이 되는 것이 아니라 '우연적 순간'에 갑작스러운 '출현'에 의해서 그것이 은닉하고 있던 총체성의 세계를 열어보인다. 이러한 출현의 긍정이야말로 그 자체로 미학적 급진성을 의미할 수 있는 것이다.

주근옥의 시는 바로 이러한 '충만한 순간'을 미학적으로 형상화함으로써 다른 시인들과는 달리 그의 온전한 서정성을 지키는 동시에 현실 사회에 대한 비판을 은밀히 성취할 수 있었던 것이다.

---

13) 야우스, 앞의 책, p.24.

Ⅳ. 시 집 론

밝고 개결(介潔)을 향한 자세
-『번개와 장미꽃』

金 容 稷

1

우리 나라의 시, 특히 서정양식에 속하는 시들은 대체로 짧다. 그런 안목
으로 보아도 주근옥의 시는 유별나게 짧은 단곡들이다. 그의 작품을 대하고
나면 장시에 대비시켜 단시를 호수에 비견한 비평가의 말이 생각난다. 그에
따르면 장시는 長江, 大河다. 긴 강이 그런 것처럼 장시는 긴 줄거리를 가지
며 여러 개의 국면도 내포한다. 그러나 단시는 이와 달리 호수에 비견될
수 있다. 장시와 달라서 그것은 한 장면 한 중심만을 가진다. 그것은 단일성
의 원칙에 입각하는 것이다. 그러나 여러 장면을 가지는 장시와 달라서
그 구조 속에 단시는 장시에 맞먹을 여러 요소를 모두 갖추고 있다. 그러기
위해서 단시에는 필수 불가결하게 뒤따르는 요구가 생긴다. 그것이 축약을
생명으로 하여 그와 병행해서 고도의 예술적 기능을 지니는 일이다.

2

이제까지 발표한 주근옥의 시를 보면 예외 없이 그 길이가 짧다. 특히

이번에 그가 上梓하게 되는 그의 시는 모두가 3행 30자 내외의 길이를 가진다. 이 짧은 형식 속에 주근옥은 그가 노리는 바 시적인 정서를 최고도로 살리고자 했다.

현대에 와서 시라면 그것은 9할 이상이 서정시를 가리킨다. 서정시는 서사시나 극시에 비해서 본래부터가 짧게 끝나는 양식이다. 그러나 이 말의 역은 참이 아니다. 가령 우리가 신문 기사의 한 토막을 짤라내어 그것을 시라고 할 수는 없다. 그렇게 못되는 까닭은 명백한 데 있다. 무엇보다도 신문 기사의 한 토막 곧 실용문의 일부는 그 말씨가 정서적으로 사용되어 있지 않다. 그러나 모든 서정시는 그 언어가 정서적인 쪽에 초점이 맞추어진다.

또한 이때 문제되는 것이 현대시의 전략이다. 오늘에 이르기까지 시인들은 시를 위한 정서의 함량 제고를 위해서 몇 가지 기법을 개발하고 계승해 왔다. 그 가운데 가장 빈번하게 원용되어 온 것이 이질적인 것의 문맥화다. 흔히 위트, 또는 奇想에 의한 관계설정으로 지칭되는 이 방법은 한 소재에 대해 예상 밖의 또다른 소재를 이끌어 들임으로써 이루어진다. 오늘날 시인들은 이런 이유에서 엉뚱한 소재들을 그의 시에 끌어들인다. 거기서 벌어지는 예외성을 시의 지름길로 믿는 것이다.

주근옥의 시들은 서정 단곡이면서 이런 요구에도 상당히 기능적으로 대응한다. 가령 일상생활에서 <철로>하면 우리는 긴 레일이라든가, 무쇠 기관차, 역에서 오르내리는 승객, 가끔 울려 퍼지는 기적 등을 연상한다. 그런데 그와 달리 주근옥은 다음과 같이 작품을 썼다.

소나기 속으로
기차가 달려가는
철로 밑 민들레
　　　　　－「기차와 민들레」 전문

범박하게 보면 이 시는 여행을 제재로 한 작품이다. 주근옥 이전에도 이런 제재로 쓴 시인이 우리 주변에는 흔하게 있었다. 이제 우리는 그 가운데 한 보기로 金起林의 <咸興平野>를 들어 볼 수 있을 것이다. <아득한 들이 푸른 깃을/ 흰 구름의 품속에 감추는 곳에서/ 汽車는/ 기러기와 같이 조그마한/ 나그네고나.>. 여기 나타나는 바와 같이 金起林은 그의 한 작품에서 여행의 상징인 기차를 기러기와 일체화시켰다. 무쇠바퀴를 단 열차를 철새의 한 종류인 기러기와 그는 대비시켰다. 그런 관계설정을 통해 이른바 현대시의 한 요건인 창조적 관계설정이 이루어진 것이다. 그러나 주근옥은 이와 달리 기차에 민들레를 대비시켰다. 이것은 그의 시가 그만의 관계설정에 의거했음을 뜻한다.

3

주근옥의 시가 지니는 또 하나의 덕목으로 결바름을 들 수 있다. 본래 예술은 창조적 차원 확보를 생명으로 한다. 이것을 현대시의 경우로 전이시켜 놓으면 실험의식이라는 개념이 떠오른다. 창조적 차원의 확보를 현대시인들은 소재 선택의 특이성으로 해석한다. 그리고 아주 엉뚱한 관계설정을 그 첩경으로 믿는다. 그것을 가능하게 하는 것이 실험이라고 생각하는 것이다. 사실 예술은 답보가 아니라 새로운 차원의 개척이다. 그리고 그 전제가 되는 기법을 실험의식으로 확보된다고 믿는 것이다. 그러나 이 경우에 문제되어야 할 실험의 올바른 뜻이 무엇인가는 재검토될 필요가 있다. 본래 실험이란 말은 자연과학에서 차용된 것이다. 그런데 자연과학에서 실험에는 그 성패를 가늠하게 되는 최소한의 요구가 뒤따른다. 그것이 가설의 정당함이라는 결과를 도출해야 하는 점이다. 시에서 실험결과는 언어로서의 표현이다. 말을 바꾸면 그것은 작품의 짜임새로 나타나야 한다. 그런데 오늘 우리 주변에서는 정체불명의 실험시가 횡행한다. 비근한 예를 그림이나 행위예술에서 빌려오기로 하겠다. 요즘 우리 주변에서는 쇳조각이나 돌 부스러기들을 모아놓고 그림이라고 한다. 그런 것에 <산>이나 <풍경>, <구성>등의 이름을 붙인다. 그리고는 전위 회화라는 이름 아래 전시회를 갖는다. 우리가 알고 있는 한 예술은 충동이 아니며 감정의 직접적인 표출도 아니다. 그럼에도 행위예술의 이름 아래 일종의 광란이 연출된다. 그에 대해 찬사를 보내는 비평가까지 나타난다.

　이런 사정은 시로 위치를 이동시켜도 그 모양은 같다. 일부 시인들은 처음부터 끝까지 일상적인 사실들을 진술 형태로 쓴다. 그리고는 그런 것으로 된 작품들을 모아 사화집을 낸다. 이것은 예술의 모독이며 시의 자기부정이다. 어떤 경우에도 시는 시여야 하며 그 길은 언어의 짜임새, 또는 기법을 통해 달성될 수밖에 없다. 그런데 주근옥의 작품에는 이런 시의 요구가 기능적으로 수렴된 것이 있다.

> 소리로만 들리다가
> 번갯불로 떨어진다
> 그 순간은 장미꽃인가
> 　　　　　　－「밤비」 전문

　일상적인 차원이라면 번갯불과 장미꽃 사이에는 아무런 관계가 없다. 그런데 여기서 주근옥은 어두운 밤비를 몰고 오는 우렛소리 다음의 번갯불을 그와 일체화시켰다. 본래 장미꽃은 아주 아름답다. 특히 붉은 빛깔의 그것은 밤의 어두움까지 불밝혀줄 것처럼 아름답다. 이것을 주근옥은 번갯불과 대비시킨 것이다. 그런데 이런 관계설정을 위해 그는 번갯불 앞에 <소리로만 들리다가>와 같은 설명절 내지 수식 귀를 선행시켰다. 그리하여 번갯불=장미꽃의 폭력적인 관계설정을 기능적으로 문맥화시키고 있는 것이다. 이것은 그의 시가 예술적 법식 내지 문법의 최저 표준을 언제나 감내하고 있음을 뜻한다.

4

주근옥 시인을 특징짓는 가장 두드러진 품성을 나는 그가 갖고 있는 겸양이라고 생각한다. 이런 글을 쓰기 전에도 그는 나와 구면인 사이였다. 두어 번을 우리는 문학 세미나 자리에서 만났다. 그때는 회식도 같이 한 바 있다. 그런데 이 글을 청하기 바로 직전 그는 충남대학교 연구실에 다시 나타났다. 그날 나는 다른 일로 그쪽에 갔고, 내가 거기에 들어서자 먼저 와 있었던 그는 간단한 수인사만으로 자리를 떴다. 매양 그런 일에는 영민 하지 못한 나는 다른 일로 거기에 있다가 가는 것이려니 생각했다.

그러나 며칠 뒤 그것이 내 빗나간 생각이었음이 드러났다. 그날 그 연구실에서 주근옥 시인은 나를 기다린 모양이다. 그리고 그 용건이란 것이 이 시집의 해설의 말을 얻자는 것이었다고 한다. 그의 은사인 崔元圭 선생을 통해서 이런 이야기를 듣고 나는 반문했다. <잠깐 그런 얘기 나에게 하지 그랬어요> 그러자 나는 뜻밖의 말을 듣게 되었다. <그것은 김선생이 다른 일로 하경한 것이기 때문이지. 당신의 소관사가 따로 있는데 그걸 무릅쓰고 자기 소청을 할 수 없는 사람 있지 않은가. 주근옥이는 그런 사람이야.> 그런 말을 들으면서 나는 엉뚱하게 그 얼마 전에 지하철에서 겪은 일을 되새겨 보았다.

내가 출퇴근에 이용하는 지하철 순환선은 출퇴근 때가 아니면 대개 빈칸이 있다. 그런데 그날은 여느 날과 달랐다. 마침 내가 들어선 맞은 편 쪽에

녀석이 있기는 했다. 그러나 그 자리는 어떤 아주머니가 그의 아들 차지로 맡아놓은 것이어서 내가 앉을 수는 없었다. 우리 세대는 좌석을 차지할 때 아이들은 반드시 어른이 안고 타는 것으로 교육받으면서 자랐다. 그런데 그 아주머니는 두 사람 자리를 아이에게 할애(?)하고 있었다. 뿐만 아니라 아이의 손에는 사탕 알 통이 들려 있었다. 그것을 아이는 좌석 여기저기에 뿌리기까지 했다. 그런 모양에 나는 참지 못하고 참견을 했다. <아주머니, 아이를 좀 보아야지. 좌석을 저렇게 더럽히면 어떻게 해요> 그러자 아주머니는 새침해지더니 팩 돌아앉아 버렸다.

이 비슷한 일을 나는 한 주에도 두어 번 꼴로 목격한다. 그래 나는 요즘의 청장년 모두가 겸양이나 조신 하는 일과는 전혀 담을 쌓고 있는 줄 알았다. 그런데 주근옥 시인은 별로 격의가 없는 나의 글을 청하는 일까지 자기 차례가 아니라고 삼갈 줄 아는 사람이다. 이런 사실들은 그 직후 崔元圭 선생의 자상한 설명을 듣고 모두 알게 되었다. 그리고 그 후 나는 그의 이름을 우리 시대에서는 멸종 위기에 있는 천연기념물쯤으로 생각한다. 그의 詩業도 그의 품성처럼 잘 가꾸고 다듬어지기를 빈다. 언제나 어진 것은 아름답고 아름다운 것은 영원히 그 빛을 더해야. 이것이 이 시집에 내가 이런 글을 쓰는 사유의 태반이다.

시의 틀과 말의 변주(變奏)
-『갈대 속의 비비새』

송 재 영

1

　주근옥의『갈대 속의 비비새』를 주의 깊게 읽으면서 나는 뜻밖의 경이로움과 미묘한 감동을 경험하여야만 했다. 왜 그랬을까? 지난 해 발표된 이 시인의『바퀴 위에서』에 관해 그 동안 내가 품고 있었던 견해가 혼란에 직면해야만 했기 때문이다. 한 마디로 말한다면 나는 그를 이 시대의 모순을 희화적으로 고발하는 쉬르레알리스트라고 규정하고 있었다. 그의 시정신과 시적 기법은 한국적이기보다는 다분히 서구적이고, 따라서 시에 대한 그의 근본적인 태도 역시 전통적이기보다는 코스모폴리턴하다고 믿어왔던 것이다.

　그런데,『갈대 속의 비비새』는 기왕의 내 생각을 완전히 바꿔놓고 말았다. 이 시집에 수록돼 있는 작품들은 소재와 어법, 또한 형식과 율조에 있어서 한국 고유의 특성을 한 눈에 보여주기 때문이다.『바퀴 위에서』부터『갈대 속의 비비새』까지는 불과 일년이라는 짧은 기간이 있을 뿐인데, 어떻게 이런 놀라운 변신이 가능할까? 그러나 그것은 시인으로서의 변모가 아니고 원래의 모습일 뿐이다. 곰곰이 생각해 보면 주근옥은『바퀴 위에서』에 감추어졌던 세계를 이제야 꺼내 보일 뿐이다. 어찌『갈대 속의 비비새』가

일년 동안에 이룩된 시적 성취라고 할 수 있겠는가? 그에게는 본시 이 두 시집에서 볼 수 있듯이 상반되고 모순된 두 세계가 내재해 있었을 뿐이다. 아니, 그것은 결코 상반되고 모순된 세계가 아니다. 끊임없이 고뇌하고, 새로운 실험을 시도하는 한 시인이 거쳐야만 되는 피할 수 없는 시의 이정표 일지도 모른다.

2

『갈대 속의 비비새』에서 가장 주목해야 할 특징의 하나는 짧은 시들이 많이 선보이고 있다는 점이다. 보기에 따라서는 일본 근대시인 이시카와 타쿠보쿠(石川啄木)의 삼행단가(三行短歌)와 흡사해 보이기도 하는 주근옥의 단시들은 그러나 분명 자신만의 독창성을 견지하고 있다. 어떤 점에서 그러한가? 간단히 말한다면 이시카와 타쿠보쿠의 단가들이 시인 자신의 예민한 감성과 서정을 표출하고 있다면 주근옥은 철저하게 자아를 절제하며 관조적 태도를 보여주고 있기 때문이다.

주근옥의 단시는 지극히 짧고 간결하다. 열자 미만의 시행, 거기다 불과 3행으로 구성된 그의 단시는 그 형식상 단일한 구조와 또한 단순한 주제를 담고 있다. 사실 그것은 단시의 근본적인 한계라고 할 수 있겠는데, 주근옥은 이 한계를 과연 어떻게 극복하고 있는가? 아니, 정확히 말해서 그 한계의 특성을 어떻게 활용하고 있는가? 우리의 관심은 자연히 이 점에 쏠리지 않을 수 없다.

　　신축 빌딩 용접공
　　올려다보고 있는 누렁이
　　목덜미 상처에도 눈발이

이상은 「눈발」의 전문인데, 짧은 형식에 비해 참으로 많은 시적 진술을 내포하고 있다. 우선 눈여겨보아야 할 것은 각 시행마다 구체적인 시적 대상을 명확하게 제시하고 있다는 점이다. 즉 제1행에서는 <용접공>, 제2행에서는 <누렁이>, 제3행에서는 <눈발>이 제시되어 그 동작 혹은 상황이 묘사되고 있다. 사실 이들 세 시적 대상은 그것들을 이렇게 병렬적으로 배열하여야 할 필연적인 논리성을 갖고 있지 않다. 그것들은 저마다 독립적인 존재로서 아무런 상호 관련성 없이 그저 그렇게 제 자리에 있을 뿐이다. 그런데 시인은 이 셋을 하나의 끈으로 묶어 시라는 틀 속에 담는 것이다. 그렇기 때문에 우리는 「눈발」을 읽으면서 순식간에 눈앞에 떠오르는 아름다운 회화적 이미지를 포착할 수 있다. 말하자면 어느 신축 공사 현장—높은 곳에서 불꽃을 튀기고 있는 용접공의 모습을 신기하게 올려다보고 있는 누렁이. 때마침 희끗희끗 내리는 눈발이 그 누렁이의 목덜미, 그것도 하필이면 상처 난 목덜미에 내리고 있다. 그렇다면 이렇게 산문적으로 요약할 수 있는 「눈발」의 시적 메시지는 어떤 내연적 진실을 담고 있는가? 한 마디로 말해서 시의 표면은 비록 고요하고 평화롭게 눈이 내리는 풍경일지라도 내면에는 치열한 삶을 영위해야만 하는, 그래서 상처받기 일쑤인 우리들의 모습을 볼 수 있는 것이다.

주근옥은 시의 운율적 효과에 대해서도 남다른 관심을 보여주고 있는 시인인데, 이러한 점은 「눈발」에서도 확연히 드러난다. 예컨대 둘째 행 <올려다보고 있는 누렁이>와 셋째 행 목덜미 상처에도 눈발이>(밑줄 필자)에서 볼 수 있듯이 "이"로 각운을 맞추고 있다. 그리고 <눈발이>라고 조사만 붙인 미완성 문장으로 끝맺고 있는데, 그러나 이 미완성 문장은 첫 행과 대비되어 용접공의 목덜미에도 눈발이 내리고 있음을 충분히 암시해 주고 있다. 그 결과 <이~이>의 각운은 또한 의미론적 효과도 충분히 나타내고 있는 것이다.

「눈발」이 현실의 한 단면을 회화적으로 형상화한 작품이라면 「홍시」는 하나의 자연 정경을 형이상학적으로 연역한 작품이라고 할 수 있다. 사실 여기서도 제1행의 <범종>, 제2행의 <산기슭>, 제3행의 <홍시>는 아무런 논리적인 연관을 맺고 있지 않다. 그러나 시인은 범종의 울림을 종교적 차원으로서가 아니라 시간의 흐름을 상징하는 매체로 도입함으로써 어느덧 산기슭이 붉게 물들고, 시퍼렇던 감이 벌써 홍시가 되었음을 알리고 있다. 자연 현상에 대한 이와 같은 형이상학적 통찰력은 오랜 시기에 걸친 시적 명상 끝에야 얻어질 수 있는 것이다.

주근옥 단시의 가장 두드러진 주제의 하나는 자연과 문명의 공존 현상이다. 더 정확히 말한다면 문명의 침범으로 설자리를 잃어버린 자연의 황폐화된 모습이라고 할 수 있다.

①
금강 하구 공장 굴뚝
연기 아래 갈매기가 날고
그 아래 해가 집니다
— 「낙조」

②
장구벌레가 꿈틀거리는
염색 공장 그늘 웅덩이
별도 뜨고 달도 뜨네
— 「장구벌레」

③
베란다 플라스틱 화분
흙 위에 알을 낳고 품고 깨고
먹이를 물어 나르는 황조롱이
— 「황조롱이」

　위 세 편의 시들은 한결같이 자연과 문명의 어색한 만남이 야기시키는 우스꽝스러운 부조화, 그러나 또한 분명한 현실을 보여주고 있다.

　①이 보여주는 정경은 참으로 아이러니컬하다. 깨끗한 강 하구나 넓은 바다 위를 날아야 할 갈매기가 <공장 굴뚝 연기 아래>를 난다는 것은 앞서 말 한 대로 자연과 문명의 우스꽝스러운 부조화의 한 단면이다. 이런 점에 있어서는 ②와 ③의 시에 있어서도 마찬가지이다. 염색 공장 그늘진 곳에 웅덩이가 움푹 파여, 그 속에서 장구벌레가 꿈틀거리는가 하면 또한 <별도 뜨고 달도> 뜨고 있다. 그런가 하면 숲 속 으슥한 곳에 둥지를 틀고 <알도 낳고 품고 깨고>해야 할 황조롱이가 <베란다 플라스틱 화분>을 둥지로 삼고 있다. 이러한 현상은 분명 자연의 질서와 조화를 깨는 혼란스러움이며, 가까운 미래에 인류에게 닥쳐올 그 어떤 재앙의 징조일 수도 있다. 그리고 지금 주근옥은 이렇게 뒤틀려가고 있는 자연의 질서를 담담한 자세로 관조하고 있는 것이다.

　주근옥은 결코 설명하려 들지 않는다. 하기야 복잡하고 미묘한 자연의 온갖 현상에 대해서 시인인들 그 무엇이라고 설명할 수 있겠는가? 프랑스의 저 저명한 현상주의 철학자 메를로 퐁티(Maurice Merleau-Ponty)는 이렇게 말한 적이 있다. <이 세계에 관하여 내가 그 어떤 분석을 시도하기 이전부터 세계는 지금 그대로 존재하고 있었으며, 따라서 거기에 관하여 일련의 총론을 끌어내려고 하는 것은 부질없는 것이다. …현실은 묘사할 뿐이지 구축하거나 구성할 수 있는 성질의 것이 아니다.> 물론 우리는 시와 철학을 혼동해서는 안 된다. 그렇다고 해서 이 두 분야를 떼어놓고 완전히 독립된 세계로만 취급할 수도 없다. 특히 현상학이 근대 심리학과 상징주의 시학에 막대한 영향을 미친 것은 주지의 사실이다. 단시만을 놓고 볼 때 주근옥은 현상주의자이다. 그는 분석하지도 않고 설명하지도 않는다. 어쩌면 그는 그런 행위를 그의 시를 읽는 독자의 몫으로 돌려놓고 있는지도 모른다.

주근옥은 메를로 퐁티의 말대로 오직 <현실을 묘사할 뿐이지>, 그것을 기하학적 잣대로 분석하거나 사변적 논리로 설명하지 않는다. 사실 이와 같은 그의 시적 기법은 단시의 형식적 특성과 밀접한 관계가 있기도 하다. 총 설혼 자 내외의 짧은 시의 형식은 극도의 언어적 압축을 요구한다. 그런데 한국의 옛 시인들은 한시나 고시조를 통해서 이러한 시의 기법과 정신에 익숙해 왔다고 할 수 있다. 이런 점에서 주근옥의 단시가 고시조와 언어적 동족성을 공유하고 있다는 점을 부인하기 어려울 것이다.

그러나 간단히 말한다면 고시조는 초장, 중장, 종장의 세 연을 통해서 일종의 기(起), 승(承), 결(結)과 같은 형식에 바탕하고 있다. 이러한 논리적 결과로 인해서 시조는 삼단논법적 진술을 즐겨 한다. 그것은 시적 대상을 설명하고 정의함으로써 시인 자신의 윤리적 또는 심미적 태도를 당당히 진술한다. 그런데, 주근옥은 이미 앞에서 언급한 바와 같이 시적 대상을 결코 설명하거나 정의하려고 하지 않는다. 그는 단지 제시하고 묘사할 뿐이다. 그는 자연 현상, 말하자면 사물의 변이를 객관적으로 관조하고 서술할 뿐이다. 고시조가 주로 직유적 방법을 원용했다면, 주근옥의 단시는 반대로 환유적 기법에 입각해 있는데, 이 점은 바로 위와 같은 사실에서 자연스럽게 이해될 수 있을 것이다.

3

『갈대 속의 비비새』의 1, 3부는 앞에서 살펴 본 단시와는 전혀 다른 형태의 시들을 싣고 있다. 그것들은 대다수 긴 형식을 취하고 있고, 일정한 서사성을 도입하고 있으며, 또한 민요적인 가락을 규칙적으로 반복하고 있다. 이런 점에서 그것들은 발라드 시풍(詩風)을 연상시킨다. 그러나 서구풍의 발라드와는 다른, 주근옥의 특유한 감각과 정서를 보여주는 일종의 네오 발라드(Neo-ballad) 즉 신담시(新譚詩)라고 감히 정의할 수 있을 것이다.

「문 밖에서」는 얼핏 보아 이상의 「오감도」를 연상시키는 작품이다. <13인의 아해가 도로를 질주>하듯이 「문 밖에서」는 한 사내가 일곱 개의 문을 들락날락하면서 완전히 방향감각을 상실하고 있다. 그러다 마침내 그는 자기 집 앞에 이르러 초인종을 누른다. 그런데 그의 아내는 이 사내를 알아보지 못하고 문을 열어주지 않는다. 아니, 사내는 지금도 자기 집을 잘못 찾은 것인가? 아니면, 사내가 짜증스럽게 <이봐, 하말순 여사 당신 뭐 잘못 먹었어/왜 이래 이거 당신 맛이 간 거야>하고 말하듯이, 그의 아내가 어떤 착란증에 빠져 있는 것인가? 이러한 반문에 대하여 우리는 그 누구도 확연한 답변을 내릴 수 없다. 우리는 다만 이 시의 퍼스나인 한 사내와 그의 아내가 현대 도시 생활에서 자아를 상실하고 미망 가운데서 헤매고 있음을 이해할 수 있을 뿐이다. 고단한 생활을 헤치며 떠돌다 돌아온 사내, 오랜만에 집을 찾아오니 비슷비슷한 아파트 현관문 앞에서 방황할 법도 하다. 그의 아내도 오랜만에 대하는 남편의 얼굴을 단번에 알아보지 못할 수 있으리라. 넌센스에 불과한 이 우스꽝스러운 이야기가 그러나 주근옥의 언어 변주에 의해 일순 우리를 실소토록 하면서 또 한편으로는 미묘한 카타르시스를 제공해준다. 물론 이 카타르시스는 작품의 치밀한 해학적 구성에서 유래하는 것이다. 주근옥은 왜 이토록 삶을 신랄하게 희화하기를 즐겨하는가? 「문 밖에서」의 여백에서 우리는 이런 지문을 읽을 수 있다. ―모순과 부조리 투성이의 삶을 달리 어떻게 표현할 수 있겠는가?

여기서 내가 주목하고 싶은 작품은 「튀밥 장사 어 서방」이다. 우선 강조하고 싶은 것은 이 작품이 담시로서의 형식 요건을 여러모로 갖추고 있다는 점이다. 30여 행의 긴 작품이기 때문에 이 자리에 전문을 인용할 수는 없지만 그 개요만은 소개하여야 될 것 같다. 튀밥 장사 어 서방은 포로수용소에서 탈출한 뒤 튀밥 튀기를 하면서 온갖 고생을 겪다가 마침내 비단 장사로 변신한다. 그는 혼인도 하고 돈도 벌고 살림 형편이 차츰 풀리게 된다. 극장도 사들이고 빌딩도 세우고…, 그러나 슬슬 재미 좀 볼만하니까 쓰러지고 말았다. 당연히 그의 부인이 그의 빌딩을 물려받고 그의 처남은 극장 주인이 된다. ―단편 소설 한 편의 제재로도 충분한 듯한 이 이야기 꺼리는 담시가 요구하는 서사성으로는 오히려 용량초과라고 볼 수 있다.

「튀밥 장사 어 서방」에서는 전통적 담시에서 흔히 사용되던 후렴 같은 것은 찾아볼 수 없다. 그 대신 같거나 비슷한 어구(語句)나 율조의 반복을 통해서 담시로서의 홍을 살리고 있다.

<blockquote>

그 짐이 <u>점점 커져</u> 가게를 사서 부려놓고

그 비단 가게 더 <u>점점 커져</u> 읍내에서 제일 큰

극장이 <u>되고</u>, 대전의 빌딩이 <u>되고</u>

슬슬 바람도 피운다는 유언비어가 나도는 어느 날

<u>그는 쓰러졌다</u>, 팔아먹은 것보다 더 큰 금반지를 끼고

<u>그는 쓰러졌다</u>, 남들 다 가는 평양 구경 본처 상봉 못하고

빌딩의 주인은 그의 부인 이름으로 바뀌고

소달구지 끌고 매형 집을 오가던 그의 처남은

극장 주인이 되었다, <u>달아 달아</u> 노오란 강냉이

시멘트 물 바닥에 낳은 개구리 알속의 <u>보름달아</u>

(밑줄―필자)

</blockquote>

위 밑줄 친 부분에서 볼 수 있듯이 주근옥은 같은 어구의 반복을 통해서 시적 홍취를 돋구고 또한 민요적인 가락을 살림으로써 담시로서의 형태를 갖추고 있다. 뿐만 아니라, 앞에서도 잠시 언급한 바 있지만, 그는 각운의 배열에도 세심한 주의를 기울여서 시의 전반적인 음악성을 아름답게 또한 대칭적으로 조율하고 있다. 몇 가지 예를 들어 보기로 하자.

①
보름달 만한 호떡을 팔아도 돈이 되지 <u>않아</u> (가)
목숨보다 귀한 노란 결혼 금반지 빼어 <u>팔아</u> (가)
대구에 가서 튀밥 기계 <u>사다가</u> (나)
읍사무소 뒷마당에서 뻥뻥 튀밥을 <u>튀다가</u> (나)

②
달빛 드는 방에 쭈그리고 앉아 부대를 <u>풀어놓고</u> (다)
구겨진 돈 펴 세고 있던 그는 저녁도 냉수로 <u>때우고</u> (다)
아침도 선 돌밥으로 때우고 점심도 <u>거르다가</u> (라)
하루는 이혼하고 혼자 산다는 여자를 <u>데려와</u> (라)

위에서 볼 수 있듯이 (가~가), (나~나), (다~다), (라~라)의 각운이 연속적으로 배열돼 있다. 다만 (라~라)의 경우 (가~와)의 배열이어서 형식상 약간 틀린 듯하지만 Ka와 Kwa는 같은 음운군(音韻群)에 속한다고 볼 수 있는 것이다. 이와 같은 형식의 각운법은 서구의 담시나 장시에서는 일찍부터 구사되어 온 것으로 흔히 평운(平韻) 혹은 대운(對韻, Rimes plate)이라고도 불린다. 아마도 긴 시에서는 같은 운을 연속적으로 반복하는 것이 간편하게 느꼈을 터이고 또한 그것이 숨을 고르는 데도 안성맞춤이었을 것이다. 왜냐하면 담시는 중세의 음유시인들이 기타를 치면서 읊기 위해 쓰여진 시이기 때문이다.

한국어로 가락을 조율하고 각운을 적절히 배열하면서 한 편의 담시를 엮어낸다는 것은 결코 쉬운 일이 아니다. 지나치게 형식에 얽매여 자칫 시적 균형을 잃을 위험성을 배재할 수 없기 때문이다. 쉽게 말하자면 겉만 그럴 듯하게 꾸미느라고 속을 허술하게 메꾸기 쉽다는 뜻이다.

그러나 주근옥은 「튀밥 장사 어 서방」을 통해서 그것을 극복하고 새로운 담시의 한 정형을 잘 보여주고 있다. 우리가 이 작품을 통해서 느낄 수 있는 신선한 시적 감동과 흥분을 한 두어 마디로 간단히 설명하기란 결코 쉽지 않다. 그러나 간추려 말한다면 우리는 이 시에서 익살과 해학, 흥취와 가락—말하자면 한국인 특유의 한판 놀이마당을 체험한다. 그러나 그것은 단순한 놀이마당이 아니다. 시인은 어 서방의 드라마틱한 삶을 통해서 인간 조건의 아이러니를 발견하고 그것을 그의 특유한 기법으로 희화화하고 있는 것이다. 비극적인 삶을 희극적으로 표현하는 것은 더욱 비극적이다. 「튀밥 장사 어 서방」의 경우가 바로 그렇지 않겠는가? 요컨대『구약성서—시편』에도 적혀 있듯이 <허무하도다, 허무하도다. 모든 것이 허무할 뿐이로다.>라는 깊은 탄식을 다시 한번 읊조리게 할 뿐이다.

4

『갈대 속의 비비새』의 마지막 부분을 장식하고 있는 것은 「풀무가」라는 한편의 민족 서사시이다. <풀무>란 오늘날엔 거의 사라지고 말았지만 몇 십 년 전까지만 하더라도 대장간이나 실제 생활에서 불을 피우기 위해 사용 하던 도구이다. 그러니까 여기서 「풀무가」란 민족의 뜨거운 활화산 같은 에너지를 상징하고 찬양하는 노래를 뜻한다.

그렇다. 「풀무가」의 구성은 굉장히 방대하고 그 노래는 힘차다. 단군 신화에서 시작하여 삼국 건립의 과정, 그리고 고려와 조선의 두 왕조의 역사까지를 섭렵하고 있는 이 서사시는 녹두장군 전봉준의 장엄한 죽음으로 끝을 맺고 있다.

일찍이 빅토르 위고(Victor Hugo)는 인류의 장구한 역사를 서사시를 통하여 형상화하려고 시도하여『세기의 전설』을 쓴 바 있다. 자그마치 1만 행을 훨씬 넘는, 아마도 세계 문학사상 가장 방대한 서사시일 것이다. 고대 신화

시대로부터 근세에 이르기까지 그야말로 파란만장했던 인류의 역사를 문
화사적 각도에서 조감하고 있는 작품이라고 할 수 있다. 그러나 그것은,
엄밀한 의미에서, 서구를 중심으로 한 인류사적 서사시이지, 결코 세계사적
서사시가 아니며, 더 더욱 한국의 역사와는 무관하다.

　이에 반해, 당연한 이야기이지만, 주근옥의 「풀무가」는 면면히 이어져
온 한민족의 혼을 풀무질로 불어넣으려고 애쓴 민족 서사시이다. 그러나
3백 행 미만의 「풀무가」를 통해서 5천년 역사를 점철한다는 것은 불가능한
일이다. 그래서 주근옥은 오랜 역사를 통해서 한민족의 정신적 원형으로
자리잡아 온 고대 신화와 설화를 주로 제재로 삼기로 한다.

　　　　풀무야 가자 신시로 가자
　　　　순한 눈매의 바람이 매달린
　　　　신단수 아래로 어서 가자
　　　　상제께서 내려보내신 아들
　　　　풍백 우사 운사 만나보자
　　　　…
　　　　웅녀는 아들을 낳았네
　　　　그가 곧 단군이니
　　　　나라 다스리기를 일천 오백 년
　　　　살기를 일천 구백 팔 년
　　　　허허 산신이 되었네
　　　　어화어화 어화어화
　　　　어여차 어여차 굴러라 굴러라

　이렇게 시작되는 「풀무가」는 동부여 건국 신화, 서라벌 계림과 박혁거세
에 얽힌 설화, 신라 신문왕과 만파식적(萬波息笛)에 관한 설화, 백제 무왕의
탄생과 선화공주와의 설화적 로맨스, 궁예의 파란만장한 일대기와 고려

왕조의 건립에 따른 불교의 부흥, 그리고 신궁 이태조에서 전봉준에 이르기까지 참으로 많은 이야기를 담고 있다.

비록 널리 알려져 있는 설화적 사실과 전환기의 역사적 사건만을 대상으로 삼는다고 할지라도 3백 행 미만의 「풀무가」로써 그것들을 다 포용한다는 것은 사실 어려운 일이다. 그래서 주근옥은 상징적 또는 회화적 묘사의 기법 대신에 효과적인 가사(歌詞) 전달의 창법(唱法)을 택한 것 같다. 그렇다. 「풀무가」는 이미 그 제목의 가(歌)자가 설명하고 있듯이 창이다. 한국인이라면 누구나 쉽게 받아드릴 수 있는 경쾌하고 멋드러진 창이다. 위에서 인용한 시구의 마지막 두 행만 보아도 그렇고 또 다음에 인용하는 이 작품의 종결 부분도 그러하다.

> 오오 파랑새가 된 넋
> 새야 새야 파랑새야
> 전조 고부 녹두새야
> 어화오화 어너리 넘자 어여라
> 저 건너 불머리 쾅쾅 굴러라

민요와 창은 한국인의 원초적 정서를 가장 직접적으로 전달하는 매개체이다. 그렇기 때문에 주근옥이 「풀무가」에서 전적으로 이러한 기법에 의존하고 있다는 것은 그가 설화를 통해서 정신적 원형을 탐색하기보다는 정서적 원류를 노래하고자 했음을 뜻한다.

나는 현재의 시점에서 「풀무가」가 주근옥이 집요하게 추구하고 있는 민족 서사시의 완성체라고는 생각하지 않는다. 그것은 그에게 있어 하나의 시도이며 출발일 뿐이다. 생각하건대 그는 여기서 제시된 민족 설화를 개별적으로 더욱 심화하여 보다 방대한 서사시를 집대성하려고 노력할 것이다. 그렇기 때문에 지금의 「풀무가」는 미완성의 서사시이며, 나 또한 「풀무가」

에 대한 해설을 미완성으로 남겨두는 수밖에 없는 듯하다.

5

주근옥은 끊임없이 새로운 실험을 모색하는 시인이다. 그는 앞으로도
시를 쓰는 한 계속 실험을 멈추지 않을 것이다. 어떤 의미에서 그의 시는
곧 실험이고 또 거꾸로 말해서 그의 실험은 곧 시 자체이다. 이러한 사실은
그의 시가 고뇌의 대변임을 뜻한다. 넓게는 이 세계와 인류에 대해서, 좁게
는 이 사회와 자아에 대해서 그는 계속 반문하고 회의한다. 그는 안주하기를
거부하고 쫓기듯이 방황한다. 그러면서 사방으로 시의 문을 찾아다닌다.
마치 시에 의해 구원받기를 간절히 기도하듯이…. 그러나 시의 문으로 가는
길이 얼마나 먼지 그 자신이 너무나 잘 알고 있으리라.

작고 아름다운 인정의 세계
- 『감을 우리며』

이 숭 원

주근옥의 두 번째 시집 "감을 우리며"는 3행 내지 4행의 단시들로만 엮어져 있다. 그 시편들은 대체로 시행의 압축을 통하여 상황의 이미지를 제시하거나 체험의 한 단면을 드러내는 작품들이다. 그런데 그 작품의 내면에는 인간과 인간의 삶을 바라보는 시인의 따뜻한 시선이 스며있다. 따라서 그의 시에 보이는 압축과 생략의 방식은 감각적 기교의 일환으로 이해되는 것이 아니라 삶의 배면에 숨어있는 진실의 음영을 포착하려는 노력의 소산으로 이해된다. 그러므로 그의 시를 모더니즘적 사물시의 테두리 속에서 설명하려 드는 것은 의미가 없다. 그의 시는 사물의 이미지를 중시하면서도 그것을 언제나 정감의 영역과 결부 지으려는 노력을 기울인다. 이러한 사실은 그의 시집 표제가 된 작품만 검토해 보이도 단적으로 드러난다.

설움도
땡감인가

소금물
독에 넣고

누나는

우립니다
　　　　　－「감을 우리며」

　이 시의 일차적 소재는 감을 우리는 장면이다. 감의 떫은맛을 제거하기
위해 소금물에 담가두는 것을 보면서 시인은 누나의 가슴속에 맺혀있는
설움, 혹은 더 나아가서 우리들 모두의 가슴속에 도사리고 있는 슬픔의
감정을 연상한다. 그것은 곧 감의 떫은맛을 우려내는 일이 누나의, 혹은
우리들의 슬픔을 거두어내는 일이 아닌가 하는 생각으로 전환된다. 이러한
사상의 전환을 통하여 감을 우리는 일상적 행위가 인간 일반이 슬픔에 대처
하는 보편적 방식과 관련되어 있음을 말해주는 것이다. 땡감이 떫은맛을
가지고 있듯 인간들은 누구나 설움의 한 조각씩을 나누어 가지고 있으며
감을 소금물에 담가 떫은맛을 우려내듯 인간 또한 자신의 설움을 조금씩
덜어내고자 한다. 이것이 사람들이 살아가는 보편적 방식이다. 이 시는 짧은
형식 속에 이러한 보편적인 삶의 방식을 담아내려 하였다. 시행과 시행
사이의 여백은 바로 이러한 상상과 인식을 가능하게 해주는 열린 공간으로
서의 의미를 갖는다. 이런 점으로 볼 때 그이 시는 사물의 이미지보다 그
뒤에 가려진 정감의 영역에 더 관심을 두는 것을 이해할 수 있다.
　물론 그의 시에는 기발한 착상으로 하여 이미지의 신선함을 노린 작품이
적지 않다. 그러나 그렇게 이미지에 중점을 둔 경우라도 거기에는 인간적
정감의 흔적이 남아있으며 의미의 여운을 통하여 삶의 문제를 제기해보려
는 의도가 드러난다. 그만큼 그는 시를 삶과의 연속선상에서 수행하고 있는
듯한 인상을 준다. 그래서 때로는 일상적 생활의 단면이라든가 자신의 체험
을 직접 보여주기도 한다. 다음의 시편들이 그러한 예이다.

　　1
　　공장에

보내놓고

아지랑이 속으로
사라질 때가지

지켜보는
누이여라

              - 「아지랑이」

2
얼근한 친구의 얼굴 바라보며
손바닥에 굳은 살 박힌 사연
듣고 또 들어도 끝없는 밤에
버캐처럼 엉겨 붙는 바람소리

              - 「숙맥(菽麥)」

3
간장을 달이며
짭짜롬 맛이 드느니
아내의 새끼손가락

              - 「간장」

1은 그 제목에서 연상되는 서정적 분위기와는 달리 가난한 삶의 한 단면이 제시되어 있다. 가난과 관련된 시인의 체험이 형상화된 예는 그의 첫 시집 "산노을 등에 지고"에도 잘 나타나 있는데 이번 시집에서도 그러한 면모가 엿보인다. 위의 작품은 공장에 나가는 누이의 뒷모습을 바라보며 안타까워하는 오빠의 심정을 정황의 제시만으로 드러낸다. 아지랑이 아른거리는 들길을 걸어 아득히 사라지는 누이의 모습은 아름답기까지 하는데 그 아름다움은 어린 나이에 공장에 나가지 않으면 안 되는 누이의 처지라든가 그 누이를 지켜볼 수밖에 없는 오빠의 무력함 등과 결합됨으로써 비애와 우수의 정서를 포함하게 된다. 요컨대 가난이라는 아픈 현실을 아름다운 정경 속에 배치함으로써 그 둘 사이의 긴장과 대조가 시적 가치를 발현할 것을 노린 것이다. 평범한 듯 보이는 생활의 한 단면이 일정한 상황 내에 포착될 때 그것이 시적 윤기를 머금을 수 있음을 위의 시가 보여준다.

2의 시 역시 시인의 실체험을 보여주는 것인데 그 제목의 설정이 재미있다. 숙맥(菽麥)이란 원래 콩과 보리라는 뜻인데 이것이 전이되어 콩과 보리도 구별할 줄 모르는 어리숙한 사람을 가리키는 말로 사용된다. 이 시의 제목이 재미있다고 한 것은 그 뜻을 두고 말한 것이 아니라 이 시의 내용과 관련된 것이다. 즉 이 시의 내용은 고생한 친구와 술을 나누며 그의 기구한 사연을 듣게 된다는 것인데 고생담을 늘어놓는 친구나 그것을 들으며 밤을 지새는 나나 결국은 다 같은 숙맥이라는 것이다. 세상의 변화에 민첩히 대처하지 못하고 영악하게 자기 실속을 챙기지 못했으니 손바닥에 굳은살만 박힐 뿐 삶의 고통은 끝이 없다. 끝없이 닥치는 시련을 이 시에서는 "버캐처럼 엉겨 붙는 바람소리"라고 표현했는데 그렇게 고통과 시련이 닥쳐와도 속수무책인 채 술잔이나 기울이며 하소연이나 늘어놓는 자신들의 모습을 숙맥이라고 생각하는 것도 당연한 일이다. 이 시에는 현실의 불합리에 대한 철저한 인식은 없으나 착하고 순박하기만 한 사람은 결국 현실에 패배하여 숙맥이 될 수밖에 없다는 인식을 보여줌으로써 현실의 비인간성을 암시하는 단계까지는 나아갔다. 특히 제목이라든가 바람소리의 상징성이 효과적인 기여를 함으로써 평범한 소재가 삶의 진실을 포용하게 되었고 전체적으로는 단형 시로서의 압축성을 확보할 수 있었다.

1, 2의 시가 시인의 체험 중에서도 어두운 면을 드러낸 것이라면 3의 시는 훈훈한 인정의 세계를 보여준다. 바로 이러한 인정의 따스함이 삶의 궁핍이나 시련을 이겨내는 힘이기도 하다. 대개 인정의 세계는 여기서처럼

가족끼리의 관계를 통하여 형상화되는데 다른 시편들에서는 대상을 의인화하여 유머러스하게 표현함으로써 그러한 효과를 거두기도 한다. 3의 시가 제재로 삼은 것도 위의 시편들과 마찬가지로 간장을 달이는 지극히 일상적인 정경이다. 아내는 장을 달이며 새끼손가락으로 장맛을 본다. 시상의 초점은 바로 이 새끼손가락에 놓여있다. 이 새끼손가락에서 아내의 오묘한 반찬 솜씨가 나오며 알뜰한 살림 솜씨도 나오고 가정의 평화도 창조된다. 아내의 손길이야말로 가정의 화목을 유지시키는 동력이고 삶의 힘겨움을 덜어주는 온기이다. 그러나 이러한 인식이 방금 얻어지는 것은 아니다. 장을 오래 달여야 제 맛을 낼 수 있듯, 짜증스러운 신산의 세월을 거쳐 자신의 본분을 이해하게 될 때 비로소 이러한 슬기를 얻게 되는 것이며 남편 또한 아내의 진정한 가치를 상당한 시간이 경과해야 이해하게 되는 것이다. 이 시의 둘째 행 "짭짜롬 맛이 드느니"는 이러한 삶의 진실을 함축하고 있는 표현으로 이해된다. 또한 장맛을 보는 아내의 손가락을 굳이 새끼손가락이라고 한 것도 자고 예쁜, 그러면서도 소중한 아내의 손길을 돋보이게 하려는 표현으로 생각된다.

이러한 시작품들은 모두 일상적 생활 속에서 소재를 취하여 그것에 일정한 의미를 부여함으로써 시적 정취를 보인 예들이다. 생활 속에서 얻어진 소박한 사례들이 오히려 삶의 참모습을 더 잘 나타내며 참모습을 찾아내려는 시인의 눈이 정직하면서도 깊이가 있을 때 성과를 거둘 수 있음을 확인하게 된다. 그런데 이러한 성과는 사색과 관찰에서만 오는 것은 아니다. 사색과 관찰을 시로 전환시키려는 감각의 수련에도 힘을 기울여야 작품으로서의 성취도가 높을 것이다. 물론 주근옥 시인은 감각적 이미지의 조형에도 상당한 정력을 기울이고 있다. 다음 두 편의 작품은 정서의 색채를 가능한 한 배제하고 이미지 위주로 쓰여진 작품인데 이것을 보면 이 시인이 감각의 수련도 게을리 하지 않고 있음을 확인하게 된다.

       사립문 살며시 열자
       너와지붕 짓밟고 서서
       살구꽃은 포효하느니
                          — 「살구꽃」

       덜 떨어진 개구리의 입
       그 위엔 눈 녹는 소리
       그 위엔 별 초롱초롱
                          — 「별」

　“살구꽃”은 시각적 이미지의 청각적 전환이 돋보인다. 살구꽃이 선명한
빛깔로 피어있는 것을 포효한다고 표현했는데 이것은 살구꽃의 양적인 풍
성함과 색채의 찬연함을 함께 환기하는 구실을 한다. 그리고 너와지붕 너머
에 활짝 핀 살구꽃의 풍요로움을 표현하기 위해서 시인은 ‘짓밟고’라는
다소 거친 시어를 선택하였다. 이 시어는 꽃이 무리 지어 피어있는 모양을
나타내는데 적절치 못한 감이 들기도 하지만 낡은 너와지붕을 휘덮고 있는
살구꽃의 생동감을 전달한다는 점에서 긍정적인 면을 찾을 수 있다. 또한
이 시어는 앞의 ‘살며시’라는 말과 의미상의 대조적 기능을 수행한다. 즉
꽃이 핀 모양을 보려는 기대감과 가슴 설렘임이 ‘살며시’로 표현되었다면
기대 이상의 상태로 왕성하게 핀 모양이 ‘짓밟고’로 제시된 것이다. 이 시어
는 ‘살며시’와 대조를 이루면서 한편으로는 ‘포효하느니’와 호응을 이루어
이의 짜임새를 튼실하게 한다. “별”의 경우에는 청각과 시각의 접합에 표현
의 묘미가 있다. 즉 초봄에 우는 개구리 소리와 눈 녹는 소리와 초롱초롱
별빛이 차례로 제시되어 있는데 개구리 소리는 실제로 청각에 감지되는
소리지만 눈 녹는 서리는 귀에 들리지 않는 상상의 소리이다. 그런데 개구리
소리는 봄이 왔음을 알리는 소리이기 때문에 그것이 곧 눈 녹는 소리라고
이해해도 무방하다. 이러한 청각 심상의 배치 다음에 돌발적으로 별이 빛나

는 시각 심상을 제시함으로써 의미의 압축과 여운의 조성에 성공하였다.

그런데 앞에서도 말했지만 이러한 이미지의 단선적 추구는 이 시인의 본령이 아니다. 이 시집에 실린 전 작품을 통하여 확인되는 바 이 시인이 추구하는 것은 인정에 바탕을 둔 평화와 화해의 삶이다. 소박한 휴머니즘이 이 시인의 시정신인 것이다. 그 작고 아름다운 인정의 세계는 기발한 착상으로 대상을 의인화한 작품에서 주로 발견되는데 그런 작품은 대체로 대상에 대한 애정이 유머 감각과 결합되어 표현된다.

> 햇살 쏟아지면
> 꽃도 연정이 얼굴도
> 자꾸 오므라져
>
> — 「나팔꽃」

> 꽃창포 속에서
> 새끼 오리 부리 물고
> 놓지 않는 달팽이
>
> — 「달팽이」

> 길가에
> 총총 선 코스모스
>
> 조금씩 밀리다가
> 굴러 떨어져
>
> 개울물에
> 머리를 박았습니다
>
> — 「코스모스」

위의 예에서 보는 것처럼 시인은 자연 대상을 의인화하여 표현하고 있는

데 그 착상은 동화적인 천진함에 바탕을 두고 있다. 요컨대 어린이의 천진한 시각으로 사물을 대하고 있는 것이다. 이 천진함이야말로 시인이 희구하는 작고 아름다운 인정의 세계의 필수요건이자 그 본질이다. 이 시집에서 자주 등장하는 연정이라는 아이는 시인의 딸인 것 같은데 그 아이가 바로 그 천진함을 대변하는 인물이다. 햇살이 쏟아지면 눈이 부셔서 연정이가 얼굴을 찌그리듯 나팔꽃도 얼굴을 오므린다. 연정이와 나팔꽃은 천진함을 지닌 동질적 대상으로 인식되는 것이다. 이것은 분명 동화의 세계이다. 이러한 동화적 시각으로 대상을 바라볼 때 오리가 달팽이를 부리에 물고 있는 상황도 역으로 달팽이가 오리의 부리를 물고 놓지 않는 것으로 수용된다. 살육과 탈취는 동화의 세계에서 용납되지 않는 것이다. 또한 길가의 코스모스가 총총히 솟아 있다가 개울로 기울어진 것도 대상을 의인화하여 재미있게 표현하고 있다. 모든 자연들은 그 나름대로의 조화를 이루고 있다는 생각이 이 시들의 바탕에 깔려 있다.

동화적 상상력에 바탕을 둔 그이 이러한 기발한 착상은 그의 내면세계가 근본적으로 평화주의적 지향을 가지고 있음을 단적으로 알려준다. 외면세계에서 일어나는 갈등과 충돌도 그의 내면세계에서는 그 척박함이 어느 정도 덜어지며 인간에 대한 따뜻한 사랑의 시선으로 그것이 감싸지기도 한다. 슬픔이나 고통이 주는 절박감도 결국에는 화평과 안식의 테두리 안에서 여과되고 용해된다. 이것은 그의 내면세계가 만만치 않은 정신의 넓이와 깊이를 갖고 있음을 말해준다. 그 깊이와 넓이가 3행이나 4행의 간략한 형식 속에 은밀히 감추어져 잇는데, 이처럼 말하고자 하는 바를 많이 생략하고 시행의 여운을 통하여 담담히 드러내고자 한 것도 그의 겸양의 미덕을 보여주는 예라고 생각된다. 또한 독자의 편에서 보면 짧은 시형식을 통하여 넓고 깊은 정신의 영역을 엿보게 되니 시 읽는 재미를 얻을 수 있는 것이다.

주근옥 시인이 엮어놓은 이 작고 아름다운 인정의 세계가 더욱 충실한

결실을 맺어 모든 사람이 함께 뛰놀 수 있는 평화의 광장이 되기를 간절히
바란다. 또한 우리는 그가 자신의 체험이나 가족 중심의 울타리에서 벗어나
더욱 넓은 세계와 만나게 되기를 희망한다. 이제 단형의 작품을 통하여
압축적 시상을 보여주었으니 조금 시야를 돌려서 현실적 삶의 여러 양상을
폭넓게 조감하는 자세도 가졌으면 좋겠다. 바로 그러할 때 진이도 연정이도,
이웃의 최문백이나 고생살 박힌 친구도 모두 화해롭게 악수할 수 있는,
진정한 사랑의 길이 열리지 않겠는가.

부조리의 발견과 서사적 운문
- 『바퀴 위에서』

송 기 섭

1

이토록 낯설고 끔찍할 수 있는가. 생소한 형식인 운문적 서사이어서 그것은 더욱 강렬한 인상으로 다가왔는가. 그것이 인생에서 부딪칠 수 있는, 누구나에게 가능하게 상정된 상황이라면, 우리는 자신의 생에 대한 기대를 포기할 수밖에 없다. 그러나 그것이 피해갈 수 없이 부여된 삶의 형극이라면 우리는 어쩔 수 없이 또한 받아들여야 한다. 그것은 분명 허구세계이나 그것은 또한 분명 우연하게 봉면할 가능세계를 예각화하여 암유한다. 그렇다면 그것은 실존의 문제이다. 그것은 문학은 범박한 일상에서는 미처 관측히지 못한 삶의 현상들을 에지있게 포착한다.

그것은 주근옥의 장시(長詩) 「바퀴 위에서」와 「다리 위에서」가 환기시키는 이야기의 세계, 이야기의 의미, 나아가 이야기의 진실을 말한다. 이야기의 구현 양식들을 뭉뚱그려 내러티브란 용어를 부여하는데, 주근옥은 관례적으로 여기서 배제되는 시가 그것 속에 포용될 수 있음을 실험한다. 주지하듯 이야기가 담긴 운문을 서사시라 하지만, 그러한 시형식에 포괄하여 이 시들을 논급하기는 곤란하다. 그리하여 시인 자신은 소극시(素劇詩)라고 스스로 명명한다. 극의 형식을 지니는 소박한 이야기 시라는 것이다.

서정적 단상의 유로뿐만 아니라 이야기조차도 운문 양식에 기대어 문화의 중심 혹은 일부로 받아들였던 시대는 순정한 영혼을 간직한 세계가 머물렀다. 그러나 서사적 운문은 완전히 새로운 형식인 소설이 내러티브의 표상적 양식이 되면서 자취를 감춰야만 했다. 삶의 의미가 분열 된 시대, 이 새로운 세계에서 인간이 된다는 것은 고독해진다는 것을 의미하는 시대, 집단 정체성의 상실로 하여 타자로부터는 말할 것도 없고 자기 자신으로부터도 소외된 시대, 우리에게 서사적 운문은 더 이상 존립할 수 없었을 것이다. 본래 서사적 운문이란 한 개인의 운명이 아니라 한 공동체의 운명을 주시했으며, 인간이면 누구나 동질의 삶으로 받아들일 총체화된 의미를 지니고 있었다.

주근옥은 서사적 운문을 지향한다. 그것이 사라진 시대, 그것의 새로운 가능성을 모색한다는 시인의 몸부림은 비극적이다. 그런점에서 시인은 비탄의 시대를 온몸으로 감당하는 사람으로 다가온다. 도무지 성사될 것 같지 않은 일을 무모하게 끌어안고 살아가는 자, 세계의 모든 대상을 극단적으로 부정하면서 그 파탄의 지경에서 창조의 맹아를 티우는 자, 거기 시인은 운명지워져 있다. 그래서 시인은 모든 것과 결별해야 한다. 시를 파고들어가는 자, 곧 시인은 모든 견고한 대상을 파괴하고, 기억된 모든 지식을 포기해야만 한다. 여기 신을 부정하는 자가 신의 세계에서 추방된 듯한 고독과 불안이 따른다. 그것을 감수하면서 시인은 살아간다. 그리고 그 단독자가 걸은 형극의 삶의 대가로 시를 얻는다. 시인 주근옥의 이 두 편의 이야기시는 그러한 시적 고뇌의 소산이다.

2

부조리하다. 「바퀴 위에서」의 이야기는 부조리하다. 타성에 젖은 이성의 눈으로는 결코 이해될 수 없는 상황이 이야기의 뼈대를 이룬다. 마치도 합리적 이성에 질식된 자가 그것에 반항하여 주절거리듯 그 이야기는 어떠한 맥락성도 논리도 갖지 못한다. 이성에 대한 반항, 질서에 대한 경멸, 관습에 대한 파괴, 그곳에는 그런 전복의 담론들이 지배한다. 도무지 견딜 수 없는 현실에서 그러한 탈주가 아니고는 생을 지속시킬 수 없는 사람들을 흡입하면서 그 이야기는 인간 세상에 투사된다. 그러한 전도된 세계에 대한 꿈꾸기는, 그러나 삶과 인간을 정시하기 위한 지나한 몸짓으로 다가온다. 그토록 과장된 이야기가 아니고는 사람들이 그 타성에 빠져 고착된 삶을 벗어날 줄 모른다. 자신들이 몸 담그고 있는 일상의 의미를 진정으로 반성하지 못한다.

상습화된 일상에서 진실된 삶의 모습을 간구하는 사람들에게 「바퀴 위에서」는 인생을 비추어볼 매재로 던져진다. 이야기가 지닌 허구와 현실의 경계를 애매하게 하는 지점에서 이 작품은 구현된다. 그러면서 우리에게 삶의 상황이 그렇게 정연한 것이 아님을 일깨우고자 한다. 허구와 현실의 구분은 명징한 사고 체계의 층위를 분별하기 위하여 설정한 것이다. 이러한 두 세계의 경계를 무너뜨렸다는 것 자체가 이 세계가 부조리하다는 것을 표상한다. 우리가 뿌리내리고 살아가는 현실이 이러할진대 우리들이 들려주는 이야기가 어찌 부조리하지 않을 수 있겠는가. 그렇다면 부조리한 삶을 살아가야 하는 것은 존재 자각을 지향하는 모든 인간이 맞이해야 할 필연의 국면이다.

이 작품의 이야기는 서두에서부터 긴장을 자아낸다. 그것이 묘연하게 불러일으키는 흥분은 섬짓하면서도 자극적이다. 이러한 감정적 동요와 더불어 허구와 현실은 교차되고, 이야기를 접하는 사람은 혼돈에 빠져든다. 이 작품에서 어떤 일괄된 논리적 이야기 구조를 추론해내려는 사람들은 당혹스럽게 멈칫거린다. 그것은 합리적 이성으로 부조리한 이야기 체계를 이해하려 기획하기 때문이다. 그것은 근본적인 오류이다. 이미 불합리하게 세계를 인식했으며, 그리고 그것을 드러내 놓은 서사 세계를 이 이야기가 경멸하여 비켜가고자 한 이성의 시각으로 그것을 파악하려고 한 것부터가 잘못이다. 그렇듯 이 작품은 철저하게 부조리하게 읽어가야 한다.

부조리를 인식하는 인간은 세계가 낯설다. 그 낯설음은 세상에 대한 두려움과 인간에 대한 이물감을 가져다 준다. 그러나 그러한 경험을 통하여 우리는 세계와 인간의 참다운 모습과 진실을 깨닫는다. 현실의 감각을 부수워버린 사람만이 볼 수 있는 세계 이면의 진실을 그는 보게 되는 것이다.

이야기의 주인공은 셋이다. 마가·우가·구가, 이 셋은 범인이자 범인을 잡으려는 사람들이다. 허구와 현실의 넘나들음, 그 경계 허물기만 간파하면 이러한 실정은 문제될 것이 없이 납득된다. 그들은 도피중이기도 하고 추적중이기도 하다. 그들의 대화는 단절되어 있으며 화해하고 공유할 언어의 지대를 갖고 있지 못하다.

> 어둠은 길고도 짧다
> 그 끝엔 아침이 있지
> 그곳이 바로 고향이다.

이 단장의 독백이 누구에게 속한 것인지는 중요하지 않다. 어차피 그들은 독특하게 성격화되어 있지 않다. 부조리의 영토에 들어서게 되면, 한 개체의 고유한 성격 부여는 이미 의미를 잃는다. 그들은 자기 모순을 간직한 복잡한 행동을 남발하여 간파하기 어설픈 인격을 소유한다. 그러니 어떻게 그들을 합리적으로 규정지을 수 있다는 말인가. 그들은 '바퀴 위'에 실존하며, 거기서 미래를 꿈꾼다. 그 '바퀴 위'는 현실인지 허구인지 분별이 가지 않는다. 다만 위태롭게 그것은 흘러감을 표지한다. 인생이 그러하듯.

그들에게 실존은 희망 속에 존재한다. '희망'은 미래의 영역에 속한다.

미래에 실존이 있다니, 그렇다면 실존조차도 거짓이고 추상이다. 그것이 '고향'으로 등가(等價)된다. 곧 고향은 미래 그들이 다가갈 희망의 거처이다. 뛰어난 부조리의 기쁨은 창조라고 카뮈는 말한다. 그들은 부조리를 경험하면서 희망을 창조한다. 그러나 얼마나 모호한 미래에 대한 기대인지를 그들은 자각하지 못한다. 그것을 응시하면서 우리는 삶이 궁극은 자기 기만임을 실감한다.

우리가 그들에게 기대하고 연민스럽게 지켜보는 내역은 실제 그들의 희망이 아니라 그것에 대한 그들의 열망이다. 인간을 세계와 맞서게 하는 끊임없는 긴장과 그로 하여금 모든 것을 맞아들이게 하는 정연한 열광은 그에게 또다른 열광을 준다. 사람들은 그들의 열망을 자신의 것으로 받아들인다.

> 그때 객석에서
> 사람들이 하나씩 둘씩
> 무대로 올라가 그와 함께
> 춤을 추기 시작한다
> 이윽고 무대가 꽉 채워지고
> 춤사위가 절정에 이르다가
> 일시에 모두 쓰러진다
> 무대가 갑자기 어두워진다

이곳은 우리가 사는 세상을 반영한다. 좀더 비약하면, 우리가 사는 바로 그 세상 자체이다. 여기에는 허구와 현실이 분별되지 않는다. 그것은 가까이 잇대어 있어서 어느 한 순간이라도 교차될 수 있다. 그리고 그것의 넘나듦을 따져 묻는 것은 별 의미가 없다. 그것은 삶을 이끌어가며 생존하는 것이기 때문이다. 무대와 객석이 각각 허구와 현실을 암유함을 너무도 쉽게 알아차릴 수 있으나, 그것을 가지고 이를 분별하여 서사 의미를 캐물으려함이 아무런 의의도 갖지 못한다는 것이다. 무대와 객석은 경계지어진 세계가 아니라 회통되는 세계이기 때문이다. 부조리에 대한 인식은 그러한 소통의 감각을 일깨운다.

3

어떠한 것도 인간을 만족시켜 주지 못하기에 안정된 상태는 지속될 수 없다. 그러나 사람들은 가장 평온한 순간을 떠올리고 그것이 지속되길 갈망한다. 거기에는 안정의 지속을 기대하는 사람들의 불안이 개입된다. 이 불안은 끈질기고도 광폭한 것이어서 사람들을 미쳐버리게도 한다. 그 광정의 상태라면 어떤 잔혹한 짓이라도 저지를 수 있다. 그것은 인간의 삶이 원천적으로 부조리하게 던져져 있음을 말해주는 부면이다. 애초에 안정될 수 없던 것을 누리려 기대하는 이 모순의 생리를 우리는 부조리하다고 밖에는 표현할 길이 없다.

「다리 위에서」는 이렇게 부조리한 삶을 말한다. 인간이라고는 찾아볼 구석이 없는 두 사내, 그리고 그들 사이를 오가며 쾌락을 주었던 살해된 여자, 이 세 인물에게서 우리는 경이로움을 발견한다. 그러한 놀라움은 지성이든 감성이든 그들의 인간적 우월에 기반하는 것이 아니라 우리는 그 반대로 그들의 저급성에, 그리고 냉혹성에 놀란다. 인간으로 살아가며 이토록 완벽하게 자기를 위장할 수 있는가에 우리는 놀란다. 그들에게 인간의 관계하기는 부재한다. 그런데 그들은 그것이 자신의 삶을 구성하고 있다고 착각한다. 그리고 관계하기에 파탄이 일어났을 때 가장 참혹하게 타자를 살해한다. 인간은 자기 자신의 행위에 의해서 비로소 분규를 일으키고 따라서 이 불가피한 필연성을 통해서 파멸을 초래한다. 그러나 그들은 자신의 실존

을 자각하지 못한다. 타자와의 관계를 위해 그들은 다만 대상을 주목할
뿐이다. 자신의 실체가 배제된 타자 지향은 착각과 망집만을 가져온다. 「다
리 위헤서」는 그러한 인간의 삶을 결과를 이야기한다. 그 서사공간은 괴기
스럽고 끔찍하다. 이야기의 주인공들, 그들은 현존재로서의 삶이 파멸할
뿐만 아니라 미래의 가능성조차 좌절된다.

> 그 계집은 나와 만나기 전에
> 이미 결혼했었소
> 헌데 바람이 나서 도망쳐나와
> 나와살고 내가 없는 사이
> 당신과 살고

사내는 결국 그녀를 살해하여 또다른 사내에게 건넨다. 사내에게는 죽음
이 질기게 따라다닌다. 그는 자신을 죽이지 못하고 자신을 기만한 여자를
죽인다. 사내는 끝내 실존을 자각하지 못한다. 정작 사내를 기만한 것은
자기 자신이다. 인간 삶의 부조리는 바로 이 무지에서 비롯된다.

죽는다는 것은 자기 자신이 된다는 것을 의미한다. 언제나 누군가는 반드
시 죽는다. 사내는 그 죽음의 본질에 접근하지 못한다. 사내는 분명 죽음을
간망하고 있으나 그것을 실행하지는 못한다. 만족하게 죽을 수 있는 능력을
지니고 있지 못하다. 사내는 죽음의 의미를 이야기하는 「다리 위에서」의
서사 의미와 연관된다. 시인은 죽음의 의미를 추구하여 서사적 운문을 구축
한다. 죽음을 생각한다는 것은 우리의 사고 속에 지고의 의혹은, 불확실한
것의 풍화작용을 도입시키는 것임을 시인은 우리에게 제시한다. 여기서
우리는 진실하게 죽음의 확실성을 생각하기 위해서는 우리의 사고를 의혹
과 허위 속에 잠기도록 해야한다고 우련히 직감한다. 사내는 그러한 위장을
하고 자기 자신을 기만하며 죽음의 음영에 휩싸여 있다.

4

시인 주근옥은 이 두 편의 서사적 운문을 소극시라 지칭한다. 그것이 하나의 장르를 형성할가에 대한 물음을 나는 던지고 싶지 않다. 형식과 갈래의 문제란 이 서사적 운문이 지닌 이야기가 환기시키는 인간 실존의 문제에 비해 훨씬 미미하게 다가온다. 우리는 이 짧막한 두 이야기에서 인간의 비극적 근원에 대해 성찰한다.

우리는 이 두 편의 서사적 운문에서 시가 가장 자명하고도 자명한 방식으로 세계 공간과 우리들의 본성을 파악할 도구일 수 있는가를 뼈져리게 느껴본다. 시가 얼마나 세상을 바로 보고 살아가려는 자의 양식인가를 고유한 서정시의 양식에서 일탈하려 한 이 두 편의 시편을 통해서 우리는 오히려 시에 대한 인식을 확장한다. 시 나름의 현실을 탐구하는 방식을 주근옥은 소극시라는 기치 아래 서사적 운문으로 보여준 셈인데, 여기서 우리는 그 내역으로 삶의 부조리를 강렬하게 인식한다. 아무래도 시에서 서사는 양보다 질이 중요하고 그것은 응축적 양식으로서의 시의 속성과 관련하여 이야기의 운문적 구현은 불리하게 작용할 수밖에 없다. 이는 주시인이 서사적 운문을 실현해 가는 과정에서 끊임없이 떠올려보아야 할 부면이다.

V. 학 문 세 계 분 석

한국현대시사에 대한 철학적 고찰의 빛나는 성과
- 『한국시 변동과정의 모더니티에 관한 연구』론

장 수 익

1

　주근옥 선생의 『한국시 변동 과정의 모더니티에 관한 연구』(시문학사, 2001)를 경탄의 마음으로 읽었다. 개화기에서 1920년대까지의 역사적인 격동의 시기에 일어난 한국 현대시의 태동 과정을 다룬 이 저서는 치밀한 이론적 틀을 기반으로 문학사적 사실에 대한 심층적인 연구를 수행하고 있다. 칸트에서 헤겔, 보들레르에서 엘리엇, 바르트와 그레마스, 그리고 임화에서 김윤식과 김용직에 이르는 숱한 철학과 문학사의 저작들이 풍부한 시사 자료와 어울려 그의 저서 속에서 자유롭게 대화하고 있다는 것만으로도 이 책은 큰 의미가 있다. 이와 함께 서울 중심의 학문적 풍토가 너무도 굳게 자리 잡고 있는 현금의 학문적 상황을 되돌아볼 때, 이 저서는 지방에서 활동하는 국문학 연구자들이 자부심을 가질 수 있고 연구 의욕을 고취할 수 있는 계기가 될 것이며, 나아가 우리나라 현대문학 연구의 전반적인 발전에도 큰 기여를 할 것으로 믿는다.

2

먼저 이 책의 전반적인 내용을 살펴보기로 하자. 이 저서의 가장 큰 문제의식은 한국 현대시에서 어떻게 모더니티 곧 근대성이 나타났는지 드러내는 데 있다. 이를 위해 저자는 우선 기존의 연구사를 세밀하게 검토한 뒤, 세 가지의 명제를 내세운다. 그 첫 번째는 개화기 시가의 변화형태에 대한 것이다. 저자는 개화기 시가에 상반된 성격의 두 흐름, 곧 자체적인 발전을 통해 변화한 진화시(사설시조·개화시·개화가사)의 흐름과 외래 시와의 접촉을 통해 나타난 전파시(찬송가·창가·신체시)의 흐름이 양립하고 있었음을 제시한다. 두 번째는 모더니티에 대한 것이다. 저자는 헤겔 철학 특히 정신현상학의 구도를 따라 절대 이성에 도달하기 위한 주체의 자기 의식을 모더니티가 발현되는 경로로 간주한다. 특히 이 부분에서는 하버마스의 논의를 빌어 그러한 절대 이성은 시에서 심층에 존재하는 것으로서, 자유이자 가상 세계로서 모더니티와 동일한 것으로 규정하고 있다. 세 번째는 이 시기 시사의 중요한 문제로 간주되어 왔던 자유시 성립과 관계된 것으로, 저자는 '현대시 = 자유운율 및 개성적 의미'라는 종래의 정통적인 현대시사 등식을 비판하면서 정형률이냐 자유율이냐에 관계없이 '심층의 새로운 의미'가 있으면 현대시가 될 수 있다고 보고, 개화기 이후 1920년대 중반까지의 한국 현대시의 전개 과정은 바로 이 '심층'을 형성하는 문제에 핵심이 있었다고 본다.

이상의 세 명제를 염두에 두고 이 책의 이후 논의를 보면, 매우 정합적으로 논의를 전개하고 있음을 알 수 있다. 먼저 저자는 첫 번째 명제와 관련하여 개화기에 드러난 우리 시가의 변동 과정을 어떻게 접근할 것인지 논한다. 이를 위해 저자는 문학 자체의 내재적 발전(진화)을 중심에 두되 사회여건과의 관련성을 종속요소로 간주하는 입장을 취한 김용직의 논의와, 외래

문화의 이식(전파)으로 우리 신문학의 성립을 드러내려 한 임화의 논의를 비판적으로 검토하면서, 이 두 관점 가운데 어느 한쪽의 관점으로 개화기 시가 전반을 두루 설명하는 것이 무리임을 논증하고, 임화의 다소 혼란스럽지만 그 대의는 적절했던 문화에 대한 관점을 가다듬어 철학적 인식론의 틀 위에서 체계화하여 드러낸다. 이러한 시각에 따른다면, 결국 개화기 시가의 변동은 우리 문화의 전통 속에서 일어난 자생적인 발전이라는 특수한 흐름(진화시)과, 외부 문화로부터 영향을 받고 동화되거나 수용되거나 일방적으로 영향받는 일반적 흐름(전파시)이 모순 관계를 형성한 결과로 나타난 것이라 할 수 있다. 이와 함께 저자는 개화기 시가의 변동을 분석 내지 해석할 수 있는 또 하나의 방법론을 제시하는데, 그것이 바로 문화체계가 어떻게 운동하고 있는가를 드러내는 구조기능주의적 관점이다. 곧 진화시든 전파시든 모두 이 구조기능주의적 관점에서 파악할 필요가 있다는 것이다. 이는 그렇게 공간적—철학적 인식론—으로 분석해낼 때라야 비로소 진화시나 전파시가 지니는 의미의 심층적 맥락이 드러나고 따라서 그것이 지니는 시간 속에서의 의미도 좀더 명확해질 것이라는 점에서 적절한 것으로 생각된다.

이제 두 번째 명제인 모더니티에 대한 규정 문제를 어떻게 논했는지 살펴보자. 이 명제는 이 논문 전체의 이론적 틀을 제시하고 있다. 우선 저자는 주관에서 객관으로의 관점(진리의 본성적 관점)과 주관에서 주관으로의 관점(진리의 기준적 관점)이라는 큰 틀로 철학의 흐름을 구분한다. 여기서 전자의 관점은 이미 사실로 존재하는 객관적 대상을 주관이 어떤 식으로 모사·반영하는가 곧 인식 대상과 주관의 관계를 문제삼는 관점인데, 저자의 주장에 따르면 그것은 결국 경험 또는 오성의 한계 속에 갇히는 것이 된다(브래들리 및 엘리엇). 반면 후자의 관점은 문제틀을 인식 대상과 주관의 관계에서 주관 내부의 관계 곧 인식 자체의 문제로 해명의 방향을 선회하는 것이다(칸트 및 헤겔). 그것이 독일고전철학의 비판론이거니와, 특히 저자는 헤겔의 정신현상학에서 드러낸 즉자(타자)와 대자로 구성된 자기 의식이 변증법적 운동을 통해 절대 이성에 도달하는 경로를 추적하면서 그것이 경험 속에 갇히는 것이 아니라 무한적인 자유로 나아가는 길임을 드러내고 있다. 그리고 이에 더하여 하버마스의 논지를 비판적으로 가져와 이러한 자유를 지향해 나아가는 것 또는 그러한 자유 자체야말로 모더니티임을 드러낸다. 한편, 이러한 시각에 따른다면, 모더니티는 현상적인 것이 아니라 심층적인 것이며, 경험적인 표층적 사실에 얽매여서는 절대 알아차릴 수가 없는 것이기도 하다. 결국 표층적 사실에서 그러한 심층을 드러내기 위해서는 역시 논리적인 방법론이 필요할 수밖에 없는데, 그러한 방법론으로 저자는 바르트와 그레마스의 기호학을 가져오고 있다. 이 두 이론은 모두 표면적인 언술에서 심층 구조를 분석해내는 구조적 방법들인바, 앞에서 진화시와 전파시의 대립을 파악하기 위해 구조기능주의를 가져왔던 것과 논리적으로 상응하는 것이다.

그러나 지금까지 살핀 모더니티는 일반적인 차원에 있다. 따라서 시라는 특수한 범주 속에서 모더니티가 어떻게 존재하는지 살필 필요가 있는데, 저자는 이를 보들레르의 시와 시론을 통해 설명하고 있다. 일단 저자는 시에서 모더니티란 또다른 심층의 작품을 이루는 것, 곧 작품을 중층 구조로 만드는 것으로 간주한다. 이 책의 4장에서 특별히 보들레르를 다룬 이유도 그 때문인데, 이른바 '심연'과 '상응'으로 요약되는 보들레르의 시와 시론은 그러한 절대지로서의 심층을 만들어내는 방법으로 평가되고 있다. 여기서 특히 주목할 것은 '상응'인바, '상응'은 단순히 내용상의 심층을 만들어내는 것으로 파악되지는 않는다. 오히려 "내용적 주제 설정의 차원을 넘어 소리와 소리의 화음으로부터 떠오르는 불확정성의 근원"으로서 심층을 만들어내는 것으로 파악된다.

지금까지 살펴본 바와 같이 첫 번째 명제로써 개화기 시가의 변동 과정을 바라보는 문학사적 시각을 마련하고, 두 번째 명제로써 모더니티의 정체를 규정하는 이론적 틀을 마련하였다면, 세 번째 명제는 이 두 명제를 기반으로 초기 한국 현대시에 대한 실질적인 분석을 하는 것이 된다. 저자는 그러한 분석을 통해 현대시의 정신이 단순히 자유시의 성립에 있지 않고 심층이자 절대로서의 모더니티를 형성하는 데 있음을 논구한다.

개화기 시가의 진화시와 전파시에 대한 분석을 보면, 우선 진화시는 하나의 즉자적 상태로 간주되는 것 같다. 그래서 형태면에서 어느 정도 발전은 이루었으나 의미상 단층 구조의 차원에 머무르는 것이어서 심층 의미를 가지지 못하는 것으로 평가된다. 전파시는 좀 복잡한데, 찬송가의 경우는 서구시 형식을 가져왔으나 심층 의미를 가지지 못했으며, 창가 또한 부분적으로는 전통 운율과 접합시켰으나 기본적으로 일본 및 서구의 악곡 형식을 단선적으로 가져오는 차원에 머무른 탓에 단층구조의 차원을 벗어나지 못했다. 그러나 신체시의 경우는 모더니티가 있다고 할 수 있는데, 우선 찬송가의 영향을 받은 이승만의 「고목가」는 저자에 의해 최초의 신체시이자 그 나름의 모더니티를 배태한 것으로 저자는 평가하고 있다. 한편 일본 신타이시의 영향을 받은 최남선의 신체시 역시 모더니티를 배태한 것이기는 하나 그러한 모더니티는 일본의 사회진화론적 이념을 그대로 가져온 것으로 비판된다. 결국 진화시와 전파시는 헤겔의 관점에 따를 때 자기의식의 낮은 단계에 머무르는 시들로서 모더니티가 태동하는 초기의 혼란상이 나타난 경우라고 하겠으며, 모더니티의 본격적인 형성은 이후의 시들로 미루어진다고 할 것이다.

그렇다면 현대시 형성 과정의 모더니티는 어떻게 나타날 것인가. 앞에서 살펴본 세 번째 명제에 따른다면, 모더니티는 내용의 차원이 아니라 형식까지 아우르는, 임화의 개인적 용어로는 '양식'의 차원에서 검토되어야 할 것이다. 저자는 이러한 임화의 '양식' 개념이 소박하게나마 가상세계로서의 '자유'(자유운율이 아니다)을 암시하는 것으로 본 바 있거니와, 이러한 자유의 개념이 백대진, 황석우, 김억 등을 거쳐 주요한, 김소월 등의 시에서 형성되고 있었음을 기호학적 분석틀을 이용하여 보여준다. 여기서 특기할 것은 모더니티가 자유 운율의 시에서뿐만 아니라 정형 운율의 시에서도 나타난다고 본 점이다. 곧 저자는 현대시가 진정한 현대시가 되기 위해서는 자유 운율만 확보해서도 안되고 동시에 개성적인 의미('의미의 개별성')만 드러내어서도 안된다고 보는 것이다. 자유 운율과 개성적 의미라는 표층을 넘어서서 존재하는 그 무엇, 그것이 심층이고 의미의 불확정성인바, 그것이 야말로 시인과 독자에게 동시에 자유를 느끼게 만드는 것으로서 모더니티가 된다는 것이다.

3

이상의 내용 소개에서 보듯이, 이 저서는 여러 가지 미덕을 지니고 있어 주제 넘게 서평자의 위치에 선 필자에게도 많은 가르침을 주었다. 그러한 미덕을 들어보면 다음과 같다.

첫 번째는 무엇보다 모더니티에 대한 원론적인 접근에 있다. 주지하듯이 모더니티의 특성으로 가장 먼저 주목되는 것이 이성중심주의이지만, 그러한 이성은 대개 데카르트가 주목했던 방법론적 또는 회의적 이성에서 출발하는 것이었다. 그러나 이러한 이성이 주체와 맺는 관계는 확증성 이상의 것이라고 할 수 없다. 곧 주체의 다양한 층위는 사상되고 방법론적 회의라는 일관된 방향으로 구성될 뿐이다. 그럴 때 주체의 다양한 층위와 이성을 연결시킨 것이 이른바 독일고전철학이라면, 주체가 자기 의식의 대립과

투쟁을 통해 절대 이성에 도달하는 과정을 논한 헤겔의 『정신현상학』은 비록 미완이지만 그 작업만으로도 주체 철학의 정점에 서 있다. 이러한 철학적 구도를 이 저서는 문학사의 전개 과정에 도입하고 있거니와, 이를 위해 오성과 이성의 관계를 밝힌 것은 '모더니티 = 이성'이라는 이 논문 전체의 주제에 가장 큰 이론적 계기가 된 것으로 생각된다. 그리하여 우리 문학사가 오성의 한계에서 이성의 영역으로 나아가는 첫 단계의 비밀스러운 과정을 밝혀낸 것은 그러한 시도만으로도 의미가 있는 것이며, 나아가 우리 현대문학 전체의 가장 큰 화두인 모더니티의 획득 또는 형성 문제에 대한 하나의 잣대로도 될 것으로 여겨진다. 그만큼 저자의 학문적 야망이 크고 깊었다고 하지 않을 수 없는 것이다.

두 번째는 헤겔의 철학과 구조주의적 방법론을 일정한 수준으로 융화시켰다는 점이다. 물론 헤겔의 절대 이성과 상응하는 것으로서 모더니티를 심층에 놓고, 그러한 심층을 밝히는 방법으로 구조주의적 분석 방법을 가져온 것은 얼핏 보기에 모순이 되지 않는가 하는 의심이 일기도 한다. 구조주의적 방법론은 주체에 반하는 성향을 띠고 있기 때문이다(그런 점에서 오히려 현상학적 방법을 가져왔으면 어떨까 생각되기도 한다). 그러나 저자는 구조주의의 방법을 그 속속들이 가져왔다고는 생각되지 않는다. 오히려 그야말로 하나의 하위적 도구로써만 쓰고 있을 뿐이다. 이는 구조주의의 측면에서 볼 때는 방법론적인 후퇴로 보일 수도 있겠지만, 이 저서의 전체 흐름에 있어서는 오히려 심층의 모더니티를 논구하는 적절한 수단이 되고 있음을 볼 수 있다. 예를 들어 정형 운율과 자유 운율의 문제를 이성과 오성과 묶어서 기호사각형으로 제시한 부분은 현대시의 본질적 성격을 적절하고도 명확하게 설명하고 있는 것이다.

세 번째는 보들레르 이후의 현대시의 본질이자 모더니티의 성격으로서 심연과 상응을 들고, 이를 지향해 나가는 운동을 현대시의 세계사적 보편성

으로서 제시하면서, 이와 유사한 과정으로 한국 현대시의 형성 과정을 드러
내려 한 점이다. 이에 의해 한국 현대시가 어떻게 시적 깊이를 확보하게
되었는가를 치밀하게 재구성할 수 있게 되었으며, 동시에 그러한 한국 현대
시사의 운동이 세계사적 보편성과 연결될 수 있게 되었다. 물론 예전에도
세계 현대시의 보편적 흐름에 맞추어 한국 현대시사의 변동을 설명하려
했던 시도가 여러 번 시도된 것도 사실이지만, 그럼에도 불구하고 그러한
시도들은 운율 등의 장르 규칙 또는 형식의 측면이나 시적 언어의 개성적
의미 확장이라는 표면적 차원에 머물렀을 뿐이어서, 이 저서가 나오기 전까
지는 '정신'의 측면에서는 제대로 논의되지 못했던 것이다. 유한한 가운데서
도 무한을 지향해 나가는 그러한 정신을 우리 현대시사에서 보게 되었다면,
그것이야말로 이 저서의 가장 큰 의미가 될 것임에 틀림없다고 생각된다.

네 번째는 기존 연구들에 대한 성실하고 치밀한 읽기와 비판이 수행된
동시에 그러한 비판을 이론적 측면뿐만 아니라 치밀한 실제 작품 분석에도
훌륭히 연계시켰다는 점이다. 근 600페이지나 되는 큰 저서에서 주제와
관계되는 수많은 논문들을 분별하고 그 긍정적 의미와 한계를 짚어내기란
매우 어려운 일이다. 그렇지만 저자는 서구의 문학 이론뿐만 아니라 우리
국문학사의 여러 연구들에 대해서도 철학적 이론틀을 바탕으로 그 의의와
한계를 짚어내면서 그 한계를 돌파해 나갈 방향이 어디에 있는지 논지의
일관성을 유지하면서 궁구하고 있다. 그리고 그러한 방향 아래서 개화기에
서 1920년대에 이르는 많은 작품들을 실질적이면서도 깊이 있게 분석해
내고 있는 것이다. 흔히 이론적 관심이 승한 논문에서 작품 자체의 분석에
소홀한 경우가 많은데, 이 저서는 그러한 잘못에 빠지기 쉬운 후학들에게
하나의 전범이 되기에 모자람이 없을 것이다.

이밖에도 이 논문이 가진 미덕을 꼽자면 한이 없을 것이나, 그것은 이
논문을 직접 읽는 이들에게 맡기기로 하고, 이제부터는 서평자로서 좀 의문

이 가거나 아쉬웠던 점을 몇 가지 말해 보기로 한다.

첫 번째로는 헤겔의 자기 의식의 변증법을 문학사의 변동 구도에 적용하는 문제이다. 즉자와 대자라는 자기 의식의 분열은 그러한 변증법이 작동하는 첫 단계일 것인데, 처음에 서평자는 진화시와 전파시의 대립이 바로 그러한 자기 의식의 분열과 상동 관계에 있는 것으로 '오독'(?)하였지만, 정작 논문의 후반부에서는 그렇게 구성되어 있지 않음을 알게 되었다. 서평자로서는 진화시를 대자적 자기 의식에, 전파시를 즉자적 자기 의식의 위치에 놓는 것이 적절하지 않을까 생각하지만, 아마도 그렇게 된다면 너무 과도한 일반화나 이론틀의 일방적 적용이라는 위험에 빠지지 않을까 우려되기도 한다. 어떻든 서평자로서는 이후 우리 현대시가 스토아주의나 회의주의, 또는 불행한 의식의 단계로 나아가는 것을 그려내지 않은 것이 아쉬운 것이다(실제로 김소월의 「초혼」 같은 작품은 분석에서 빠져 있는데 이 시는 불행한 의식의 한 예로 설명될 수 있지 않을까). 이에 덧붙여 말할 것은 진화시에 대한 분석이 전파시에 비해 너무 소략한 감이 든다는 것이다. 진화시와 전파시 간의 경쟁 관계나 대립 관계를 다루지 않은 것도 마찬가지다. 당시 하위 장르들 간의 경쟁 관계를 염두에 두면 자기 의식 간의 대립과 상응하는 문학사적 구도를 마련할 수 있지 않았을까 생각해 본다.

두 번째는 첫 번째 의문과 연관된 것으로, 그렇게 자기 의식의 발전이라는 틀이 관철되지 못했기에 '심층'으로서의 모더니티가 단순화된 감이 든다는 것이다. 이는 특히 보들레르의 심연과 상응을 생각해 볼 때 그러한데, 보들레르에게서는 '향기'로 언급되었듯이 유현(幽玄)함이 드러나지만, 신체시의 일부나 김억, 황석우 등의 시에서 분석된 바의 심층은 정말 심층이라고 하기보다는 좀 소박한 비유적 의미 차원이 아닌가 생각이 되는 것이다. 물론 저자는 의미나 운율 차원을 넘어 그러한 심층이 나타나고 있음을 논하지만, 그럼에도 불구하고 분석된 시들이 저자가 논한 바의 심층을 감당하기에는 유현함이 부족한 시들이 아닌가 하는 것이다. 이는 특히 「해에게서 소년으로」에 대한 분석에서 더욱 그러한데, 그 신체시의 심층이 일본의 사회진화론적인 것이라면, 그것은 차라리 심층이라기보다 하나의 이데올로기에 지나지 않는 것이 아닌가 하는 것이다. 물론 이러한 아쉬운 점에 대해 저자는 그것이 한국현대시의 '태동' 과정이기 때문에 그렇다고 답할지도 모르겠다. 그러나 '태동'이란 움직임이며 따라서 방향성을 내포할 수밖에 없고, 그러한 방향성이 섣불리 규정할 수 없는 절대 이성으로서의 모더니티에 있다면, 그것을 향한 문학사의 대립적 운동을 자기 의식의 운동과 상응하는 방식으로 밝혀내었더라면 좋지 않았을까 계속 생각하게 되는 것이다.

세 번째로는 아쉬웠던 점이 아니라 희망하는 사항을 말하고자 한다. 서평자는 이 저서의 시각으로 볼 때 1920년대 중반 이후의 시들에 대해서 어떤 시각을 가지게 될까 궁금증을 가지게 되었다. 가령 카프 계열의 시라든가 (그 속에는 단순한 선전시도 있지만 그것을 넘어서는 것도 있다), 아니면 민족주의 계열의 시, 나아가 모더니즘 시에서 형성된 모더니티 또는 심층은 어떤 것일까 하는 것이다. 이러한 작업이 지속된다면, 아마도 우리는 '정신'으로서의 한국현대시사를 알게 되고, 나아가 이를 바탕으로 한국현대시의 가장 큰 비밀과 접하게 될 것이다.

4

이상에서 주근옥 선생의 역작을 어줍잖은 후학의 위치에서 평해 보았다. 이러한 서평 자체를 하는 것도, 그리고 상찬의 말을 덧붙이지는 못할 망정 다소간 비판한 것도 모두 비례라는 것은 알지만, 학문적인 관점에서 너그럽게 받아들여질 것으로 생각한다. 그러나 무엇보다 걱정되는 것은, 이러한 서평을 통해 서평자 자신의 이해의 부족함이 드러나지나 않았을까 하는 것이다. 그만큼 이 저서는 넓고 깊은 것인데, 저자에게 결례가 되지 않았기를 바라며 이 서평을 마친다.

주근옥 시인 연보

약력

충청남도 논산 출생
생년월일 : 1944. 6. 26.
성명 : 주근옥(朱根玉)

학력

· 1957. 3. 20. 논산반월초등학교 졸업
· 1960. 3. 20. 논산대건중학교 졸업
· 1963. 2. 21. 논산농업고등학교 졸업
· 1991. 8. 31. 한국방송통신대학 국문과 졸업
· 1998. 2. 24. 충남대학교 대학원 국문과 졸업(문학석사)
· 2001. 2. 22. 대전대학교 대학원 국문과 졸업(문학박사)

문단 및 학회경력

· 1968 「충남문학」 참여
· 1972 「시와 시론(문예운동)」 참여
· 1974 「호서문학」 참여
· 1987 「시문학」 천료
· 2002~2003 대전일보 신춘문예 시부분 심사위원
현재: 국제 P.E.N. 회원, 한국문인협회 회원, 국어국문학회 회원, 한국어문학

회 회원, 한국비평문학회 회원, 어문연구회 회원, 한국시학회 회원,
한국시문학회 회원, 어문학회 회원, 한국시문학문인회 회원

교육경력

· 1999. 3. 2 ~ 1999. 8. 22. 대전대학교 문예창작과 시간강사
· 2000. 3. 2 ~ 2000. 8. 27. 대전대학교 국문학과 시간강사
· 2000. 8. 28 ~ 2000. 2. 28. 대전대학교 국문학과 시간강사
· 2001. 3. 2 ~ 2001. 8. 26. 대전대학교 국문학과 시간강사
· 2001. 8. 27 ~ 2001. 2. 28. 대전대학교 국문학과 시간강사
· 2002. 3. 2 ~ 2002. 3. 31. 대전대학교 국문학과 시간강사
· 2002. 4. 1 ~ 2003. 2. 28. 대전대학교 국문학과 겸임교수
· 2003. 3. 2 ~ 2004. 2. 28. 대전대학교 국문학과 겸임교수
· 2004. 3. 2 ~ 2005. 2. 28. 대전대학교 국문학과 겸임교수
· 2005. 3. 2 ~ 2006. 2.   현재 대전대학교 국문학과 겸임교수

일반 및 교육행정경력

· 1965. 4. 8 ~ 1967. 9. 16. 군복무(병장제대)
· 1968. 10. 1 ~ 1969. 9. 28. 연산면사무소 근무
· 1969. 9. 29 ~ 1971. 6. 9. 두마면사무소 근무
· 1971. 6. 10 ~ 1972. 7. 19. 논산읍사무소 근무
· 1972. 7. 20 ~ 1973. 5. 9. 은진면사무소 근무
· 1973. 5. 10 ~ 1974. 4. 30. 가야곡면사무소 근무
· 1974. 5. 1 ~ 1974. 8. 14. 광석면사무소 근무
· 1974. 8. 15 ~ 1978. 5. 10. 연무대중학교 근무
· 1978. 5. 11 ~ 1980. 8. 8. 연무대기계공업고등학교 근무

· 1980.　8.　9 ～ 1982. 12. 31.　강경중학교 근무
· 1983.　1.　1 ～ 1983. 12. 31.　보령군 천북중학교 근무(행정실장)
· 1984.　1.　1 ～ 1985.　9. 22.　논산중학교 근무(행정실장)
· 1985.　9. 23 ～ 1989.　1. 19.　서천군교육청 근무(관리계장)
· 1989.　1. 20 ～ 1990.　6. 30.　강경상업고등학교 근무
· 1990.　7.　1 ～ 1993. 10. 28.　조치원여자고등학교 근무(행정실장)
· 1993. 10. 29 ～ 1994.　1. 26.　광석중학교 근무(행정실장)
· 1994.　1. 27 ～ 1996.　8.　2.　논산도서관 근무(도서관장)
· 1996.　8.　3 ～ 1999.　6. 30.　공주봉황중학교 근무(행정실장)
· 1999.　6. 30.　　　　　　　　명예퇴직(지방교육행정사무관)

수상

· 1995 대전문학상 수상
· 1998 순수문학상 본상 수상
· 2001 대전시인상 수상
· 2003 호서문학상
· 2004 한국시문학회 시인상

시집

· 1987 『산노을 등에 지고』(시문학사)
· 1988 『감을 우리며』(시문학사)
· 1998 『번개와 장미꽃』(새미)
· 2001 『바퀴 위에서』(시문학사)
· 2002 『갈대 속의 비비새』(현대시)

저서

· 2001 『한국시 변동과정의 모더니티에 관한 연구』(시문학사)
· 2001 『석송 김형원 연구』(도서출판 월인)

주요연구논문

「한국시 변동과정의 모더니티에 관한 기호학적 연구」(박사학위논문, 대전
　　　대, 2001)
「石松 金炯元 詩文學 硏究」(석사학위 논문, 충남대, 1998)
「공간의 이중구조와 중재자로서의 역할」(『어문연구』 제41집, 2003)
「신체시의 기호학적 연구」(『한국언어문학』 제50집, 2003)
「창가의 문화접변적 성격연구」(『국어국문학』 제133집, 2003)
「정형시의 모더니티에 관한 연구」(『비평문학』 제17호, 2003)
「신화적 공간의 수호를 위한 직립보행」(『비평문학』 제16호, 2002)
「"가시리"와 "진달래꽃"의 비교분석」(『한국시문학』 제12집, 2002)
「시의 모더니티에 관한 일고」(『호서문학』 통권 33호, 2004)
「자물쇠 걸기와 풀기, 그리고 그 미장센의 역동성」(『조선문학』 통권 174호,
　　　2005. 10)
「허파와 쓸개 그리고 친구 찾기로서의 역동성」(『시문학』 통권 390호, 2004. 1)
「이차원적 차원에 대한 開眼」(문상금 시집 『다들 집으로 간다』, 다층, 2002)
「절벽 앞에서 깨닫는 실존」(구본미 시집 『정말 원하는 하루』, 오름, 2001)
「隱喩의 五蘊觀法的 接近」(『호서문학』, 1981)
「後素의 美學」(『대전시단』, 1989)

대학교재 수록시

소절초(송홧가루, 도꼬마리), 『대학국어』(목원대학교, 1996)

나리꽃, 수수모가지, 『말·글·삶』(목원대 국어교육과, 1997)

주요작품발표

· 1960. 9. 10~11. 「꽃피는 마음」 외 1편(요람벌 동인집, 중도일보)

· 1961. 6. 「석상·소녀·노을」(우수작 선정, 『학원』 6월호, 학원사)

· 1962. 「온실」(전국학생문예콩쿠르 당선1석, 서라벌예대신문)

· 1963. 3. 「숲길」(입선, 『학원』 3월호, 학원사)

· 1971. 5. 25. 「들」(『충남문학』)

· 1972. 6. 20. 「달」 외 2편(『詩와 詩論』, 무하문화사)

· 1974. 3. 25. 「낮달」 외 3편(『屬 湖西詩選』, 호서문학사)

· 1980. 10. 30. 「창문을 열어놓고」 외 4편(『湖西詩選』 四集, 호서문학사)

· 1988. 6. 30. 「소금」 외 3편(『계룡 저 푸른 뜻은』, 문경출판사)

· 1988. 7. 10. 「봄비」 외 1편(『아무도 하지 않던 말을 위하여』, 시문학사)

· 1989. 8. 5. 「유세장에서」 외 1편(『겨울은 더 이상 봄이 되려 하지 않는다』,
　　백상)

· 1989. 2. 15. 「호락질」(『나비의 잠』, 도서출판 인의)

· 1991. 10. 15. 「단지」 외 1편(『망둥이 살리러 가자』, 시문학사)

· 1991. 9. 27. 「창」(『포도 위에 내리는 달빛』, 문경출판사)

· 1992. 9. 1. 「뱁새」 외 1편(『忠淸道 詩人 詩選集』, 시도출판사)

· 1992. 10. 25. 「황소바람」 외 2편(『빛의 길섶을 태우는 덫에 감기어』, 시문
　　학사)

· 1992. 11. 20. 「봄날」 외 1편(『한강의 무지개』, 한강)

· 1992. 10. 27. 「살구꽃」(『한밭에 오르는 횃불』, 문경출판사)

· 1993. 8. 20. 「어금니」(『아시아 詩人들』 Ⅱ, 동화출판사)

· 1993. 「오디를 따며」(『풀꽃의 힘』, 문경출판사)

· 1993. 8. 5. 「벚꽃」 외 1편(『한강의 새물결』, 한강)

· 1993. 7. 25. 「어금니」 외 1편(『한빛탑과 별무리의 노래』, 대전 EXPO'93
　　　　기념사화집간행위원회)

· 1994. 8. 22. 「병상에서」(『매디매디 눈물비친 사랑아』, 도서출판 분지)

· 1994. 9. 25. 「볼」 외 1편(『바람으로 일어서는 날』, 시문학사)

· 1994. 9. 25. 「찌러기」 외 1편(『한강의 시인들』, 한강)

· 1994. 11. 25. 「염소」 외 4편(『大田文學選集』, 도서출판 대훈사)

· 1994. 8. 3. 「더하기」 외 1편(『한강의 시인들』, 한강)

· 1995. 11. 1. 「線路」 외 1편(六人詩集: 일본시전문지 地球 창간45주년 기념
　　　　'95지구축제 참가기념, 문경출판사)

· 1995. 9. 10. 「요량」 외 2편(『대전의 시인들』, 오늘의 문학사)

· 1995. 12. 30. 「철로」 외 1편(『1995년 올해의 시』, 대교출판사)

· 1995. 7~1996. 1 『시문학』에 소절집 "밥을앙구며" 연재

· 1996. 12. 21. 「구봉산」(『大田八景』, 대교출판사)

· 1996. 4. 25. 「밥을 앙구며」 외 6편(『봄날 이른 아침 시인이 심은 나무』,
　　　　시문학사)

· 1997. 7. 25. 「뱀사골」 외 1편(『그러나 막은 불씨 되어 다시 타오른다』,
　　　　시문학사)

· 1997. 10. 4. 「호수」 외 3편(『1997 올해의 詩』, 대교출판사)

· 1999. 9. 30. 장시 「다리 위에서」(『심상』)

· 2000. 3. 1. 「딱새」 외 4편(『문예운동』)

· 2000. 4. 30. 「모과」 외 1편(『심상』)

· 2000. 10. 1. 「족제비」 외 4편(『조선문학』)

· 2001. 11. 1. 「끝에 서서」 외 1편(『2001 시문학회』, 시문학사)

· 2001. 11. 30. 「강을 바라보며」(『문학과 창작』)

·2001. 10. 30.~2002. 1. 1. 소극시 「바퀴 위에서」 연재(『시문학』)

·2001. 12. 1. 「송풍암에 가고 싶다」 외 1편(『문예운동』)

·2002. 3. 30. 「오십견」 외 4편(『시와 정신』)

·2002. 8. 2. 「폐교에 가서」(『월간 문학』)

·2003. 5. 1. 「해오라기」 외 1편(『현대시』), 「풀씨」 외 1편(『문학과 창작』)

·2003. 6. 1. 「墨菊」 외 1편(『시와 정신』)

·2003. 4. 25. 「해풍」 외 1편(『바다를 생각하면 바다가 보인다』, 시문학회
      제18사화집, 시문학사)

·2004. 3. 1. 『시문학』에 "후소시학(Parallel Poetics, C. W. 할렛, 주근옥 역)"
      발표

·2004. 10~2005. 10. 『시문학』에 "구조의미론(Structural Semantics), 제1장~
      제6장(A. J. 그레마스, 주근옥 역)" 발표

·2005. 6. 『계간 한국시학』에 "형식주의문학논쟁(우수이 요시미[臼井吉
      見], 주근옥 역) 발표

·2005. 12~2006.1. 『조선문학』에 "미니멀리즘의 기원을 찾아서(C. W. 할
      렛, 주근옥 역) 발표

필자 소개

김 용 직 : 서울대학교 국문과 및 동 대학원 졸업, 서울대학교 명예교수, 주요 저서로는 『한국현대시인연구(상·하)』, 『임화문학연구』 외 다수.

송 재 영 : 서울대학교 불문과 및 프랑스 소르본 대학원 졸업, 충남대학교 명예교수, 주요 저서로는 『다다·쉬르레알리슴 선언』(역서), 『옛집을 생각하며』(역서) 외 다수.

홍 희 표 : 동국대학교 국문과 및 인하대 대학원 졸업, 목원대학교 교수, 주요 저서로는 『마음의 새끼손가락 걸고』, 『목월시의 형상과 영향』 외 다수.

이 숭 원 : 서울대학교 국문과 및 동 대학원 졸업, 서울여자대학교 교수, 주요 저서로는 『원본 정지용 시집』, 『폐허 속의 축복』 외 다수.

구 수 경 : 경희대학교 영어교육과 및 충남대학교 대학원 졸업, 건양대학교 교수, 주요 저서로는 『1930년대 소설의 서사기법과 근대성』, 『한국소설과 시점』 외 다수.

송 기 섭 : 충남대학교 국문과 및 동 대학원 졸업, 충남대학교 교수, 주요 저서로는 『한국현대문학의 도정』, 『해방기 소설의 반영의식연구』 외 다수.

송 기 한 : 서울대학교 국문과 및 동 대학원 졸업, 대전대학교 교수, 주요 저서로는 『고은』, 『한국 현대시사 탐구』 외 다수.

장 수 익 : 서울대학교 국문과 및 동 대학원 졸업, 한남대학교 교수, 주요
저서로는『한국 근대 소설사의 탐색』,『한국 현대 소설의 시각』
외 다수.

최 예 열 : 대전대학교 국문과 및 동 대학원 졸업, 대전대학교 강의전담교
수, 주요 저서로는『한국전후소설 연구』,『1950년대 전후소설
의 응전의식』외 다수.

금 동 철 : 서울대학교 국문과 및 동 대학원 졸업, 문학박사, 문학평론가,
아세아연합신학대학교 교수, 주요 저서로는『한국현대시의 수
사학』,『구원의 시학』외 다수.

김 현 정 : 대전대학교 국문과 및 동 대학원 졸업, 대전대학교 강의전담교
수, 주요 저서로는『백철 문학 연구』,『한국현대문학의 고향담
론과 탈식민성』외 다수.

남 기 택 : 충남대학교 국문과 및 동 대학원 졸업, 충남대학교 강사, 주요
논저로는『라깡과 문학』(공저),「신동엽 시의 '지역'과 '저항'」
외 다수.

윤 종 영 : 대전대학교 국문과 및 동 대학원 졸업, 대전대학교 강사, 주요
논문으로는「1950년대 한국 시정신 연구」외 다수.

김 윤 정 : 서울대학교 국문과 및 동 대학원 졸업, 서울대학교 강사, 주요
저서로는『김기림과 그의 세계』,『한국 모더니즘 문학의 지형
도』외 다수.

김 승 민 : 성균관대학교 국문과 및 서울대학교 대학원 졸업, 서울대학교
강사, 주요 논문으로는「염상섭 소설에 나타난 혼혈의 의미」
외 다수

김 교 식 : 대전대학교 국문과 및 동 대학원 졸업, 군산대학교 강사, 주요
논문으로는 「이상문학에 나타난 주체의 내면의식 연구」, 「최상
규 문학 연구」 외 다수.

민 명 자 : 충남대학교 박사과정 수료, 충남대학교 강사, 주요 논문으로는
「김구용 시의 '몸' 이미지와 불교의식」, 「박목월 시의 상징성
연구」 외 다수.

박 슬 기 : 연세대학교 인문학부 졸업, 서울대학교 국문과 석사 졸업, 현재
서울대학교 국문과 박사과정 재학중, 서울대학교 강사, 주요
논문으로는 「한국 전후시의 그로테스크 시학 연구-박인환, 전
봉건, 고석규를 중심으로」, 「한성기 시에 나타난 시선의 변화와
타자와의 소통 양상」 외 다수.

**하야시
요 코**
(林陽子) : 오산대학 일본어전공 전임강사 한일근대시 비교연구 연구자.
일본국 나고야 난잔 대학 이스파니아어과 졸업. 충남대학교 대
학원 국문과 졸업(석사, 현대문학전공). 한국외국어대학교 대학
원 비교문학과 수료(박사과정).

주근옥의 문학세계

인쇄일 초판 1쇄 2006년 02월 24일
        2쇄 2010년 12월 10일
발행일 초판 1쇄 2006년 02월 28일
        2쇄 2010년 12월 18일

지은이 김 교 식 외
발행인 정 진 이
발행처 새미
등록일 2005.03.15, 제17-423호

서울시 강동구 성내동 447-11 현영빌딩 2층
Tel : 442-4623~4 Fax : 442-4625
www. kookhak.co.kr
E- mail : kookhak2001@hanmail.net
ISBN 89-5628-207-2 *93810
가 격 17,000원

*저자와의 협의 하에 인지는 생략합니다.